本书获自治区级协同创新中心——陆海经济一体化协同创新中心、广西高等学校高水平创新团队及卓越学者计划、广西一流学科（培育）——应用经济学的资助
本书获2018年度广西（东盟）财经研究中心开放性课题的资助，为2019年国家社会科学基金一般资助项目（项目编号：19BJL073）、2017年国家自然科学基金面上资助项目“一带一路建设的福利效应估算”（项目编号：71773141）阶段性成果

镜湖文库
JINGHU LIBRARY
广西财经学院经济与贸易学院

镜湖文库

JINGHU LIBRARY

生产率、质量与企业出口行为

肖扬 著

中国经济出版社
CHINA ECONOMIC PUBLISHING HOUSE
·北京·

图书在版编目（CIP）数据

生产率、质量与企业出口行为 / 肖扬著. --北京：中国经济出版社，2019. 12
（广西财经学院镜湖文库）
ISBN 978-7-5136-5987-1

Ⅰ. ①生… Ⅱ. ①肖… Ⅲ. ①劳动生产率-关系-外向型企业-企业行为-研究-中国 ②产品质量-关系-外向型企业-企业行为-研究-中国 Ⅳ. ①F279. 24

中国版本图书馆 CIP 数据核字（2019）第 295427 号

责任编辑　燕丽丽　赵嘉敏
责任印制　巢新强
封面设计　赵　飞

出版发行　中国经济出版社
印 刷 者　北京九州迅驰传媒文化有限公司
经 销 者　各地新华书店
开　　本　710mm×1000mm　1/16
印　　张　14
字　　数　200 千字
版　　次　2019 年 12 月第 1 版
印　　次　2019 年 12 月第 1 次
定　　价　88. 00 元
广告经营许可证　京西工商广字第 8179 号

中国经济出版社 **网址** www. economyph. com **社址** 北京市东城区安定门外大街 58 号 **邮编** 100011

本版图书如存在印装质量问题，请与本社销售中心联系调换（联系电话：010-57512564）

本书获自治区级协同创新中心——陆海经济一体化协同创新中心、广西高等学校高水平创新团队及卓越学者计划、广西一流学科（培育）——应用经济学的资助
本书获2018年度广西（东盟）财经研究中心开放性课题的资助，为2019年国家社会科学基金一般资助项目（项目编号：19BJL073）、2017年国家自然科学基金面上资助项目“一带一路建设的福利效应估算”（项目编号：71773141）阶段性成果

镜湖文库
JINGHU LIBRARY
广西财经学院
经济与贸易学院

镜湖文库

JINGHU LIBRARY

生产率、质量与企业出口行为

肖扬 著

中国经济出版社
CHINA ECONOMIC PUBLISHING HOUSE
·北京·

图书在版编目（CIP）数据

生产率、质量与企业出口行为 / 肖扬著. --北京：
中国经济出版社，2019.12
（广西财经学院镜湖文库）
ISBN 978-7-5136-5987-1

Ⅰ.①生… Ⅱ.①肖… Ⅲ.①劳动生产率-关系-外向型企业-企业行为-研究-中国 ②产品质量-关系-外向型企业-企业行为-研究-中国 Ⅳ.①F279.24

中国版本图书馆 CIP 数据核字（2019）第 295427 号

责任编辑 燕丽丽 赵嘉敏
责任印制 巢新强
封面设计 赵 飞

出版发行 中国经济出版社
印 刷 者 北京九州迅驰传媒文化有限公司
经 销 者 各地新华书店
开　　本 710mm×1000mm 1/16
印　　张 14
字　　数 200 千字
版　　次 2019 年 12 月第 1 版
印　　次 2019 年 12 月第 1 次
定　　价 88.00 元
广告经营许可证 京西工商广字第 8179 号

中国经济出版社 **网址** www.economyph.com **社址** 北京市东城区安定门外大街 58 号 **邮编** 100011

序

改革开放四十多年来，中国对外贸易快速发展，出口份额连年攀升。对外贸易的快速发展推动了中国经济的高速增长。但自 2008 年金融危机以来，在人口红利逐渐消失、世界市场持续低迷、国际经济格局调整等内外因的相互作用下，中国经济增长持续下行，企业利润率和投资下降，主要经济指标的联动性发生背离。在此背景下，亟须进行供给侧结构性改革，以激发微观经济主体的活力，为中国经济持续稳定发展提供新动力。党的十九大报告提出，把提高供给体系质量作为主攻方向，指出了供给侧结构性改革的重点是提高企业供给质量。企业生产率、产品质量的提升对企业出口行为产生何种影响？是否会提高企业出口参与的可能性？是否会引致企业进行产品转换以优化企业的产品结构？是否会改变企业的产品组合？本书将在企业异质性贸易模型框架下，探讨生产率、质量的提升对企业出口参与、产品转换以及产品组合行为的影响，以期为中国经济高质量发展提供经验证据。

本书基于企业异质性贸易理论，结合中国的实际，不仅系统地考察了生产率、质量对企业出口参与及产品转换行为的影响，还通过构建企业目的地层面质量指标，深入分析了生产率、质量对企业产品组合的影响，全面系统地考察生产率、质量与企业出口行为之间的关系，进而揭示生产率、质量的提升对中国制造业企业出口行为的影响。

本书具有以下特点。

（1）通俗易懂。本书在编写上尽可能做到通俗易懂，避免生涩、烦琐和难以理解的表达方式。对没有接受过数理逻辑训练的读者，在阅读过程中可略去理论推导部分，并不影响对本书的理解和掌握。因而，本书不仅适合经济学相关专业学生学习使用，而且还适用于其他专业学者、硕博研究生及高年级本科生学习使用。

（2）新颖。本书吸收了近几年在企业异质性理论与实证研究中已有的研究成果。与现有的研究相比，本书构建了多维的质量指标，补充了现有研究，为从生产率、质量角度来研究企业出口行为提供了中国的经验证据。

（3）系统。本书共分为七个部分，包含绪论、文献述评、相关基础理论、实证检验、结论与对策建议等内容。

在本书的撰写与修改过程中，参考了大量国内外已有的研究成果，在书后的参考文献中已列出。同时，在写作过程中还得到同门及不少同人的热情支持和帮助。在此表示衷心感谢！本书的出版得到了中国经济出版社老师们的大力支持，在此也表示感谢！

限于笔者水平，加之时间仓促，书中可能还存在这样或那样的缺点和问题，恳请读者批评指正。

肖　扬

2019 年 10 月

目　录

绪　论

一、选题背景及研究意义

（一）选题背景

改革开放以来，中国经济持续高速发展，GDP 连续 10 年增速超过 9%，成功步入中等收入国家行列，已成为名副其实的经济大国。尤其是中国加入 WTO 以来，对外贸易快速发展，出口份额连年攀升。2016 年，中国进出口规模达到 3. 69 万亿美元，其中，出口规模为 2. 10 万亿美元。对外贸易依存度为 32. 7%，对外贸易的快速发展推动了中国经济的高速增长。

但自 2008 年金融危机以来，世界市场持续低迷，复苏乏力，世界经济进入调整期。由于各国经济不景气，因此出现了逆全球化现象，导致经济发展的不确定性增大。贸易与投资保护主义的抬头及逆全球化现象的出现，致使中国在国外市场遭受的各种贸易壁垒也逐渐增多。

近年来，随着中国劳动力成本的不断上升，人口红利逐渐丧失，若继续依靠本国廉价劳动力与国外市场旺盛的需求来带动出口，则显得难以为继。这些都给过去以低成本、低附加值的出口导向型经济带来了挑战，从而压缩了传统制造业的生存空间。同时，由于中国存在刘易斯“二元经济结构”，因此在“刘易斯拐点”出现前，需要通过出口来平衡与经济增长相伴随的内需不足，并解决由此导致的产能过剩问题。但自 2004 年进行经济结构调整以来，中国试图以消费替代出口来推动经济增长，导致出口贸易呈现下降趋势。而出口下降抑制了产业投资和制造业的发展空间，致使资源和储蓄被更多地引向消费而不是生产。由于实体经济缺乏投资机会，企业纷纷将资源转向房地产投资，居民为防止由于经济下行引致的货币贬值，也纷纷将投资转向不动产，因此破坏了中国经济增长的内在逻辑，导致如今房地产行业发展畸形，也引致中国陷入类似美国的债务经济陷阱。在人口红利逐渐消失、世界经济不景气、国际经济格局调整等内外因的作用下，中国经济增长持续下行、企业利润率和投资下降，主要经济指标的联动性发生背离。

目前中国经济正处于“三期叠加”① 的微妙时期，并且正从高速增长向高质量发展转变，经济发展方式正从粗放型增长向质量②效率型集约增长转变，经济发展动力正从传统增长点向创新驱动等新的增长点转变。中国供给体系的现状是高端产品供给严重不足，而中低端产品过剩。由于“供需错位”导致的要素配置扭曲，已经严重影响了中国经济的持续增长。如何破解这些问题，成为当前中国经济改革能否成功的关键要素。因此，中央提出了认识新常态、适应新常态、引领新常态的战略任务，而推进供给侧结构性改革则是实现这一战略任务的关键举措。进行供给侧结构性改革，可以通过对供给侧环境和供给侧机制的优化改善，激发经济主体活力，显著提高中国经济稳定发展的能力。

党的十九大报告指出了提高企业供给质量是当前供给侧结构性改革的重点。产品质量升级是产业升级的核心内容。随着经济发展以及人们收入水平的提高，国内外市场对产品质量的要求也不断提升。提高企业供给质量不仅是供给侧结构性改革的重点，也是继续保持出口贸易可持续发展的关键。企业生产率与产品质量的提升对企业出口行为产生了何种影响？其影响机制又是什么？那么中国能否通过企业生产率、产品质量的提升来推动出口贸易的持续、健康发展，进而显著促进经济增长？这就需要从理论和实践上进行探索。

---

① 三期叠加，是指“增长速度换挡期+结构调整阵痛期+前期刺激政策消化期”这三期叠加。

② 本书研究的质量是指出口企业的产品质量，并将质量分为两个层面，一是企业层面的产品质量，二是企业目的地层面的产品质量。

（二）研究意义

党的十九大报告指出："建设现代化经济体系，必须把发展经济的着力点放在实体经济上，把提高供给体系质量作为主攻方向，显著增强我国经济质量优势。"海尔总裁周云杰认为，供给侧结构性改革的核心就是创造有效供给。而中国产品在国际市场的价低源于中国制造而非创造。供给侧结构性改革核心的问题是，要把用户质量需求与产品开发和生产连接到一起，同时，企业的供给侧结构性改革要在"产品端"和"资源端"两端同时进行。这说明，将消费者对质量的需求与企业供给的产品质量相结合，对企业生存发展乃至出口成功具有十分重要的意义。尤其是当前中国经济内需不足，出口原有的低成本竞争优势逐渐被东南亚地区和印度等国家代替的情况下，中国企业迫切需要培育新的竞争优势。因此，企业通过提高产品质量来优化产品结构，进而优化企业的资源配置，优化整个产业结构，提高中国经济增长质量，这不仅有利于供给侧结构性改革目标的实现，还有利于建立新的竞争优势。

已有的研究也表明，各出口市场份额与其产品质量具有正相关关系，产品质量是增强企业和国家核心竞争力的关键因素。因此，中国出口产品质量也受到越来越多的关注。一些中国的学者研究发现，中国出口产品往往与低质低价相联系（李坤望等，2014；谢建国，杨海燕，2015），甚至中国制造成为低价劣质的代名词。中国制造业低质量产品过剩而高质量产品稀缺（李世刚、李晓萍、江飞涛，2018）是导致中国产品在国际市场上竞争力低的主要原因之一，再加上中国企业在国外市场的过度竞争，使这一现象雪上加霜。

供给侧结构性改革的目的，就是要从提高供给体系的质量出发，用改革来调整中国的经济结构，改变"供需错位"现状，扩大有效供给，提高供给体系应对的适应性和灵活性。提升产品质量是供给侧结构性改革的重点，也是国内外市场对产品质量的要求。但质量的提升对企业出口行为产生何种影响？是否会影响企业的出口选择？是否会影响企业内部产品的选择？是否会影响企业出口的产品组合？是否能促进企业的出口从而推动中国对外贸易的发展，进而有助于解决中国二元经济结构下的内需不足和产能过剩等问题？这些问题是从贸易角度来探究质量对企业出口行为影响的重要内容，也是从质量角度来探究供给侧结构性改革以及党的十九大报告中关于促进中国产业迈向全球价值链中高端的重要内容。通过研究质量对企业出口行为的影响，从贸易角度为供给侧结构性改革提供了经验证据。

Linder（1961）提出的需求相似理论，首次将偏好与国际贸易相联系，认为偏好是非位似的（non-homothetic），而不是位似的，并指出质量是决定贸易方向的重要因素。他从产品质量的角度分析了贸易产生的原因以及贸易规模大小的决定因素，并认为人均收入会影响两国的需求结构。两国人均收入水平越接近，消费者偏好与需求结构也越接近。自 Linder 认识到产品质量的重要性后,随后的经济学家（Flam 和 Helpman，1987；Hunter 和 Markusen，1988；Hunter，1991；Stokey，1991；Murphy 和 Shleifer，1997；Markusen，1986；Matsuyama，2000）从产品质量角度研究了贸易产生的原因以及贸易模式，并得出了一些有益的结论：他们认为偏好具有跨国差异性，偏好是非位似的，收入分配会影响两国的需求结构、贸易以及生产模式。

但随后，无论是新贸易理论（Krugman，1980；Helpman 和 Krugman，1985；Grossman，1990）还是新新贸易理论（Melitz，2003；Antras，2003）的经济学家们，几乎都将视角转向了研究供给侧对贸易的重要性，极大地丰富了国际贸易理论，并解释了当今贸易的许多现象。但主流的贸易模型中通常假定贸易产品具有相同的质量指数，即偏好是位似的，这一假定大大弱化了需求的收入效应，价格成为厂商应对竞争的唯一决策变量。然而现实并非如此，消费者在选择产品时不仅关注价格，更关注产品质量，而且随着消费者收入水平的不断上升，对产品质量的要求也不断提高。人均收入的变化不仅会影响消费者的产品选择，而且会对出口企业产生重要的影响，如促使企业进行质量升级、加大创新力度，引致低质量、低生产率的企业退出市场，高质量、高生产率的出口企业对产品进行转换，积极调整产品组合，更好地满足消费者需求。鉴于产品质量对贸易的重要性，因此，研究产品质量对出口企业行为的影响具有十分重要的意义。

目前，关于质量与国际贸易的研究主要集中在三个方面：一是研究产品质量的测度，如 Crozet 等（2012），Hallak 和 Sivadasan（2010），Khandelwal（2010），Amiti 和 Khandelwal（2013），施炳展（2013），Feenstra 和 Romalis（2014）以及余淼杰和张睿（2017）等。二是从产品质量角度来研究出口贸易，如 Flam 和 Helpman（1987），Hunter 和 Markusen（1988），Hunter（1991），Stokey（1991），Murphy 和 Shleifer（1997），Markusen（1986），Matsuyama（2000）等；还有一些学者将质量引入效用函数来研究贸易，包括 Schott（2004），Hallak（2006），Hallak 和 Sivadasan（2009），Gervais（2009），Baldwin 和 Harrigan（2011），Baldwin 和 Ito（2011），Fajgelaum 等（2011），Hallak 和 Schott（2011），Crozet 等（2012），Johnson（2012），Kruger 和 Verhoogen（2012），Feenstra 和 Romalis（2014），Fieler、Eslava 和 Xu（2014），Gervais（2015）以及 Aw 和 Lee（2017）等。三是研究产品质量的影响因素。还有一些学者，如 Khandelwal（2010），Faruq（2011），Kugler 和 Verhoogen（2012），Goldberg、Khandelwal 和 Pavcnik（2010）等分别研究了人均收入、制度、企业规模、投入品等对质量升级的影响。而研究产品质量对企业出口效应影响的学者得出的结论则不尽相同，如施炳展（2011）的研究结论指出，中国的产品质量提升对出口增长的贡献极小。而刘慧（2013）运用中国工业企业数据库的数据研究了产品质量对企业出口效应的影响，结果表明，低质量产品对企业出口影响并不显著，而中等质量和高质量产品对出口有显著的正向效应，且高质量产品的提升效应要明显高于中等质量产品。李艳和刘国歌（2017）研究了产品质量对区域经济增长质量的影响。这些研究无疑为我们深入理解产品质量与贸易的关系提供了经验。

但我们也应注意到，在关于生产率、产品质量与贸易的研究中，关注产品质量对企业出口行为影响的还相对较少。Gervais（2015）认为，生产率、质量因素是企业出口选择以及出口量的重要决定因素。Antoniades（2015）的研究表明，生产率高的企业通过提高质量、价格和成本加成来应对竞争，而生产率低的企业则选择退出。Aw 和 Lee（2017）的理论和经验结果表明，质量和生产率在解释企业出口参与和出口范围方面起着重要的作用。在企业的出口决策中，质量对产品差异化程度高、质量改进成本弹性较低的市场的影响较大，而生产率则对产品差异化程度较低、但质量改进成本弹性较高的市场的影响更大。Manova 和 Yu（2017）的研究认为，产品质量高低会影响企业产品的出口参与，并指出，出口商通过放弃或新增产品、调整现有产品的销售额等方式来调整企业出口产品组合。国内的一些学者研究了质量对企业出口参与（如汤二子和孙振，2012a；汤二子和孙振，2012b；韩会朝和徐康宁，2014）以及不同收入水平的出口目的地对出口选择（李方静，2014）的影响。这些文献是从企业层面视角来研究质量对企业出口决策的影响，并未研究质量对企业层面产品转换行为以及企业产品组合等行为的影响，同时这些研究也缺乏中国的经验证据。鉴于以上不足，本书分析质量对企业出口参与、产品转换、产品组合等行为的影响，是对质量现有研究的有益补充。在本书中，我们主要回答以下问题：产品质量提高是否提升了中国企业的出口参与？质量对中国企业的出口产品转换造成了何种影响？质量如何引致了企业在出口市场产品组合的改变？

鉴于此，本书首先对现有文献中关于生产率、质量和企业出口行为的经典模型进行简要的介绍。其次，研究了生产率、质量对企业出口参与行为的影响。在实证部分，首先，构建了企业层面的质量指标，并运用该质量指标，结合企业生产率，研究了质量对企业出口参与的影响；其次，运用构建的企业层面的质量指标来研究生产率、质量对企业出口产品转换行为的影响；最后，构建了企业目的地质量指标，并运用企业质量指标和企业目的地质量指标来研究生产率、质量对企业出口产品组合的影响。

二、研究思路、方法及结构安排

（一）研究思路

本书以生产率、质量相结合为视角，研究生产率、质量对中国出口企业行为的影响。具体来说，本书的主要研究内容如下。

第一，本书沿袭了 Aw 和 Lee（2017）的方法，构建了企业层面的质量指标，并运用构建的企业质量指标研究质量对企业出口参与的影响。以往的研究主要关注生产率、政策对企业出口行为的影响，但从质量的角度来研究其对企业出口行为的影响的文献还较少。

第二，运用构建的企业层面的质量指标研究生产率、质量对企业出口产品转换的影响。在已有研究中，主要关注生产率、贸易自由化等对企业产品转换行为的影响。Manova 和 Yu（2017）研究了产品层面的质量对企业产品出口参与的影响，但研究质量与企业产品转换行为的文献并不多见。

第三，构建了企业目的地层面的质量指标，并运用构建的企业层面的质量指标以及企业目的地层面的质量指标研究生产率、质量对企业产品组合的影响；运用构建的企业层面的质量指标研究生产率、质量对企业世界市场出口偏度的影响；运用企业目的地层面的质量指标研究生产率、质量对企业目的地市场出口偏度的影响。

（二）研究方法

1. 数理模型构造方法

本书简要介绍了现有的关于生产率、质量和企业出口行为的经典模型。首先，介绍 Gervais（2015）模型；其次，简述了 Bernard、Redding 和 Schott（2010）的模型。本书主要以这两个模型为理论基础，利用中国数据进行实证研究，验证生产率、质量对中国制造业企业出口参与行为的影响是否与已有的文献一致。

2. 实证方法

理论来源于实践，而实践是检验理论的有效方法之一，因此理论与实践相辅相成。本书大部分的内容在于运用实证方法来检验理论模型，因此使用了多种计量方法，如 Probit、Logit、OLS、FE 等。

（三）本书结构安排

根据研究需要，本书的整体结构如下。

绪论部分。首先，介绍了本书研究的理论与现实意义；其次，阐述了本书的研究思路、研究方法以及结构安排等；再次，介绍了本书的创新点；最后，介绍了本书的研究重点和难点，以及本书的研究技术路线图。

第一章回顾了质量与国际贸易的相关研究。其中，第一节重点介绍质量与国际贸易理论研究；第二节阐述了企业出口行为的影响因素；第三节简要介绍了生产率、质量对企业出口行为的影响。

第二章简要介绍了现有的关于生产率、质量和企业出口行为的经典模型。在分析现有最重要的理论模型的基础上，提炼出生产率、质量对企业出口行为的影响机制，为后文的实证研究提供一定的理论基础。其中，第一节介绍了生产率、质量对企业出口参与的影响的相关理论研究，包括 Gervais（2015）、Aw 和 Lee（2017）的理论框架等。第二节简要介绍了生产率、质量对企业产品转换行为影响的相关理论研究，主要为 Bernard、Redding 和 Schott（2010）的理论模型。第三节分析了生产率、质量对企业出口行为影响的相关理论机制。

第三章参照 Aw 和 Lee（2017）的方法，构建了企业层面的质量指标，并运用该质量指标研究生产率、质量对中国企业出口参与行为的影响。其中，第一节介绍了实证研究所需要的数据库、数据的处理方法以及计量模型的设定。首先，对中国工业企业数据库、中国海关数据库、世界银行数据库、中国税务总局文库等进行说明，并介绍数据处理方法；其次，给出了计量方程；最后，阐述了实证中所涉及的变量的测算方法。第二节呈现了企业层面生产率、质量对中国企业出口参与影响的实证结果。第三节采用改变模型估计方法、改变关键变量的测度等方法，检验了基本回归结果的稳健性。第四节分析了生产率、质量对中国企业出口参与的异质性影响。

第四章通过构建企业层面质量指标，评估生产率、质量对企业产品转换行为的影响。其中，第一节对本章使用的中国工业企业数据库、中国海关数据库、BACI 数据库、中国税务总局文库、世界银行数据库等进行了说明，并且介绍了对这些数据的处理方法。第二节研究了生产率、质量对企业产品转换行为的影响。首先，参照易靖韬、傅佳莎和蒙双（2017）的做法，构建了四个企业产品转换指标；其次，运用第三章构建的企业层面的质量指标，估计了质量对企业产品转换行为的影响。随后的第三节进行了一系列的稳健性检验。第四节研究了生产率、质量对企业产品转换的异质性影响。

第五章构建了企业层面的质量指标以及企业目的地层面的质量指标，并根据构建的这两个质量指标研究生产率、质量对企业产品组合行为的影响，包括生产率、质量对企业世界市场出口偏度和企业目的地出口偏度两个层面。其中，第一节建立了生产率、质量对企业产品组合行为影响的计量模型，并对模型变量以及所使用的数据库进行简要说明。第二节使用构建的企业层面的质量指标以及企业目的地层面的质量指标，分别研究了生产率、质量对企业世界市场出口偏度和企业目的地市场出口偏度的影响。第三节对基本回归结果的稳健性进行了检验。第四节分析了生产率、质量对企业产品组合行为的异质性影响。

第六章根据理论与实证研究得出的结论，提出相应的政策建议与研究展望。

三、本书的创新点

（一）构建了企业目的地层面质量指标

Gervais（2015）、Antoniades（2015）以及 Aw 和 Lee（2017）等的研究认为，质量因素是企业出口选择以及出口量的重要决定因素，出口质量与生产率对出口结果的影响并不相同，企业在选择出口时，出口质量比生产率明显更为重要。但现有研究对多维质量指标的构建还存在不足，如 Aw 和 Lee（2017）构建了企业层面的质量指标来研究对中国台湾企业出口参与的影响，但并未构建企业目的地层面的质量指标来研究对企业出口行为的影响。鉴于此，本书构建了企业目的地层面质量指标来研究生产率、质量对企业出口行为的影响。

（二）研究生产率、质量对企业产品转换和产品组合行为的影响

本书是对现有的从生产率、质量角度来研究企业出口行为的文献的补充。现有的文献多集中于质量对企业出口参与行为（如 Hallak 和 Sivadasan，2009；Crozet 等，2012；Mark 等，2012；Gervais，2015；Aw 和 Lee，2017；汤二子和孙振，2012a；汤二子和孙振，2012b；韩会朝和徐康宁，2014）、出口范围（Aw 和 Lee，2017）以及不同收入水平出口目的地出口行为（李方静，2014）的影响。Manova 和 Yu（2017）运用中国的数据深入探讨了质量对企业产品层面的出口参与（企业内产品间的调整）的影响。已有的这些研究并未深入探讨生产率、质量对企业产品转换和产品组合行为的影响，而本书是对现有研究的有益补充。

（三）为从生产率、质量角度研究企业出口行为提供了中国的经验证据

在现有的研究中，运用中国数据来研究生产率、质量对企业出口行为影响的文献还较少。如赵春明和张群（2016）从质量这一单一异质性角度研究了企业产品质量对企业出口目的地选择的影响。李方静（2014）研究了质量、生产率双重异质性对企业出口目的地选择的影响。Mark 等（2012）运用中国纺织企业的数据进行研究，发现质量的提升能显著提高企业成功进入出口市场的概率。Manova 和 Yu（2017）运用中国 2000—2006 年的数据探讨了质量对企业产品层面出口参与的影响。从这些已有的文献可以得出一些有益的结论，即生产率、质量会影响企业的出口选择以及产品的出口参与。但也应看

到，运用生产率、质量对中国企业出口行为进行经验研究的文献还存在一定的不足。迄今为止，很少有文献运用中国的数据来探讨生产率、质量对中国企业出口参与和产品转换行为的影响，也少有文献研究生产率、质量对企业产品组合行为的影响。因此，运用中国数据来探讨生产率、质量对企业出口行为的影响弥补了现有研究的不足。

四、研究的重点、难点与技术路线图

（一）研究的重点

第一，目前较为准确的质量指标估算方法是采用 Broda 和 Weinstein（2006）估计的 HS3 位替代弹性。首先，通过使用 Tang 和 Zhang（2012）以及樊海潮和郭光远（2015）的方法，将 Broda 和 Weinstein（2006）估计的 HS3 位替代弹性数据，计算到 HS2 位上去；其次，借鉴 Roberts 等（2016），Amiti 和 Khandelwal（2013）以及施炳展和曾祥菲（2015）的方法，运用计算的 HS2 位的替代弹性估算产品质量；最后，参照 Aw 和 Lee（2017）的方法构建企业层面质量指标，并运用构建的质量指标，结合企业能力，研究中国制造业企业的质量对企业出口参与的影响。结果表明，质量是企业出口选择以及出口量的重要决定因素，企业在选择出口时，出口质量比生产率明显更为重要。

第二，本书利用 2000—2006 年中国工业企业数据库、海关数据库、世界银行数据库等，进一步分析了企业层面出口质量、企业生产率对企业产品转换行为的影响。结果表明，质量的提升会显著提高企业进行产品转换的可能性，即质量高、生产率高的企业会增加消费者需求高的产品而淘汰那些越来越不能满足消费者需求的产品。通过拓展分析，表明生产率、质量通过影响企业的产品转换行为进而影响企业的绩效。

第三，构建了企业目的地层面质量指标，并运用构建的企业层面质量指标以及企业目的地层面的质量指标研究了生产率、质量对企业产品组合的影响；主要从世界市场出口偏度和企业目的地市场出口偏度两个维度来进行考察，并从企业不同所有制、不同企业规模、不同企业年龄、不同地区、不同技术水平、不同品牌、不同行业等角度分析了异质性影响。结果发现，生产率、质量对企业世界市场出口偏度以及企业目的地市场出口偏度均有显著的正面影响。进一步证明了 Gervais（2015）的结论，即生产率、质量是企业出口选择的重要决定因素。

（二）研究的难点

第一，运用何种方法，如何估算质量指标。在国际贸易研究中，质量是一个重要的变量。但由于质量指标的估计方法还存在不足，缺乏简单易行、较为准确的估算方法。相比较而言，采用 Broda 和 Weinstein（2006）估计的 HS3 位替代弹性来估计质量指标更为合理。因此，本书采用 Broda 和 Weinstein（2006）估计的 HS3 位替代弹性，借鉴 Tang 和 Zhang（2012）以及樊海潮和郭光远（2015）的做法取中位数进 HS2 分位上，借鉴 Roberts 等（2016）、Amiti 等（2013）和施炳展等（2014）的做法估算出企业目的地的产品质量指标，并参照 Aw 和 Lee（2017）的做法将其加总到企业层面、企业产品层面和企业目的地层面。

第二，如何运用构建的企业层面质量指标，研究生产率、质量对企业出口行为的影响以及对企业产品转换行为的影响。

第三，如何构建企业目的地层面的质量指标，并运用企业层面和企业目的地层面的质量指标来研究生产率、质量对企业产品组合行为的影响。

（三）技术路线图

本书的研究技术路线如图 0-1 所示。

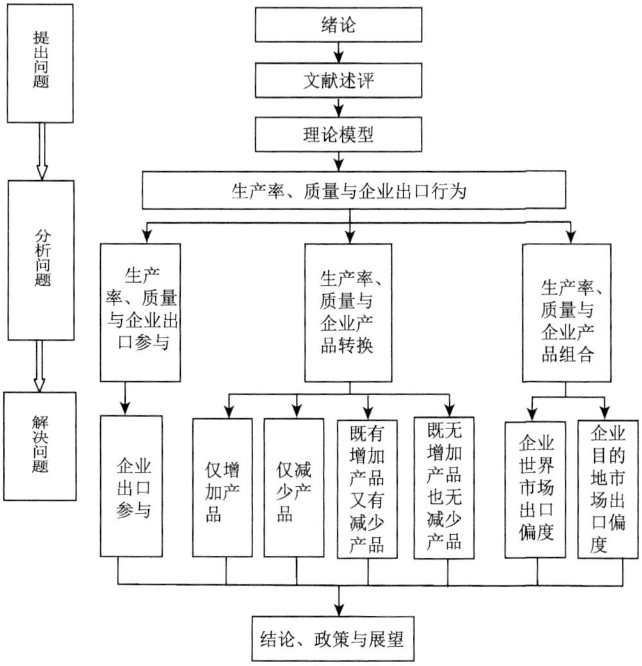

图 0-1　研究技术路线

第一章　文献述评

越富有的国家，需求的产品质量越高，这一事实可以用非位似偏好来解释。由于不同国家的消费偏好会有所差异，因此，随着收入水平的提高，需求偏好也会随之改变。鉴于需求偏好对贸易的重要性，一些学者考察了质量与国际贸易之间的联系，并得出了有益的结论。异质性企业理论认为，质量和生产率是企业异质性的重要来源，因此，一些学者将质量引入异质性企业贸易模型，并研究了生产率、质量对企业出口绩效、出口行为的影响。这些研究为我们理解生产率、质量与国际贸易的关系以及生产率、质量对企业出口行为影响提供了深刻的见解。

第一节　质量与国际贸易

人均收入的提高会对消费者偏好产生影响，而需求偏好的变化会引致产品质量的变化。因此，本节重点阐述了生产率、质量与国际贸易的相关理论。一方面，可以为我们厘清质量与国际贸易的现有的研究进展，另一方面，也为我们深入了解生产率、质量对企业出口行为的影响提供支持。

一、需求偏好与产品质量

在理论研究方面，关于需求偏好引致产品质量变化的异质性研究较多。过去大多数的非位似偏好贸易文献要么集中于垂直差异化（如 Flam 和 Helpman，1987）；Stokey，1991；Murphy 和 Shleifer，1997），要么集中于水平差异化（如

Markusen，1986；Bergstrand，1990；Matsuyama，2000）。近些年的三篇文献将垂直和水平差异化与消费者质量支付的意愿相结合（该意愿由收入决定），如 Fajgelbaum 等，2011；Jaimovich 和 Merella，2012；Jaimovich 和 Merella，2015。

Fajgelbaum 等（2011）分析了在规模报酬和贸易成本递增的情况下，具有相同技术的经济体之间的收入分配差异如何决定贸易流量。具有异质性收入和偏好的消费者购买了同质的产品，并对差异化产品的质量和品种进行了离散的选择。偏好分配产生了一个嵌套的对数需求结构，部分消费者随着收入上升选择购买更高质量的产品。偏好结构将使收入越不平等的经济体对高质量产品产生越高的相对需求。Jaimovich 和 Merella（2012）也提出了一个非位似偏好设定，其中，消费者预算在水平差异化商品内部和水平差异化商品之间进行再分配。但仍然是在一个标准的李嘉图模型框架之内，即从一开始就纯粹依靠技术条件来确定绝对优势和比较优势。因此，非位似偏好并未能很好地解释不同发展水平国家的进口专业化。Jaimovich 和 Merella（2015）则认为，这种专业化主要源于生产率差异与质量非同质之间的相互作用。

Fajgelbaum（2011）与 Jaimovich 和 Merella（2015）的研究认为，可能是由于贸易成本过高导致无法交易，或者由于国家的收入分配过于相似，且通过本地市场效应引致了专业化，因此出现了内生比较优势。Jaimovich 和 Merella（2015）坚持李嘉图传统模型，贸易和专业化来自跨部门技术的差异，其特点是规模报酬不变。在规模报酬递增的情况下，比较优势和贸易逐渐出现不是由于贸易成本可能在最初阻碍了交换的范围，而是由于随着收入的增加，对商品需求呈现出对生产成本（高质量商品）方面的异质性所致。[①] Fajgelbaum 等（2011）模型展示了水平差异，但它并没有显示垂直差异，而这正是 Jaimovich 和 Merella（2015）模型的一个关键维度。其还指出质量对贸易流的影响来源于消费者在商品类别内（垂直）而不是商品类别间（水平地）

① Jaimovich 和 Merella（2015）模型中的一个重要特征是高质量的商品本质上比低质量商品更容易交易，而 Fajgelbaum 等（2011）的研究结果则不同，认为除非企业能承担质量特定的贸易成本，否则对高质量商品的贸易将限制在相对较低的水平。

消费的重新分配，这取决于更富有的消费者将消费特定支出份额由低质量转向高质量的产品，即消费者在同类产品间的支出份额随其收入的变化而变化。

Sugita（2006）在贸易框架下研究了质量与企业间贸易行为，结果发现，贸易开放引致的竞争，提高了企业最终产品的质量；贸易成本的存在会引致贸易模型的改变，即企业更愿意与自身规模和质量接近的企业进行贸易，且贸易多发生在规模大、质量高的企业之间。

在实证研究方面，Hallak（2006）是最早证明出口单位价值与目的地国家收入水平呈正相关关系的作者之一。其认为质量在决定全球双边贸易模式中起着重要作用。其建立了以产品质量为关键指标的经验框架，基于 1995 年 60 个国家双边贸易的截面数据，发现人均收入与质量总需求之间的关系，与理论预测一致，即富国往往从生产高质量的国家进口相对更多的产品。在需求系统中，人均收入会影响消费者的质量选择，这验证了林德（1961）的需求相似理论。

而 Baldwin 和 Harrigan（2011）以及 Johnson（2012）也发现了出口单价与目的地国家收入之间的正相关性。这与 Verhoogen（2008）的假设相一致，即消费者愿意为企业出售的质量更高的产品支付更高的价格。

Bastos 和 Silva（2010），Manova 和 Zhang（2012），Martin（2012），Görg、Halpern 和 Muraközy（2010）分别使用葡萄牙、中国、法国和匈牙利企业层面的交易数据进行研究，结果发现，企业出口价格与目的地人均国内生产总值存在正相关关系，但 Bastos 和 Silva（2010），Manova 和 Zhang（2012），Kneller 和 Yu（2008）并未考虑企业的质量选择。Comite 等（2014）认为，由于品种之间存在质量差异，如果模型未考虑质量差异，将会把一个国家的产品的高价格、高销量归因于偏好差异，而忽略了产品质量因素，因此，应将质量纳入模型中，以便正确识别偏好的影响，并认为企业产品质量和目的地偏好决定了目的地对企业产品的最终需求。

Feenstra 和 Romalis（2014）从贸易数据中发现出口质量与国家收入水平相关，但与人口规模不相关。同样地，Porto（2016）使用跨国面板数据建立部分均衡模型来研究全球经济中目的地国家的收入水平与出口国的产品质量、平均工资水平之间的联系，结果表明，将产品运往高收入目的地的行业出口较高质量的商品，这是因为高收入国家要求高品质产品。但 Comite 等（2014）以及 Flach（2016）则认为这些差异是由于需求偏好的异质性造成的。

Comite 等（2014）将偏好引入贸易模型中，研究结果表明，即使出口到一个市场规模、收入水平类似的国家，并且有相同数量的竞争品种，但由于偏好差异会影响市场竞争结果，因此，导致出口数量可能不同，即企业的不同产品种类在不同国家的销售会不同，这并不一定来源于市场规模和收入差异，而是源自不同国家对品种与偏好的异质性。

二、需求与企业的质量选择

在需求侧，随着人均收入水平的提高，对更高质量产品的需求日趋提高。根据林德（1961）的需求相似理论，发达国家主要生产和出口大量的高质量产品，发达国家之间相互贸易以满足本国居民的需求，而发展中国家的消费结构也会随着收入水平的提高，使生产和贸易结构从低档产品向中高档商品转移。随着经济的发展，人均收入水平提高，人们对产品质量的要求也随之提高，这就要求发展中国家进行产品质量升级。林德及其随后的理论家的假设，为研究人均收入和质量之间的供需联系提供了支持。

Hallak（2010）认为，人均收入水平相似的国家之间贸易更多，从而证实了林德的假说。由于对双边贸易的预测需要一个供求机制，因此林德猜想也需要一个质量的供给联系。同时认为，在收入和质量供给之间存在正向联系。

一些研究表明，需求导致的市场扩张更有可能带来产品创新，如贸易自由化。在此情况下，出口企业应根据市场需求来调整产品质量，以满足国外消费者的期望（Becker 和 Egger，2013；Cassiman 和 Martinez-Ros，2007；Cassiman，Golovko，Martínez-Ros，2010；Caldera，2010）。

Baldwin 和 Harrigan（2011）将质量引入 Melitz（2003）贸易模型进行研

究，结果发现，经质量调整的价格是企业竞争力的来源。高质量的产品由于其价格相对更高，从而具有更高的利润和更强的市场渗透力。通过企业的“自选择效应”使企业将质量更好的产品出口到更偏远的市场，并认为距离和市场规模能促进出口产品的质量升级。

Flam 和 Helpman（1987），以及 Fajgelbaum、Grossman 和 Helpman（2011）认为，在质量、收入和出口组合的共同决定中，需求侧的消费者的异质性起着主要作用。Jang 等（2014）的研究结果表明国内企业应该根据国外的偏好调整产品质量。

Curzi 和 Olper（2012）使用企业级数据研究了意大利企业的出口行为，特别考察了产品质量、生产率、目的地的异质性与出口之间的联系，并检验了基于企业质量以及消费非位似偏好的异质性国际贸易模型。研究表明，目的地人均收入的增加提高了企业的出口强度，这个效应在很大程度上是由企业产品质量的异质性推动的。这与 Alchian-Allen 效应一致：出口产品质量与目的地国家的距离之间存在正相关关系。质量越高越昂贵的商品，越有利可图，越能渗透到更远的市场，并将产品质量与国家消费者偏好引入贸易模型进行预测：进口国人均收入的增加会提高对产品质量的偏好。①

Feenstra 和 Romalis（2014）在一个扩展的垄断竞争框架下建模，估计了1984—2011 年 185 个国家的质量和质量调整价格，结果表明，各国的质量调整价格差异小于单位价值，质量调整的贸易条件与国家的收入水平是负相关的，并指出，企业在选择价格的同时选择品质。考虑到各国对质量有非位似的需求，企业质量的最佳选择反映了这种非位似需求以及生产成本，包括“华盛顿苹果”效应中的具体运输成本。Fieler、Eslava 和 Xu（2014）认为，如果企业面临规模增长或面对国外消费者对高质量产品的需求时，贸易自由化会导致出口商产品质量升级。

Antoniades（2015）提出了一个简单易行的异质性企业贸易模型，内生质

① Curzi 和 Olper（2012）模型基于不存在“冰山”成本的假定来对模型进行修正。

量选择和成本加成内生化。在需求方面，偏好增加，使消费者关心质量，愿意为此付出更多的代价。该模型的一个关键特征是竞争不仅降低了生产企业和退出企业的成本临界，而且提高了质量差异化的范围。在这两个渠道存在的情况下，生产率高的企业通过提高质量、价格和成本加成来应对竞争，而生产率低的企业退出或以恰恰相反的方式对竞争做出反应。

Flach（2016）使用巴西出口商详细的价格和质量数据研究了企业是否对市场进行分割，并根据目的地国家的特点调整产品质量和价格。结果表明，以质量为基础的市场细分，企业向高收入目的地出口时可提升产品质量和价格。同时，不同目的地的价格差异可能受到产品质量投资和高品质需求的影响。

上述研究表明，需求会引致企业的质量选择，但关于质量提供机制的证据较少。Schott（2004）认为，富有的国家倾向于出口质量更高的产品。Hummels 和 Klenow（2005）则表明产品单价与出口国的人均收入正相关。Melitz（2003），Crozet 等（2012），Baldwin 和 Harrigan（2011）以及 Johnson（2012）都将生产率差异作为高品质产品的比较优势来源，但隐含的质量提供机制尚未被探索。而 Porto（2016）建立的部分均衡模型则探索了质量提供的运行机制。将产品运往高收入目的地的行业，出口质量较高的商品①，这是因为高收入国家要求高品质的产品。

在大多数异质企业模型中，通过质量选择贸易模型预测得出，生产率越高的企业市场份额越高且越有可能出口，占全国出口的大部分份额，同时他们也生产质量较高的产品。通过放松不变的成本加成假设，我们还可以考虑与成本加成相关的企业行为的其他特征，例如企业之间的异质性的观察结果，随着生产率和生产规模的提高，企业生产的产品更优质，理论研究结果也表明，经济状况的变化将会引致企业调整其成本加成率，但调整幅度因企业而异。

① Porto（2016）将按行业内出口计算的平均单位值作为产品质量的代理。

殷德生（2011）研究了贸易成本、市场规模以及进出口规模等因素对中国出口产品质量升级的影响，研究表明，贸易距离对出口产品质量影响显著。汪颖博（2017）运用中国2000—2006年海关数据库，分析了需求冲击对中国多产品企业出口行为的影响，结果表明，需求冲击对多产品企业出口产品质量有明显的积极作用。

考虑需求侧异质性因素，随着收入水平的提高，消费者对质量的需求也随之提高（如Flam和Helpman，1987；Hallak，2006；Hallak，2010；Choi，Hummels和Xiang，2009；Fajgelbaum等，2011）。然而，对人均收入以及出口和质量之间的关系，需求侧本身并没有提供完整的解释，还应看供应方的能力（Grossman和Helpman，1991）。

Sutton和Trefler（2016）基于Sutton（1991，1998，2007a，2007b）的系列文献，认为企业选择在质量能力上的最优投资，且这个能力一旦得以发展，企业将进行古诺竞争；认为只有目的地国的需求与供给侧的企业能力相结合，出口企业才能进入出口市场并从贸易中获益。这也说明了企业产品质量能否满足市场需求是企业在出口市场能否成功的关键因素之一。

第二节　企业出口行为的影响因素

一、质量

Johnson和Myatt（2003）在建立垄断和多头竞争框架时发现，当竞争者进入市场时，销售质量差异化产品的企业通常会改变其产品线。他们的研究为竞争性品牌（fighting brands）和企业产品线的调整提供了解释。

Eckel和Neary（2010）的研究认为，离核心产品越远的产品其边际成本也越高。

Bernard，Redding 和 Schott（2011）通过扩展 Melitz（2003）企业模型来研究贸易自由化对企业产品层面活动的影响。模型假定企业间异质性来源于生产率差异，而产品质量（需求）的异质性则是企业内产品间异质性的来源。企业生产率水平决定企业产品的边际成本，而质量则决定消费者对企业内不同产品的偏好程度，并指出贸易自由化对企业产品范围的影响取决于产品自身的属性（attributes）。① 随着双边贸易成本的降低，出口企业借此机会出口新产品种类。

Manova 和 Zhang（2012）将产品质量嵌入到 Bernard、Redding 和 Schott（2011）以及 Mayer、Melitz 和 Ottaviano（2014）企业模型中，研究认为，质量差异是企业生产多产品的原因。在他们的模型中，企业间生产率存在异质性，企业内的产品间的质量也存在异质性。生产高质量的产品其边际成本较高，但会获得较高的收入，并指出高生产率企业能生产高质量的产品，其出口范围也更广，从而获得的收入也更高。因此，当企业在增加出口产品时，会优先选择质量最高的产品。

质量对企业出口参与行为（如 Hallak 和 Sivadasan，2009；Crozet 等，2012；Mark 等，2012；Gervais，2015；Aw 和 Lee，2017；汤二子和孙振，2012a；汤二子和孙振，2012b；韩会朝和徐康宁，2014）、出口范围（Aw 和 Lee，2017）以及出口目的地选择（李方静，2014；赵春明和张群，2016）的影响，也有众多研究成果。Manova 和 Yu（2017）运用 2000—2006 年中国的数据，研究且深入探讨了质量对企业产品层面出口参与的影响。

Gervais 等（2015）量化了产品质量和技术效率对解释美国制造业工厂出口结果变化的贡献。运用价格和数量信息估计质量，结果发现，除生产率外，质量是企业出口选择以及外贸出口水平的重要决定因素。同时指出，出口质量与生产率对出口结果的影响并不相同，企业在选择出口时，质量比生产率明显更为重要，而忽视了质量因素将会高估生产率对企业出口决策的影响。

---

① 产品属性是指产品本身所固有的性质，是产品在不同领域差异性（不同于其他产品的性质）的集合。

Aw 和 Lee（2017）的理论和经验表明，需求（质量）和生产率在解释企业出口参与和出口范围方面起着重要的作用。在企业的出口决策中，质量对产品差异化程度高、但质量改进弹性较低的市场的影响较大；而生产率则对产品差异化程度较低、但质量改进成本弹性较高的市场的影响更大。

二、生产率

异质性企业贸易理论认为，生产率是决定企业出口参与的关键因素（Melitz，2003；Bernard 等，2003），Chaney（2008）、Helpman（2008）的研究结果表明，企业是否选择进入新出口市场，取决于企业生产率与出口目的地市场的生产率临界，即当企业生产率高于出口目的地的零利润生产率时，企业则会选择该地为新的出口目的地，否则相反。Aw 和 Lee（2014）通过研究质量和生产率对企业出口目的地和 FDI 目的国选择的影响时发现，质量、生产率是企业出口目的地选择的决定因素。Demidova 等（2012）运用孟加拉国的数据进行研究，发现生产率会影响企业选择出口目的地的顺序。

Bernard、Beveren 和 Vandenbussche（2010）利用比利时数据，研究发现企业生产率会影响多产品企业出口二元边际。制造业企业将出口并非自己生产的产品，即存在套利贸易（Carry-Along Trade）①，并认为企业生产率会影响多产品企业的出口产品选择。

Qiu 和 Zhou（2013）认为，随着贸易自由化，高生产率的企业将会增加产品范围，而低生产率的企业将会降低产品范围。随着贸易成本的降低，只有具有较高边际产出的大规模企业才会增加产品范围，而具有较低边际产出的小规模企业则会减少产品范围。

Dhingra（2013）发现贸易自由化对产品范围的影响具有异质性，即会扩大高生产率企业的产品范围，而减少低生产率企业的产品范围。②

---

① 一般而言，套利贸易主要集中于规模比较大且生产率较高的多产品企业。

② 由于企业内产品种类间的高替代性，新增产品将更有可能替代企业已有的种类。

Iacovone 和 Javorcik（2010）以及 Mayer 等（2014）的研究发现，生产率较高的企业出口倾向较高。Arkolakis 等（2015）研究表明，在巴西，具有高生产率的企业出口倾向较高。高生产率的出口商出口更多种类的产品，出口的最不畅销的产品数量小于低生产率的出口商最不畅销的产品数量。

邱斌等（2012）研究了生产率与企业出口行为的关系，结果表明，出口企业存在着出口倾斜效应和自选择效应。戴觅和余淼杰（2014）、钱学锋等（2011）、赵伟等（2011）研究发现，低生产率企业选择只在国内市场供应产品，而高生产率企业并非必然会选择出口。

汤二子和孙振（2012a，2012b）、韩会朝和徐康宁（2014）从理论角度研究了双重异质性对企业出口行为选择的影响。李方静（2014）研究了双重异质性对中国企业出口目的地选择的影响，认为高生产率企业更倾向于通过加大研发投入生产出高品质产品，并将其出口到高收入国家。而赵春明和张群（2016）从质量这一单一异质性角度进行研究，并得出企业产品质量的提升引致企业的出口目的地从低收入国家转向了高收入国家。邱斌、闫志俊（2015）认为生产率对企业出口倾向有着显著的正面影响。

三、汇率

一些学者研究了汇率冲击对企业产品范围的影响。Moxnes 和 Ulltveit-Moe（2010）以 2001 年挪威汇率升值为准自然实验，分析了汇率冲击对企业出口产品范围的影响。结果表明，本币贬值会减少企业的出口产品范围，降低企业进行产品转换的可能性。Chatterjee 等（2013）利用巴西的数据进行研究，发现当本币相对于出口目的地国家的货币发生贬值时，出口企业会扩大出口到该国的产品范围。同时指出，企业自身特征对企业出口产品范围的影响要小于实际汇率的影响。Freund 和 Pierola（2012）认为，实际汇率贬值会使企业增加出口产品范围。

王秀娟（2013）认为汇率升值与中国出口呈负相关关系。许家云、佟家栋和毛其淋（2015a）的研究表明，人民币实际汇率升值会降低企业出口价格，减少出口数量以及缩小企业出口产品范围；但会提高企业的出口集中度，促进企业出口产品之间的优胜劣汰，有助于提升中国企业产品的出口竞争力。陈婷（2015）以及陈婷和向训勇（2015）等也做了类似的研究。

许家云等（2015）的研究发现，人民币升值能提升企业出口产品质量，但汇率变动对新进（退出）企业或产品的影响存在异质性。余淼杰和张睿（2017）研究发现，汇率升值通过提高出口企业的竞争压力来促使企业提升出口产品质量。张明志和季克佳（2018）认为，人民币升值有利于提高企业出口到目的地产品的质量，而企业垂直专业化水平的提升会加大汇率升值的正向效应。

四、企业规模和出口规模

Adalet（2009）运用新西兰的企业层面数据研究了企业产品转换行为，结果发现，在产品层面，企业产品出口规模和出口持续时间决定企业是否减少该产品；在企业层面，企业规模和出口持续时间决定企业是否减少出口产品。

Dhingra（2013）发现在出口企业中存在一个出口份额阈值（threshold），出口市场份额大于阈值的企业会增加产品种类，而出口市场份额小于阈值的企业将会减少产品种类。

De Nardis 和 Pappalardo（2009）研究发现，在产品层面，企业是否减少该产品取决于产品在企业总产出中的比重和产品生产的持续时间；在企业层面，企业的产品范围和企业规模与企业是否减少出口产品有关。

五、市场竞争

Yeaple（2013）建立的模型分析了贸易摩擦对企业内资源再分配的影响，结果表明，当市场竞争程度较大时，企业将不再出口非核心产品，进而将资源分配给核心产品，即竞争会降低企业出口范围。

Mayer、Melitz 和 Ottaviano（2014）以及 Mayer、Melitz 和 Ottaviano（2016）的研究表明，竞争会引致企业改变其产品组合，出口销售将偏向其核心产品。

第三节 生产率、质量对企业出口行为的影响

使用产品质量解释企业行为的重要文献如下：Linder（1961）认为，富国生产和消费较高份额的优质商品。Schott（2004），Hummels 和 Klenow（2005）以及 Fontagné 等（2008）都证实，发展中国家出口大幅增长是通过质量升级实现的。Bernard 等（2006）和 Hallak（2006）研究表明，资本和技能丰富的国家利用其禀赋优势来生产具有较高价格和较高质量的垂直优质品种。Verhoogen（2008）认为，20 世纪 90 年代，富裕国家对高质量产品需求的增加，提高了对熟练劳动力的相对需求。

一、理论研究

本部分从企业的出口选择、产品层面的产品转换与产品组合方面，简要介绍质量、生产率对企业出口行为的影响。

（一）拓展 Melitz（2003）的理论模型

在质量对企业出口行为的理论研究中，主要是将质量引入 Melitz（2003）的理论模型，将质量内生化。①

假定消费者面临不变替代弹性（CES）效用函数：

$$U = \left(\sum_{k=1}^{n} [\lambda_k q_k]^{\frac{\sigma-1}{\sigma}} \right)^{\frac{\sigma}{\sigma-1}} \tag{1-1}$$

其中，λ_k 是反映消费者对种类 k 偏好的质量指数，q_k 是品种 k 的消费数量，

① 这些研究得出的结论与异质性贸易理论的结论有所不同。

任何品种之间的替代弹性 $\sigma > 1$。

而 CES 需求函数能被表达为：

$$q_k = \frac{E}{P}\lambda_k^{(\sigma-1)} \ p_k^{-\sigma}\text{，其中 } P = \sum_{j=1}^{n}\lambda_j^{(\sigma-1)} \ p_j^{1-\sigma} \tag{1-2}$$

其中，E 是行业总支出，而 P 是行业所有品种的价格指数。类似的将质量引入效用函数的研究如 Schott（2004）、Gervais（2015）、Aw 和 Lee（2017）等。汤二子和孙振（2012a，2012b）将产品质量引入 Melitz（2003）模型来分析产品质量对企业出口行为的影响，并认为忽视出口企业产品质量而得出的结论将会与现实相悖，即"生产率悖论"①。韩会朝和徐康宁（2014）、Hallak 和 Sivadasan（2009）的研究结果表明，产品质量低于出口质量阈值的低生产率企业将无法出口。

（二）假设消费者偏好

Feenstra 和 Romalis（2012）的研究假设了消费者偏好是非位似的（Non-homothetic），其做法是在 CES 效用函数中对质量赋予指数来度量偏好的非位似。②

（三）设定消费者间接效用函数

Verhoogen（2008）设定了消费者间接效用函数来研究质量对企业出口行为的影响，其将效用函数设定为：$V_i = \theta q_i - \alpha p_i + \varepsilon_i$，其中 q_i 代表种类 i 的质量，表示消费者对产品垂直差异的偏好；参数 $\theta > 0$ 与收入呈现正相关，代表消费者对质量的支付意愿；而 ε_i 则代表产品水平差异，但并没有研究产品的垂直差异。

从质量视角来研究企业出口行为，虽然对消费者函数形式设定可能存在一定的差异，但其内在的逻辑是一致的，即消费者效用水平与产品质量存在

---

① 生产率悖论亦称为"索洛悖论"，国内外的一些学者将其称为"生产率之谜""生产率陷阱"等。是指内销企业生产率显著高于外销企业的一种现象。

② Feenstra 和 Romalis（2012）设置的指数，如指数为正且与收入存在正相关关系，则表示收入越高，消费者消费高质量产品的比例越大。

正相关关系。消费者愿意为质量支付更高的价格。

二、实证研究

近年来，随着微观数据的可得性增强，质量对企业出口行为影响的实证研究迅速发展。尤其是随着质量测算方法的广泛开发，更精确地估计企业产品质量成为可能，引致质量对企业出口决策的影响的研究向纵深发展，其对企业出口决策的重要作用得到了广泛证实。

（一）对企业出口参与行为的影响

在质量对企业出口行为的影响的研究中，Hallak 和 Sivadasan（2009）研究了出口产品质量阈值对企业出口行为的影响，只有产品质量大于或等于质量阈值的企业才能进入出口市场。但企业进行质量升级需要支付额外的成本，只有那些产品质量高于质量临界或者能够支付质量升级成本进而使企业产品质量达到质量临界的企业才能进入出口市场，即当出口产品存在质量临界时，生产率不是企业出口参与的唯一决定要素，而产品质量低于质量临界的高生产率企业将无法成功进入出口市场。Crozet 等（2012）运用法国葡萄酒行业出口数据进行研究，结果发现，企业产品品质越高，成功进入出口市场的概率就越高，因此，质量的提升能显著提高企业成功进入出口市场的概率；Mark 等（2012）运用中国纺织企业的数据也证实了这一结论。而 Gervais（2015）的研究也表明，质量因素是企业出口选择以及出口量的重要决定因素，出口质量与生产率对出口结果的影响并不相同，企业在选择出口时质量比生产率明显更为重要。

韩会朝、徐康宁（2014）研究了出口产品质量阈值对企业出口行为的影响，并得出了与 Hallak 和 Sivadasan（2009）一致的结论，即产品质量低于出口质量阈值的低生产率企业将无法出口。Aw 和 Lee（2017）的研究认为，企业质量和生产率对企业出口参与及其出口范围的相对重要性取决于需求方的产品偏差程度和成本弹性的提高。质量指数和生产率在解释企业出口参与和出口范围中起着重要作用。

（二）对产品转换行为的影响

产品转换（增加或减少产品）是多产品出口企业的核心特征之一，一般而言，企业会针对市场特定需求来提供产品。消费偏好（质量）的变化会引致企业增加更符合消费者偏好的产品种类而减少或放弃那些不能满足消费者偏好的产品。

Bernard、Redding 和 Schott（2011）研究了企业产品转换的频率，以及普遍性和决定因素，结果发现，产品特性①是影响企业是否进行产品转换的重要因素，企业增加或减少产品会引起企业范围内的巨大变化，并发现产品转换有助于企业内部资源的重新分配。消费者对企业产品的偏好越高，企业越能在该产品上获益。企业的生产率越高，企业越能在所有产品上获益，其产品范围就越大。正向的需求冲击会引致企业增加产品，同时一些企业由于受到负面的需求冲击而放弃该产品。Bernard、Redding 和 Schott（2011）的研究表明，企业会增加高产品属性的产品进入出口市场。

Manova 和 Yu（2017）经研究发现，优质产品是企业的核心竞争力，其价格较高，因此具有更高的销售额。在提供较少产品的市场中，公司专注于其核心品种，通过放弃低质的外围产品而将销售转向其优质产品。

（三）对企业产品组合行为的影响

Manova 和 Yu（2017）认为，由于市场规模、价格指数、可变的冰山成本和固定的贸易成本是国家特有的，因此，出口的专业临界值会因出口目的地不同而有所差异，企业会在不同的市场中调整其产品范围。在每个出口目的地的出口商，都遵循独特的产品层次结构，并按照产品质量（和边际成本）递减顺序来添加商品，直至边际产品达到零利润。在供应商中，品质更高的商品将被销往更多的国家，在任何给定的市场中赚取更高的收入，并产生更

① 产品特性的另一种解释为产品质量。

高的全球销售额。一个企业在每个市场上最畅销的核心品种将是其最昂贵且品质最高的产品。

Mayer、Melitz 和 Ottaviano（2014）在静态环境下，而 Bernard、Redding 和 Schott（2011）在动态环境下，将产品范围和出口决定内生化。研究结果表明，出口商出口销售倾向于表现最好的产品。这些研究表明，在出口决策的制订方面，一个富有成效的方法是专注于产品层面的质量和成本。

Amador 和 Opromolla（2012），以及 Görg、Kneller 和 Muraközy（2012）认为，企业产品特性对塑造企业的出口组合是非常重要的。企业产品特性决定了企业增加或减少产品组合。Goldberg 等（2010）证明了多产品企业生产中有类似模式。Bratti 和 Felice（2009）认为，外国消费者可能会有不同的偏好，在任何情况下，市场规模的增加意味着消费者对品种需求的增加。

（四）生产率、质量与企业的其他出口行为

与以往仅构建企业层面的质量—生产率指数不同，Aw 和 Lee（2017）构建的是企业产品层面的质量—生产率指数。运用这些指数来研究质量、生产率如何影响企业的出口参与和产品扩展决策。结果表明，高质量、低生产率的生产者更喜欢在市场上出口差异化更大的产品；而低质量、高生产率的生产者更喜欢在市场上出口同质化的产品。同时指出，需求（质量）和生产率在解释企业出口参与和出口范围中起着重要作用。在出口决策中，质量在差异化大和质量改进成本弹性低的市场中贡献更大，而生产率效应则在产品生产效率低但市场质量改善的成本弹性高的市场更为重要。这与韩会朝和徐康宁（2014）的研究结论相一致。

与以往使用单值的研究不同，运用价格和数量信息估计的质量，结果与质量解释一致，估计质量存在相当大的异质性，质量与广告支出、工资率和材料成本正相关。同时，即使在控制生产率变化之后，估计的质量变化解释了价格、收入、出口状况和外国销售变化。

还有一些学者研究了质量与企业成本加成率的影响，如李胜旗、佟家栋

(2016) 研究了质量对企业成本加成率的影响，结果表明，企业成本加成率与质量存在显著正相关关系。许明、邓敏（2016）运用 2000—2006 年中国数据，研究了产品质量对出口企业成本加成率的影响，研究发现，提高产品质量对提升中国出口企业成本加成率有重要的作用。这些研究表明，质量与企业的贸易利得息息相关，因此，提升企业产品质量无疑会提升企业的贸易利得，提升中国企业出口的国际竞争力。

本章小结

本章回顾了生产率、质量的相关理论和实证研究。第一节主要介绍了质量与国际贸易的相关研究。一方面，需求偏好会引致产品质量的异质性。过去大多数文献的研究要么集中于垂直差异化，要么集中于水平差异化，而较少将垂直和水平差异化与质量偏好相结合。另一方面，企业观察到目的地需求变化后，为了出口成功并使利润最大化，会调整产品质量以满足国外消费者的需求，并将高质量的产品输出到高收入国家。第二节重点从质量、企业能力等方面介绍了影响企业出口行为的因素的相关文献。目前的研究主要关注质量、企业生产率、汇率、目的地特征等。第三节重点介绍了生产率、质量对企业出口行为影响的相关文献。

已有的研究主要是通过构建企业层面的质量指标来考察企业层面质量对企业出口行为的影响，如 Gervais（2015）、Antoniades（2015）以及 Aw 和 Lee（2017）等。但现有研究对企业产品质量指标的构建还较缺乏，而企业质量与企业产品质量、企业目的地层面质量对企业行为的影响是存在异质性的。

现有文献的研究多集中于生产率、质量对企业出口参与行为（如 Hallak 和 Sivadasan，2009；Crozet 等，2012；Mark 等，2012；Gervais，2015；Aw 和 Lee，2017；汤二子和孙振，2012a；汤二子和孙振，2012b；韩会朝和徐康宁，

2014)，出口范围（Aw 和 Lee，2017）以及不同收入出口目的地出口行为（李方静，2014）的影响。Manova 和 Yu（2017）运用中国的数据研究并深入探讨了质量对企业产品层面的出口参与的影响。从已有的研究可以看出，关于生产率、质量对企业层面产品转换和产品组合行为影响的研究还较少。

而关于生产率、质量对企业出口行为的影响的研究中，运用中国数据来研究质量对企业出口参与行为影响的研究还较少。如李方静（2014）是从双重异质性角度进行研究，而赵春明和张群（2016）是从质量单一异质性角度研究了质量对企业目的地选择的影响。Mark 等（2012）运用中国纺织企业的数据进行研究，结果发现，质量的提升能显著提高企业成功进入出口市场的概率。从这些已有的文献可以得出一些有益的结论，即生产率、质量会影响企业的出口选择。但也应看到，运用生产率、质量来展开对中国企业出口行为的经验研究的文献还存在一定的不足。迄今为止，很少有文献运用中国的数据来探讨生产率、质量对中国企业出口参与、产品转换行为的影响，也少有文献研究生产率、质量对企业产品组合行为的影响。因此，运用中国数据来探讨生产率、质量对企业出口行为的影响，弥补了现有研究的不足。

第二章　相关基础理论

质量是企业竞争力的重要组成部分，质量问题一直是国内外学者关注的重点问题之一。关于质量对企业出口行为的理论研究，一些学者将质量引入 Melitz（2003）的理论模型，使质量内生化，进而研究质量对企业出口参与行为的影响（如 Gervais，2015；Aw 和 Lee，2017 等）。而 Bernard、Redding 和 Schott（2010）等的研究，将质量（产品性质）引入多产品企业模型，并分析了质量（产品性质）对企业产品转换行为的影响。本章就目前文献中对质量和企业出口行为的经典模型进行简要的介绍。

第一节　生产率、质量对企业出口参与的影响

一些学者拓展了 Melitz（2003）模型，将质量引入 Melitz（2003）模型，将异质性企业模型从单一维度扩展至包含质量和技术效率两个维度。这些框架显示了质量（特殊的需求因素）和技术是如何联合决定生产者的出口选择。

一、消费者问题

关于质量对企业出口行为的理论研究，主要是将质量引入 Melitz（2003）的理论模型，使质量内生化，进而研究质量对企业出口行为的影响，并得出一些与异质性贸易理论不同的结论。将质量引入 Melitz（2003）的研究包括：Schott（2004）、Hallak（2006）、Hallak 和 Sivadasan（2009）、Gervais（2009）、Hallak 和 Schott（2011），Baldwin 和 Ito（2011）、Baldwin 和 Harrigan（2011）、

Fajgelaum 等（2011），Crozet 等（2012）、Johnson（2012）、Kruger 和 Verhoogen（2012）、Feenstra 和 Romalis（2014），Fieler，Eslava 和 Xu（2014），Gervais（2015）以及 Aw 和 Lee（2017）等。

而 Feenstra 和 Romalis（2012）的研究则不同，其假设消费者非位似偏好，并运用质量指数来度量非位似偏好。该指数大于 0 并与收入正相关，则意味着收入越高，消费者对高质量产品的消费比重越大。Verhoogen（2008）则采用间接效用函数对质量与企业出口行为之间的关系进行研究。

将质量引入 Melitz（2003）的理论模型，使消费者从一系列差异化种类的消费中获得效用。偏好是根据产品质量 $\omega(z) \geq 1$，每个品种消费量 $q(z)$，$z \in Z$ 定义的，其中，Z 是可供消费的产品种类集合：$Q = (\int_{z \in Z} (\omega(z) q(z))^{\frac{\sigma-1}{\sigma}} dz)^{\frac{\sigma}{\sigma-1}}$。①这与 Fajgelbaum 等（2011）不同，Fajgelbaum 等（2011）的质量差异模型使用非位似偏好来研究贸易对福利的影响，其中，需求是工人收入分配的函数。

一个品种需求的最佳总量取决于市场特征、质量、价格，将其表示为：

$$q(\omega,\ p) = R P^{\sigma-1} \omega^{\sigma-1} p^{-\sigma} \tag{2-1}$$

其中，$R \equiv PQ$ 是产业总支出，$p = \left(\int_{z \in Z} (p(z) / \omega(z))^{1-\sigma} dz\right)^{\frac{1}{1-\sigma}}$ 是市场上理想的价格指数，p 是单价。这个等式明确表示，消费者关心产品质量是因为以价格为条件，需求数量随质量提高而增加。

与 Melitz（2003）一样，劳动是厂商唯一使用的投入要素，将工资标准化为 1，生产成本取决于企业生产的数量、投入品的质量以及企业的技术效率，这意味着企业的技术效率-生产率 $\varphi \geq 1$。Gervais（2015）假定，总成本函数取决于企业的效率和质量：

$$L(\varphi,\ \omega) = \frac{\omega^{\eta}}{\varphi} q,\ 其中\ \eta > 0 \tag{2-2}$$

① 这个设定与 Baldwin 和 Harrigan（2011）、Johnson（2012），Kugler 和 Verhoogen（2012）以及 Hallak 和 Sivadasan（2013）的相同。

公式（2-2）的总成本函数表明，企业成本随着产品质量的提高而增加，但会随着企业效率的提高而减少。① 这个设定与 Aw 和 Lee（2017）类似，即企业生产率和需求具有异质性，以及企业的边际成本随着企业生产率的下降而下降，但会随着需求增加而提高。②

对于成本弹性的设定，不变的 η 影响生产成本的质量弹性。当 η 变大时，质量的变化会导致生产成本的更大增长。这一设定的成本结构与 Baldwin 和 Harrigan（2011）以及 Aw 和 Lee（2017）相似，但 Baldwin 和 Harrigan（2011）的模型仅包含单一异质性来源，即质量；而 Gervais（2015）、Aw 和 Lee（2017）的模型包含了双重异质性，即包括技术效率和产品质量。Aw 和 Lee（2017）在成本函数中加入了生产最终产品的中间投入品的单位价格，即将函数形式设定为 $c_f = W\delta_f^{-1}\lambda_f^{\gamma}$，$\gamma > 1$。③

世界由本国和外国两个国家组成。企业将其产品出售给外国消费者时会面临额外成本。与基准模型一致，这些贸易障碍采用固定出口成本的形式，用 f_x 表示，企业进入国外市场必须支付固定成本 f_x 和单位的冰山运输成本 τ。如果企业运送一个单位的产品到国外，则需要 $\tau > 1$ 单位。假定这些成本对所有公司都是相同的，并且与质量相关的成本是不变的，则贸易成本的任意变化都不会带来任何结果。

二、企业行为

在 Gervais（2015）模型中，企业根据自身的技术效率和产品质量，对国

① 这种函数形式分别捕捉了质量和效率对成本的影响。质量对生产成本的影响可以以更一般的方式建模。例如，Hallak、Sivadasan（2013），Gervais（2014）假定更高的质量意味着更高的固定生产成本。这种假设导致了企业产品质量的排序。质量和生产力是外生的，即假定固定成本不变。

② 公司花费额外的成本来提高产品吸引力并吸引新客户。Crozet 等（2012）指出，更高质量的产品生产成本更高，因为它们需要高价格（高品质）的投入。Kugler 和 Verhoogep（2012）以及 Manova 和 Zhang（2013）在研究中发现，投入价格和产出价格之间存在正相关性。

③ Aw 和 Lee（2017）通过这一设定发现，企业的盈利能力不仅取决于企业的生产率水平、企业的质量、成本弹性，而且取决于企业的投入品价格。

内价格和出口价格以及是否进入国外市场进行决策。这一设置与 Johnson (2012) 使用双边贸易数据研究质量的影响类似，但不同的是，Johnson (2012) 仅研究质量的单一异质性。同时，这一设置也与 Hallak 和 Sivadasan (2013)、Kugler 和 Verhoogen (2012) 以及 Aw 和 Lee (2017) 建立的内生质量差异化模型类似，这些研究显示生产率和质量是如何在企业层面相关的，并认为企业的利润是效率和质量的函数，将其表示为：

$$\pi(\varphi, \omega) = \left(p - \frac{\omega^{\eta}}{\varphi}\right) q(p, \omega) + I_x\left[\left(p_x - \frac{\tau\omega^{\eta}}{\varphi}\right) q_x(p_x, \omega) - f_x\right] \quad (2-3)$$

其中，p_x 和 p 分别是国外、国内价格；$q(p, \omega)$ 和 $q_x(p_x, \omega)$ 分别是最优的国内和国外需求；I_x 是企业是否出口的指标，如果企业出口，则 I_x 等于 1，否则为 0。① 式（2-3）右侧第一项表示来自国内销售的利润，第二项表示出口为企业带来的利润。

企业利润最大化则意味着要遵循以下定价规则：

$$p(\varphi, \omega) = \left(\frac{\sigma}{\sigma - 1}\right)\frac{\omega^{\eta}}{\varphi}，且 p_x(\varphi, \omega) = \tau p(\varphi, \omega) \quad (2-4)$$

众所周知，在保持假设不变的情况下，FOB 价格在这两个市场是一样的。运用这个结果和最优需求方程（2-1）使每个市场带来的收入为：

$$r_j(\varphi, \omega) = R_j\left[\left(\frac{\sigma}{\sigma - 1}\right)\frac{p_j}{\tau_j}\right]^{\sigma-1}(\omega^{1-\eta}\varphi)^{\sigma-1}, \ j \in \{d, X\} \quad (2-5)$$

其中，当且仅当 $\eta<1$ 时，企业收入随产品质量上升而有所增加，这意味着质量的生产成本是凹的。

基于对技术和偏好的假设，企业在国内市场获得利润一直为正。但企业只有在出口的额外利润大于出口的固定成本的情况下才会进入国外市场。由于利润是质量和效率的函数，所以零利润生产率效率阈值（φ_x）取决于产品质量，如下所示：

---

① 国内和国外需求具有与（2-1）定义的相同的函数形式，但是 R 和 P 在不同的市场可能会有所不同，模型区分了国内产出 $q(.)$ 和出口产出 $q_x(.)$。

$$\pi_x(\varphi_x(\omega), \omega) = 0 \Leftrightarrow \varphi_x(\omega) = \frac{\tau}{p_x}\left(\frac{\sigma}{\sigma-1}\right)\left(\frac{\sigma f_x}{R_x}\right)^{\frac{1}{\sigma-1}} \omega^{\eta-1} \qquad (2-6)$$

只有当企业的效率高于 $\varphi_x(\omega)$ 时，质量为 ω 的企业在国外市场上的利润才为正。在这种情况下出口时，$I_x = 1$，$\forall \varphi \geqslant \varphi_x(\omega)$，否则相反（$I_x = 0$，$\forall \varphi < \varphi_x(\omega)$），即生产效率的阈值随着交易成本的上升而增加，随着国外市场规模的减小而下降。

由封闭经济走向贸易开放，对不同的企业的影响是不均衡的，由企业是否开始出口决定；同时对企业内不同产品之间的效应也存在不均衡，这取决于产品是否开始出口。

出口企业的生产率要高于非出口企业，这已经被理论和实证研究所证实。封闭经济向贸易开放转变提高了企业生产率 φ：生产率高于临界生产率的企业更有可能选择出口。企业需求和生产率对企业出口参与的影响如图 2-1 所示。

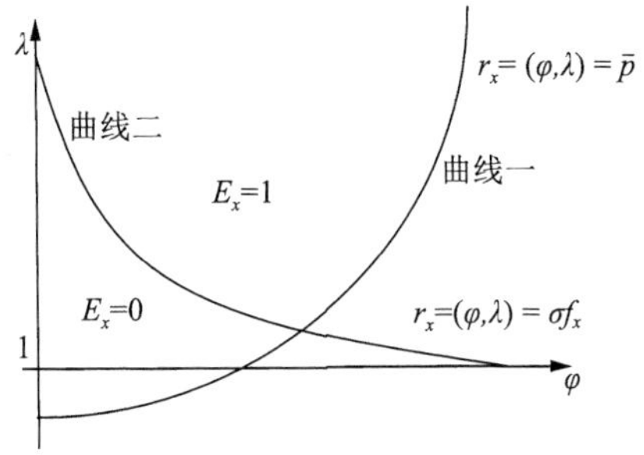

图 2-1　质量—生产率与企业行为

企业的最优行为作为其技术效率和产品质量的函数，如图 2-1 所示。图中显示了在 (φ, λ) 空间的两条曲线。曲线一代表所有生产率—质量对，最优价格等于任意值 $\bar{p}$。由于价格随质量上升而上升，但随生产效率下降而下降，因此这个关系是凸的。曲线二代表所有技术效率—质量对，出口收益等于需求弹性和固定出口成本的乘积。曲线二说明：首先，效率和质量是收入的替代品，导致低效率高质量的企业可以获得与高效率低质量的企业相同的

收益；其次，只有那些效率—质量对位于曲线上方的企业才能在国外市场上获得利润为正并选择出口。而效率—质量对低于或位于曲线上的企业由于利润为负或等于0，因此不会选择出口。而韩会朝和徐康宁（2014）通过拓展Melitz（2003）进行研究，认为在目的地市场存在“质量门槛”。产品质量低于目的地市场的质量偏好的低生产率企业将无法进入该市场，并指出“质量门槛”存在短期和长期效应。短期内，“质量门槛”效应通过目的地市场的质量偏好来发挥市场淘汰作用，即生产高质量产品的企业继续出口，而生产低质量产品的企业将退出市场；而从长期来看，企业须提高生产率水平以及产品质量，才能进入市场需求大的高收入国家市场，即“质量门槛”通过企业的“自选择”效应来发挥作用。因此，企业要想进入高收入国家市场，必须提升自身的生产率水平以及产品质量，从而推动出口国家的产品质量升级。

Gervais（2015）对企业行为的设定与Aw和Lee（2017）的研究不同，由于Aw和Lee（2017）研究的是多产品企业，因此其在利润函数中还加入了企业的产品范围，并根据质量和供给方面的因素对企业的产品进行排名，同时假设企业产品的生产率和质量随着产品排名的增加而减小。

将质量引入Melitz（2003）的研究，结果表明，质量和生产率是企业出口参与的主要决定因素，高生产率和高质量的生产商具有较高的出口收入。同时，Aw和Lee（2017）的研究指出，在随着出口范围增加而联合范围成本提高的假定下，高生产率、高质量的企业出口范围更广，只有在国外市场超过生产率和质量阈值的企业才会增加出口品种数量。

第二节　生产率、质量与企业产品转换

Jovanovic（1982），Hopenhayn（1992），Ericson、Pakes（1995），Melitz（2003），以及Bernard、Redding和Schott（2007）扩展了标准的产业动态模型。而Bernard、Redding和Schott（2010）在这些研究的基础上将质量（产品

性质）引入多产品企业模型，并分析了质量（产品性质）对企业产品转换行为的影响。本节主要介绍 Bernard、Redding 和 Schott（2010）模型。

一、要素与偏好

劳动是生产的唯一要素，并被假定为无弹性的供给 L（也是经济规模的指数）。代表消费者的偏好是 CES，消费连续产品 $i \in [0, 1]$：

$$U = \left[\int_0^1 (a_i C_i)^v di\right]^{\frac{1}{v}}, \quad 0 < v < 1 \tag{2-7}$$

其中，a_i 是需求参数，考虑了产品效用的相对重要性差异。企业假定生产差异化产品，C_i 是消费指数，采取 CES 的形式：

$$C_i = \left[\int_{\omega \in \Omega_i} (\lambda_i(\omega) c_i(\omega))^\rho dw\right]^{\frac{1}{\rho}},$$

$$P_i = \left[\int_{\omega \in \Omega_i} \left(\frac{p_i(\omega)}{\lambda_i(\omega)}\right)^{1-\sigma} dw\right]^{\frac{1}{1-\sigma}}, \quad 0 < \rho < 1 \tag{2-8}$$

其中，ω 表示产品内的固定品种，Ω_i 表示在产品 i 中企业生产的（内生的）一组品种，P_i 是与 C_i 相对应的产品 i 的价格指数。

代表性消费者对每个产品中不同企业产品种类的相对需求是由参数 $\lambda_i(\omega) \geq 0$ 决定的。① 假定产品间的替代弹性要小于产品内不同品种之间的替代弹性：$1 < \frac{1}{(1-v)} = k < \frac{1}{(1-\rho)} = \sigma$。Bernard、Redding 和 Schott（2010）假定企业产品内不同品种间的替代弹性相等，即 $\sigma = \frac{1}{(1-\rho)}$。

Bernard、Redding 和 Schott（2011）在随后的研究中使用了与 Bernard、Redding 和 Schott（2010）基本一致的要素与偏好的设定。

① 参数 $\lambda_i(\omega)$ 的一个解释是产品质量，Bernard、Redding 和 Schott（2010）认为这个参数还捕捉其他影响消费者偏好的企业品种的特点，因此将该参数定义为需求参数。

二、生产技术

企业在支付了$f_e > 0$单位的进入沉没成本后进入市场。企业只有在支付了沉没成本后，才能了解其生产率$\varphi \in [\underline{\varphi}, \overline{\varphi}]$。消费者偏好的特点体现在它的每个产品质量$\lambda_i \in [\underline{\lambda}, \overline{\lambda}]$，在企业内产品间的生产率相同，但消费者偏好$\lambda_i$是企业内产品所特有的。因此，由特定企业生产的产品将存在异质性。而 Bernard、Redding 和 Schott（2011）随后的研究也采用了类似的设定。

企业生产率和消费者的偏好会随着时间的推移而发生变化。与 Bernard、Redding 和 Schott（2010）的动态模型不同的是，Bernard、Redding 和 Schott（2006）引入无均衡产品转换的多产品企业的静态模型来检验贸易自由化对企业产品范围的影响。生产率和消费者偏好的连续分布$g_e(\varphi)$和$z_{ei}(\lambda_i)$，分别为累积分布$G_e(\varphi)$和$Z_{ei}(\lambda_i)$。在支付了沉没成本后，企业观察到自身的生产率和消费者偏好，进而做出生产还是退出的决策。如果企业选择退出，则须再次支付沉没成本后才能重新进入。如果企业选择进入，其生产率φ则会面临一个泊松概率$\theta > 0$的冲击。新的生产率φ'值具有累积分布$Z_c(\varphi'/\varphi)$的连续条件分布$g_c(\varphi'/\varphi)$，消费者对企业产品种类的消费偏好λ_i也面临一个泊松概率$\varepsilon_i > 0$的特殊冲击。在这种情况下，消费者偏好的新值λ'_i是来自一个具有累积分布$Z_{ci}(\lambda'_i/\lambda_i)$的连续的条件分布$z_{ci}(\lambda'_i/\lambda_i)$。

假设消费者偏好和生产率存在正相关性，对于$\lambda'_i \in [\underline{\lambda}, \overline{\lambda}]$与$\varphi'_i \in [\underline{\varphi}, \overline{\varphi}]$相对应的条件分布的假设：$\partial Z_{ci}(\lambda'_i/\lambda_i)/\partial\lambda_i<0$和$\partial G_c(\varphi'/\varphi)/\partial\varphi<0$。因此，来自消费者偏好（生产率）小于$\lambda'_i$（$\varphi'$）新值的概率会随着已有的消费者偏好值（生产率）的下降而下降。利用大数法则，假定企业间消费者偏好和生产率是独立分布的，企业内产品间消费者偏好分布同样是独立的，且

企业的生产率和消费者偏好相互独立。① 由于不可抗力事件与盈利无关，企业也面临着一个泊松死亡概率 $\delta > 0$。

存在一个固定的企业总部成本，② 这是企业选择生产的产品数量必须承担的，以及企业生产每个产品 i 的固定生产成本 $f_{pi} > 0$ 单位的劳动。此外，每种产品的边际成本都是不变的，这取决于企业的生产率。因此，具有生产率 φ 的企业所雇用的劳动总量为：

$$l(\varphi) = f_h + \int_0^1 I_i \left[f_{pi} + \frac{q_i(\varphi,\ \lambda_i)}{\varphi} \right] di \tag{2-9}$$

其中，I_i 是虚拟变量③，$q_i(\varphi,\ \lambda_i)$ 表示具有生产率 φ 和质量（需求）λ_i 的企业其产品 i 的产出。与 Bernard、Redding 和 Schott（2010）不同的是，Bernard、Redding 和 Schott（2011）考虑了贸易的可变成本，即“冰山”成本。④

三、进入均衡和生产决策

模型中企业的关键决策是：企业的进入和退出决策，以及决定参与哪些产品市场。Bernard、Redding 和 Schott（2010）模型首先考虑企业决定是否参与产品市场。如果企业为单一产品企业，则仅提供一个连续的品种。由于每个产品的连续性都是如此，所以企业的利润最大化问题归结为分别选择每个产品品种的价格，以从该产品品种获得最大化的利润。这个优化问题产生了一个标准的结果，即产品品种的成本加成率不变。将其表示为：

$$p_i(\varphi,\ \lambda_i) = \frac{1}{\rho} \frac{\omega}{\varphi} \tag{2-10}$$

将工资标准化为 1，即 $\omega = 1$。在 CES 偏好的假设下，均衡价格与企业的生产率存在负相关关系。因此，企业的劳动投入和产出会随着企业生产率的

---

① 虽然企业生产率和消费者偏好是独立分布，但由于企业内产品间的生产率相同，因此，企业产品间的盈利能力是相互作用的。

② 这个企业成本为 $f_h > 0$ 单位的劳动。

③ 如果企业生产产品 i，则 I_i 取值为 1，否则为 0。

④ “冰山”成本即冰山运输成本，由萨缪尔森首先提出，是指在区域间运输过程中产品的损耗。

上升而上升，但产品的价格会随着企业生产率的提高而下降，从而引致企业的单位投入收益不变。由于假设了固定生产成本，因此，企业的收入生产率是离散的。随着劳动投入和收入增加，固定劳动投入分配到更多的收入。①

由于企业产品存在一个固定生产成本，因此，每个产品具有一个消费者偏好阈值 $\lambda_i^*(\varphi)$ ，使得具有生产率 φ 的企业只有在其消费者偏好大于或等于消费者偏好零利润临界值时才会生产该产品。公式（2-10）将消费者偏好的零利润临界值定义为：

$$\pi_i(\varphi,\ \lambda_i^*(\varphi)) = \frac{R_i\ (\rho\ P_i\varphi\ \lambda_i^*(\varphi))^{\sigma-1}}{\sigma} - f_{pi} = 0 \qquad (2-11)$$

其中，$\pi_i(\varphi,\ \lambda_i)$ 表示具有消费者偏好 λ_i 和企业生产率 φ 的产品 i 的一个种类的均衡收益。

公式（2-11）表明，消费者偏好的零利润临界值 $\lambda_i^*(\varphi)$ 越低，则企业生产率越高。企业的 $\lambda_i^*(\varphi)$ 越高，则企业生产该产品的可能性越大。企业生产率的上升会提高每种产品生产的概率，而企业生产率的提高将会增加企业生产产品的范围；这与 Bernard、Redding 和 Schott（2010）的研究结论一致。而 Manova 和 Yu（2017）的研究则不同，其研究认为，利润会随着专业吸引力（Expertise Draws）的增加而增加。市场存在一个零利润的专业吸引力水平，低于该值，企业不会生产该产品。

企业连续产品的预期利润等于每种产品的预期利润总和减去固定成本：

$$\pi(\varphi) = \int_0^1 \left[\int_{\lambda_i^*(\varphi)}^{\bar{\lambda}} \pi_i(\varphi,\ \lambda_i)\ \gamma_{zi}(\lambda_i)\ d\lambda_i \right] di - f_h \qquad (2-12)$$

其中，γ_{zi} 是消费者偏好的静态分布，是由进入条件分布 $z_{ei}(\lambda_i)$ 和 $z_{ci}(\lambda_i)$ 函数内生决定的。

---

① 沿袭 Foster、Haltiwanger 和 Syverson（2008）的方法来区分基于收入和基于数量的生产力测度。这两种方法测度的生产率都与模型中的企业生产率（φ）单调相关。我们注意到 φ 和基于收入的生产率测度之间的单调关系也可以通过具有可变的替代弹性的需求获得，如利用 Melitz 和 Gianmarco I. P. Ottaviano（2008）的准线性偏好来实现。在这种情况下，由于成本加成率是可变的，因此，均衡价格的下降幅度小于生产率的下降幅度。

尽管消费者对一个产品品种的喜好是随机的，但大数定律意味着所有具有相同生产率的企业在方程（2-12）的连续产品中具有相同的利润流。对消费者偏好的随机冲击不仅会导致个别产品的盈利能力波动，还会导致企业随着时间的推移而增加或减少产品。然而，这些单个产品盈利的波动在企业层面是平均的，因此，企业生产率的随机冲击决定了企业总利润的变化。

生产率为 φ 的企业的价值等于企业的当期利润加上由于生产力随机冲击而导致预期的资本收益或损失的价值：

$$\nu(\varphi)=\begin{cases}\dfrac{\pi(\varphi)+\theta\left[\int_{\varphi^*}^{\bar{\varphi}}\left[\nu(\varphi')-\nu(\varphi)\right]g_c(\varphi'/\varphi)\,d\varphi'\right]}{\delta+\theta G_c(\varphi^*/\varphi)} & \varphi\geqslant\varphi^* \\ 0 & \text{否则}\end{cases}\tag{2-13}$$

其中，公式（2-13）右边的分母是企业退出的概率，这等于企业死亡概率 δ 加上生产率冲击导致退出的内生概率 $\theta G_c(\varphi^*/\varphi)$ 。

模型中连续产品的存在意味着每个企业在消费者偏好上高于零利润临界值 $\lambda_i^*(\varphi)$ 的产品的利润为正。然而，为了获得利润，产品的当期利润加上资本收益或损失的预期价值的正值必须超过固定成本。由于企业不同连续产品的总利润 $\pi(\varphi)$ 会随着生产率的提高而增加，而由于生产率冲击而产生的退出的概率 $G_c(\varphi^*/\varphi)$ 会随着生产率 φ 的提高而减小，所以公式（2-13）中的值也会随着生产率的提高而增加。因此，企业退出的值为 0 的临界生产率 φ^* 由 $\nu(\varphi^*)=0$ 定义。

以正值进入均衡，进入的期望值必须等于进入沉没成本，这要求自由进入条件成立，即：

$$V=\left[1-G_e(\varphi^*)\right]\bar{\nu}=f_e,\ \bar{\nu}=\int_{\varphi^*}^{\bar{\varphi}}\nu(\varphi)\left(\frac{g_e(\varphi)}{1-G_e(\varphi^*)}\right)d\varphi\tag{2-14}$$

其中，$[1-G_e(\varphi^*)]$ 是在进入时将生产力提高到 0 时的临界点 φ^* 以上的事前概率，$g_e(\varphi)$ 是进入时的生产率 φ 的概率，$\nu(\varphi)$ 是 Bellman 方程①（2-13）的解。

每期的新企业都会产生进入沉没成本，生产率高于临界值的企业进入，而生产率低于临界值的企业则退出。由于生产率保持不变的存活企业不改变其生产的产品范围，但单个产品的消费者偏好的特殊冲击会引致存活企业在减少其生产的产品数量的同时，增加相等的以前并未生产的产品的数量。因此，随着消费者偏好对企业生产率随机冲击的发生，因生产率提高而扩大的产品范围也会随生产率的下降而降低。当生产力低于临界值界限时，企业内生退出；或者由于不可抗力而死亡时，企业外生退出。

第三节 生产率、质量对企业出口行为影响的作用机制

质量与企业出口行为存在何种关系？从理论上来说，质量通过多个途径对企业行为产生影响。质量对企业出口行为影响的作用机制如图 2-2 所示。

从图 2-2 可以看出，生产率、质量会通过自选择效应和出口倾斜效应来影响企业的出口行为，进而影响企业的资源配置效率，从而提高企业的贸易利得。

① Bellman 方程即为贝尔曼方程，也被称为动态规划方程（Dynamic Programming Equation），是由 Richard Bellman 提出的。主要用于解决动态过程的最优化问题。

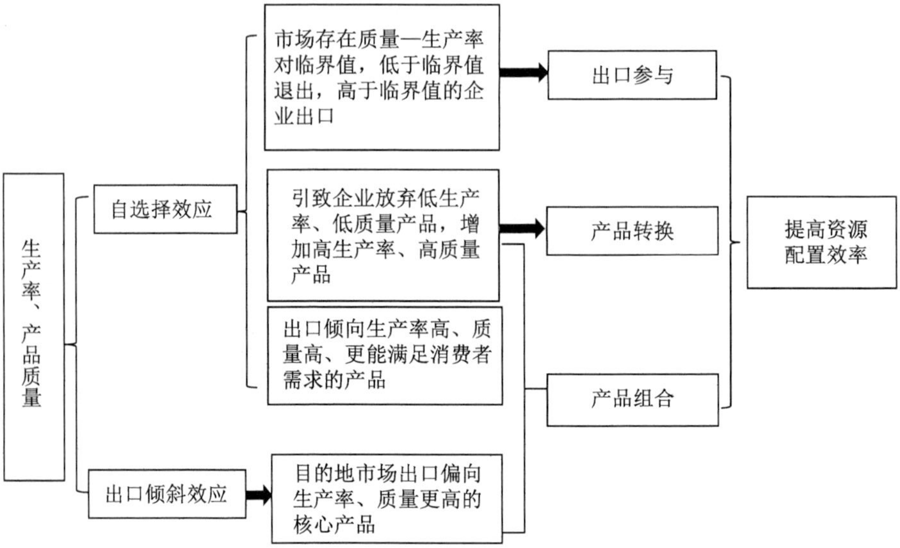

图 2-2　生产率、质量对企业出口行为影响的作用机制

一、自选择效应

（一）出口参与

已有的研究认为，市场存在企业的质量—生产率临界，企业质量和生产率对企业出口参与的影响如图 2-1 所示。对于企业而言，只有收益大于 0 才会选择出口，因此当企业—生产率对位于曲线上方时，即企业在国外市场获取的利润大于 0 时，企业才会选择出口，而位于或低于曲线下方的企业则不出口。Hallak 和 Sivadasan（2009）的研究也指出，生产率不是企业出口参与的唯一决定要素，只有产品质量大于或等于质量阈值的企业才能进入出口市场，低于质量临界的企业将无法进入。

（二）产品转换

在产品市场，消费者不仅关心产品的价格，更关心产品的质量，高收入消费者偏好差异化产品，而企业的竞争力来自经质量调整的价格。本国高成本弹性产品的出口市场由高质量产品的生产企业控制。而目的地市场竞争的加剧，致使产品价格下降，导致低价低质的产品会退出出口市场，从而提高了整个出口产品的平均价格和质量水平。

企业产品质量越高，其销售价格也越高，并具有更高的利润以及更强的市场渗透力。而那些低质量的产品，由于消费者对产品质量估值较低，导致其产品的销售价格和销售利润也较低，甚至可能为负。这将会影响企业的经营目标，引致企业放弃这些产品，而增加质量更高、更能符合消费者需求的产品，以实现其经营目的。① Mayer、Melitz 和 Ottaviano（2014）的研究也表明，当企业在增加出口产品时，会优先选择质量最高的产品。由于新增加产品更能满足消费者对质量的需求，消费者对其估值较高，也愿意支付更高的价格，因此，新增加产品为企业带来了新的收入。而对于不能更好满足消费者质量需求的产品，消费者估值较低，因此愿意支付的价格也较低，继续出口这些产品将会降低企业收入，因此企业会放弃产品质量较低的产品，从而提高企业的利润率。Manova 和 Yu（2017）的研究认为，企业按照产品质量（和边际成本）递减顺序来添加商品，产品质量会影响企业产品的出口参与。

总体来说，企业通过进行产品转换，增加那些更能满足消费者消费者需求、质量较高的产品种类，而放弃那些不能更好满足消费者需求、产品质量较低的产品种类，并将资源向质量更高的产品类别配置，进而提高了企业的生产率。

（三）产品组合

质量通过自选择效应来影响企业的产品组合决策。一方面，企业会不断地根据消费者偏好对其产品线进行调整，增加更能迎合消费者需求的产品，而放弃那些不能很好满足消费者需求的产品。另一方面，由于不同的出口目的地市场的消费者偏好存在差异，企业会根据目的地市场消费者需求来调整其出口的产品，并将其销售调整为偏向更能满足消费者偏好的产品。

---

① Jang 等（2014）的研究结果表明，国内企业会根据国外消费者的偏好调整产品。

1. 企业产品转换

由于企业对产品进行转换，企业新增或放弃了原有的产品种类，导致企业原有的产品组合发生改变，进而引致企业核心产品也随之发生变化。Manova 和 Yu（2017）的研究也认为，企业在各个市场调整其产品范围，并按照产品质量（和边际成本）递减顺序来添加产品，直至边际产品达到零利润，并将资源重新分配到产品质量高、市场表现更好的产品上。因此，当企业扩大或缩小其产品范围时，会影响它们的产品组合（扩展边际）。出口企业通过从出口组合中减少原有品种、引入新品种以及调整尚存商品的销售额，来重新调整产品生产。

2. 目的地市场消费者偏好

出口市场消费者不仅关心产品价格，而且关心产品的质量。消费者对企业产品的偏好越强，表明该产品质量越高，则企业产品的销售额也会越高。在出口市场中，质量高的产品会为企业带来较高的收入。因此，企业在进行产品出口决策时，会对企业产品按照出口市场竞争力的大小进行排序，而质量是企业竞争力的重要组成部分，企业在排序时，将质量作为排序的关键指标。Flam、Helpman（1987），Fajgelbaum、Grossman 和 Helpman（2011）认为，在质量和出口组合的共同决定中，需求侧的消费者异质性起着主要作用。企业出口到目的地市场的产品选择，取决于目的地国家市场的偏好以及企业自身的生产率水平。如果目的地消费者偏好与企业生产率越高，则企业产品的出口销售额越高，即消费者对产品质量估值较高，愿意以较高的价格来购买产品。因此，具有较高质量的产品的高价格弹性转化为较高的相对需求量，会导致企业将目的地出口产品偏向其核心品种，从而引致核心产品的需求和销售额增长，以及核心产品出口额的比重上升，即质量会引致企业在进行出口市场决策时，根据产品质量选择其出口核心产品，并将企业的销售偏向其质量高、表现更好的核心产品。

刘啟仁和黄建忠（2016）认为，企业的新产品往往更能迎合消费者的偏好，拥有较高偏好优势的企业产品组合，无疑会提高企业的市场份额和利润，从而通过产品组合提高企业资源配置效率，进而提高企业生产率。

二、出口偏斜效应

产品越能满足消费者对质量的需求，消费者对其估值越高，也更愿意为高估值的产品支付更高的价格，因此，企业的产品组合将偏向其高质量的核心产品，即出口商的出口将偏向其质量更高、更符合目的地消费者偏好的核心产品。这是由于企业高质量的产品成本加成也更高，为企业带来的收益也相对较高。因此，企业在进行出口决策时，将资源向其核心产品倾斜，从而提高了产品的竞争力。而产品竞争力的提高无疑会增加核心产品的出口额。

在目的地出口后，企业会根据产品质量以及市场表现，对企业产品重新进行排序，将产品组合偏向其核心产品，并将资源重新分配到产品质量高且市场表现更好的产品上。通过这种产品组合的效应进而提高企业生产率。

异质性理论强调了资源再配置对企业全要素生产率的促进作用。质量对资源的再配置作用体现在以下三个方面。

第一，在企业间，质量引致质量—效率对低于临界值的企业退出市场，而质量—效率对高于临界值的企业出口。市场通过这一渠道发挥了淘汰作用，并将资源向质量—效率对较高的企业配置，从而提高了资源配置效率。

第二，在企业内部，高质量的产品其市场表现也相对更好，因此，质量引致企业淘汰质量较低的产品，而将资源偏向质量较高的产品，从而使资源从低质量的产品向高质量的产品转移，即质量通过产品转换来对企业资源进行再配置，从而提高企业的生产率。企业生产率的提高是由企业内产品的进入与退出带来的。

第三，企业产品质量和生产率通过出口目的地市场的消费者偏好来发挥淘汰作用，而淘汰效应存在两个方面：一是企业间的淘汰作用，即将质量和生产率高的企业留在出口市场；二是企业内的淘汰作用，即企业将产品质量符合消费者偏好的产品留在市场，而将不能更好满足消费者需求的产品淘汰出市场。同时，企业的销售偏向产品质量更高、表现更好的产品。

根据上述分析，可以总结出以下性质。

性质1：出口企业的生产率要高于非出口企业，这已经被理论和实证研究所证实。封闭经济向贸易开放转变，进而提高了企业生产率以及产品质量：质量—生产率对高于市场临界的企业开始出口；而在出口目的地，只有专业吸引力值高于目的地临界的企业才会在该目的地出口。

性质2：企业在进行产品决策时，将放弃那些产品质量较低的产品，并将资源主要分配到质量更高的产品上，进而提高企业的生产率。一方面，企业放弃质量较低的产品，并将资源重新分配到产品质量更高的产品上，从而提高企业生产率。另一方面，高能力企业开始出口，在出口市场中增加了高质量的产品品种，并将企业资源配置到质量更高的产品上，从而提高企业生产率。

市场存在一个质量—生产率对的临界值，低于临界值的企业将会退出市场。企业以利润最大为目的，为获取利润最大化，存活企业放弃那些产品质量较低的产品，将资源向高质量的产品倾斜。而在出口目的地市场中，质量高的产品进入出口市场，并为企业带来了新的收入。企业将收入转向高质量产品，从而提高了企业生产率。

性质3：企业出口销售偏向质量更高的产品，即企业的出口销售偏向其质量更高的核心产品，这不仅体现在企业的出口偏度上，更体现在企业在出口目的地的出口偏度上。

由于市场规模、价格指数、可变的冰山成本以及固定的贸易成本是国家特有的，企业的出口专业临界值会因目的地不同而异，因此，企业会调整各个市场的产品范围，并在每个目的地市场按照产品质量（和边际成本）递减顺序来添加商品。出口企业的高品质产品将被销往更多的国家，在任何给定的市场中赚取更高的收入，并产生更高的全球销售额（Manova和Yu，2017）。出口商通过在出口组合中减少一些品种，引入新品种以及调整尚存商品的销售额，来重新调整产品生产。

本章小结

本章主要是介绍现有生产率、质量对企业出口行为的理论模型，以便为本书的实证研究提供理论基础。第一节综述了生产率、质量对企业出口参与行为影响的理论框架，主要介绍了 Gervais（2015）模型；第二节简要介绍了生产率、质量对企业产品转换影响的理论框架，主要介绍了 Bernard、Redding 和 Schott（2010）模型；第三节主要分析了生产率、质量对企业出口行为影响的作用机制。

第三章　生产率、质量对企业出口参与行为的影响

对中国来说，对出口的依赖意味着中国企业特别容易受到全球市场波动的影响。改革开放以来，中国产品出口最初是依靠廉价的国内劳动力和低廉的成本，逐渐转变为依靠产品升级和市场多元化推动出口。而在微观层面上，这一发展意味着，出口市场的成功不再只属于那些基于成本竞争的企业，更属于那些生产高附加值产品、能在多个出口目的地市场满足消费者多层次需求的企业。事实上，越来越多的证据表明，基于市场需求调整产品，对提升企业绩效具有十分重要的作用，也是企业应对来自如印度、东南亚等国家低成本竞争的生存战略。

目前，异质性企业贸易理论的文献主要是从供给侧角度来进行研究。而在这些文献中，使用基于收益生产率测度意味着生产率不仅可以代表企业的生产效率，还可以代表特殊需求，如消费者对产品质量的偏好或市场规模增加。许多文献表明，国内和国际活动往往由少数的多产品企业主导。① Gabaix（2011）将大公司称为“不可压缩的经济活动颗粒”，并认为这些大企业将对实体经济产生冲击。而这些公司的成功不仅受到高生产率的驱动，还受到他们根据需求侧因素提高自身匹配需求的能力的驱动。

---

① Bernard 等（2007）指出，出口超过五个（HS10 分位）产品的美国企业仅占出口企业数量的 25%，而出口额却占全部出口额的 98%。Bernard 和 Okubo（2013）研究表明，日本制造业中，多产品企业占总产量的 63%。Goldberg 等（2010）研究发现，占制造业企业 47%的多产品企业，其产出占印度制造业产出的 80%。Bernard 等（2010）利用美国数据发现，占美国制造业企业 41%的多产品企业，占总销售额的 91%。钱学锋等（2013）运用中国海关 2000—2005 年数据发现，占中国出口企业 75%的多产品出口企业，其出口总值占中国出口总值的 95%以上。这说明多产品企业对总体经济有很大的影响。

在开放条件下，出口产品质量可以表现一国经济增长的质量，产品质量差异会随着企业异质性的兴起而备受关注，因此，研究产品质量和生产率的双重异质性对企业出口行为的选择成为异质性贸易理论发展的前沿之一。

生产率越高越能促进企业的出口，这已被理论与实践所证实。生产率在出口决策中之所以重要，是因为一方面企业的生产率越高，企业所需的单位投入越少，企业生产的边际成本和产品的价格就会越低，这将提高企业的竞争力，更有利于企业出口到外国市场。这已从理论与实证两个方面得到证实：如 Krugma（1980）、Melitz（2003）、Alcalá 和 Ciccone（2004）、Kasahara 和 Lapham（2013）、Iacovone 和 Javorcik（2010）、Mayer 等（2014）、Arkolakis 等（2015）以及 Aw 和 Lee（2017）。另一方面，生产率高的企业会生产高质量的产品，这将提高企业在国外市场的竞争力。因此，一些学者关注了企业层面的质量在企业出口决策中的作用（如 Crozet 等，2012；Hallak 和 Sivadasan，2013；Gervais，2015；Aw 和 Lee，2017；殷德生，2011；李坤望和王友鑫，2013；韩会朝和徐康宁，2014；李方静，2016）。

而最近的一些研究表明，区分生产率和产品质量的作用，可以深入了解企业如何在国内和出口市场中成长和生存。如 Foster 等（2008），Pozzi、Schivardi（2016）专注于国内市场；而 Crozet 等（2012），Gervais（2015），Pivetteau、Smagghue（2015）以及 Roberts 等（2016）专注于出口市场。Crozet 等（2012），Hallak、Sivadasan（2013），Gervais（2015）以及 Aw 和 Lee（2017）的研究支持了企业质量指数和生产率对其出口决策的重要性。国内学者汤二子和孙振（2012a，2012b）、韩会朝和徐康宁（2014）等从理论角度研究了双重异质性对企业出口行为选择的影响。汤二子和孙振（2012a，2012b）的研究表明，企业是否出口决定于其真实的生产率，出现“生产率悖论”的原因在于忽视企业产品质量而低估了企业的真实生产率水平。

与已有的研究相比，本书对于文献的贡献主要有以下两个方面：第一，基于中国海关数据库提供的产品层面数据，估算了中国企业层面的质量指数。第二，近年来的一些文献讨论了生产率对企业出口行为的影响，还有一些文献使用估计的企业层面质量指标研究了质量对企业出口行为的影响，但从企业质量和生产率双重异质性视角来研究企业出口行为的文献相对较少，这些研究并未提供中国的经验证据。本书在已有研究的基础上，实证检验了质量和生产率对中国制造业企业出口参与的影响。

第一节 数据与计量模型设定

一、数据说明与数据处理

为了研究生产率、质量对出口企业行为的影响，本章使用了四个数据库：中国工业企业数据库、中国海关数据库、世界银行数据库，以及中国国家税务总局出口退税文库。

（一）中国工业企业数据库

本章使用的制造业企业数据来自由中国国家统计局收集并建立的《中国工业企业数据库》。选取样本为 2000—2007 年制造业企业数据。该数据库样本涉及中国大陆地区的所有国有企业以及年销售额在 500 万元人民币以上的非国有企业信息，涵盖了制造业的 40 多个大产业，600 多个子行业。统计指标包含企业的从业人员、新产品、中间投入、工业总产值、工业增加值、企业总资产、固定资产、成立时间等经济指标，以及财务成本指标等信息。因其具有的企业样本量大①，样本企业包含的信息较全，所以在研究中国问题的文献中广泛使用。但其也存在许多问题，如：有明显的测度误差，企业关键指标缺失，成立时间无效，流动资产高于企业总资产等指标异常问题。为了更好地处理中国工业企业数据库，本章借鉴 Brandt （2012） 和聂辉华等

① 样本企业资产总额占中国工业总产值的 90%左右。

（2012）的研究，删除了企业增加值或产值为负的样本，还参照 Brandt（2012）和聂辉华等（2012）、Cai 和 Liu（2009）以及余淼杰等（2015）的做法，删除了从业人员低于 8 人的企业。[①]

（二）海关数据库

本章所使用的中国出口企业数据来自由中国海关总署建立的《中国海关数据库》，该数据库涉及中国出口企业的进出口贸易的交易数据。涉及的变量包括企业名称，每个 HS8 位产品的出口额、出口数量，贸易伙伴国，贸易方式，企业归属地，企业所有制等信息。对该数据库的处理，则借鉴了施炳展和邵文波（2014）等的处理方法，删除了缺失样本，如删除无贸易伙伴国名称、企业名称缺失、产品编码缺失以及无产品贸易额和数量等。

（三）世界银行数据库

本章使用了世界银行数据库中的各国人均 GDP 数据，并将其根据年份与中国海关数据库中的贸易伙伴国进行匹配，得出企业目的地的人均 GDP 数据。

（四）出口退税数据

出口退税是国家鼓励企业出口的一项财税政策，对企业进行税收支持的一项措施。本章使用的出口退税数据来自中国国家税务总局的出口退税文库，并与海关数据进行匹配，得到每一个 HS8 位产品的出口退税率。

二、计量模型设定

研究考察生产率、企业质量指数对中国出口企业出口参与行为的影响。为了从实证角度检验生产率、质量与企业出口参与行为之间的关系，我们构建了基于企业层面，质量对企业出口参与决策影响的 Probit 模型，模型建立如下：

---

① 之所以这样处理的原因在于：就业人员少于 8 人的企业主要为小型国有企业，为了避免样本选择偏差问题，因此，删除了就业人员少于 8 人的样本。

$$Pr(Export_{ft}=1)=\varphi(\beta_0+\beta_1 Quality\_index_{ft}+\beta_2 tfp_{ft}+\beta_3 X'_{ft}+\varepsilon_{ft}) \tag{3-1}$$

利用 Probit 模型去分析质量和生产率对企业出口参与的影响。其中，$Quality\_index_{ft}$ 为企业质量，tfp_{ft} 为企业的全要素生产率，X'_{ft} 为一组控制变量，包含企业的规模、补贴、是否为国有企业、企业出口退税以及企业品牌等。

三、变量测度

（一）被解释变量

借鉴 Dunne 等（1988）的方法，将被解释变量企业出口参与 $Pr(Export_{ft}=1)$ 定义为：如果企业 f 在 t 年参与出口，且在 $t+1$ 期及以后各期均不存在，则 $Export_{ft}=0$，否则 $Export_{ft}=1$。其中，$\varphi(.)$ 表示标准正态累积分布函数。

（二）解释变量

1. 企业质量指数

企业质量指数是本书的核心变量，由于企业的质量指数不能由数据直接简单计算得到，因此，目前关于质量指数的估算中，主要有 Crozet 等（2012）、Hallak 和 Sivadasan（2010）、Khandelwal 等（2013）、施炳展（2013）、Feenstra 和 Romalis（2014）、余淼杰和张睿（2017）等的方法。

（1）Khandelwal 等（2013）测算贸易质量的方法是将价格放在左侧，避开了工具变量，但是估计的贸易质量只能在国家内部进行比较，无法进行跨国比较。

（2）施炳展（2013）估计产品质量的方法简单易行，可用于不同产品的比较，但也存在以下不足：一是不同的工具变量得出的结果可能存在较大的差异，而选择的工具变量并不能很好地解决内生性问题；二是样本选择问题，仍然是中国的小样本；三是价格是离岸价格，而非到岸价格；四是 sigma 的估计并不准确。由于存在这些问题，导致估算的产品质量不准确，因此，估算方法有待进一步完善。

（3）Khandelwal（2010）以及 Amiti 和 Khandelwal（2013）的测算方法估计了产品质量阶梯，可以用于国家出口产品质量比较，但是并没有应用到微观企业层面，对数据要求较高。

（4）Feenstra 和 Romalis（2014），余淼杰和张睿（2017）考虑了供给和需求两个层面，避开了回归方法，证明价格与质量直接正相关。但该方法也存在以下缺陷：一是只有在质量阶梯长的时候才成立；二是企业的生产率并不等于企业—产品生产率；三是投入品的平均成本与质量负相关，且结构参数直接来源于 Feenstra 和 Romalis（2014），样本损失量较大。

（5）Crozet 等（2012）测算质量的方法精巧，可信度高，但也存在难以普及且种类间难以比较等问题；而有些文献中将 sigma 取值在 1~2，也存在一定的主观性。

（6）Broda 和 Weinstein（2006）估计中国企业种类间的替代弹性直接估计出不同品种间的替代性，由于这种方法具有理论基础，并且利用了工具变量法，从而能够准确识别替代弹性的参数，因此，运用 HS3 替代弹性方法估计的质量更合理、更准确。

为了构建企业层面的质量指数，本书采用了 Broda 和 Weinstein（2006）的替代弹性 HS3 位，并运用 Tang 和 Zhang（2012）以及樊海潮和郭光远（2015）的方法，将 Broda 和 Weinstein（2006）估计的 HS3 位替代弹性数据，计算到 HS2 位上去。① 同时参照 Roberts 等（2016）、Amiti 和 Khandelwal（2013）以及施炳展和曾祥菲（2015）的方法，利用计算的 HS2 位替代弹性

① Broda 和 Weinstein（2006）计算的替代弹性数据的下载地址为：http：//www. columbia. edu/~dew35/TradeElasticities/TradeElasticities. html。本书所使用的数据是 HS8 位，为了使数据匹配过程中不损失过多的样本，因此，本书与 Tang 和 Zhang（2012）以及樊海潮和郭光远（2015）的处理方法一致：将 HS3 位的替代弹性，取中位数进 HS2。

来估计企业目的地产品的质量指数，最后借鉴 Aw 和 Lee（2017）的方法，构建了企业层面的质量指数。

消费者效用函数是 CES 形式：

$$U_{dt} = \left(\sum_{i=1}^{n} [\lambda_i q_i]^{\frac{\sigma-1}{\sigma}} \right)^{\frac{\sigma}{\sigma-1}} \quad (3\text{-}2)$$

其中，λ_i 是反映消费者对种类 i 偏好的质量指数①，q_i 是品种 i 的消费数量，任何品种对之间的替代弹性 $\sigma > 1$。而 CES 质量函数可以表达为：

$$q_i = \frac{E}{P} \lambda_i^{(\sigma-1)} p_i^{-\sigma}\text{，其中，} P = \sum_{j=1}^{n} \lambda_j^{(\sigma-1)} p_j^{1-\sigma} \quad (3\text{-}3)$$

消费者对企业 f 产品 i 的需求函数则为：

$$q_{fi} = \frac{E}{P} \lambda_{fi}^{\sigma-1} p_{fi}^{-\sigma} \quad (3\text{-}4)$$

其中，E 是产品市场的总支出，P 是总的价格指数。将等式两边取对数，则需求方程可以表达为：

$$\ln q_{fit} = \ln E_t - \ln P_t - \sigma \ln p_{fit} + (\sigma - 1) \ln \lambda_{fit} \quad (3\text{-}5)$$

其中，$\beta_0 = \ln E_t - \ln P_t$ 是随时间变化的变量，其代表宏观环境对出口的冲击，$-\sigma$ 是品种间的替代弹性②，而 $(\sigma - 1) \ln \lambda_{fit}$ 代表消费者对品种 i 的偏好。③ 通过对公式（3-5）进行回归，即可求出 $\ln \lambda_{fit}$。

$$Quality\_index_{fit} = \ln \widehat{\lambda}_{fit} = \frac{\widehat{\varepsilon}_{fit}}{(\sigma - 1)} = \frac{\ln q_{fit} - \ln \widehat{q}_{fit}}{(\sigma - 1)} \quad (3\text{-}6)$$

在求出企业目的地产品层面的质量指数后，我们借鉴 Aw 和 Lee（2017）的方法，通过对企业产品层面的质量指数（λ_{fit}）的权重加总来构建企业层面的

---

① 该参数捕捉的是质量因素变化给公司市场份额带来的影响。其中，包括通过质量改进引致的需求增加。

② 这里的替代弹性 σ 是由 Broda 和 Weinstein（2006）计算的替代弹性数据与中国海关数据库进行匹配而得。

③ Aw 和 Lee（2017）认为，消费者对品种 i 的需求由三部分组成，即 $(\sigma - 1) \ln \lambda_{fit} = \mu_{fit} + \varphi_{fit} + \varepsilon_{fit}^{j}$，$\mu_{fit}$ 为不随时间变化的企业产品变化量，φ_{fit} 为随时间变化的需求转换因子，这两个部分都是在企业做出价格和数量选择之前就可观测的。而 ε_{fit}^{j} 是在企业对数量和价格做出决策之后才能意识到的短暂冲击。

质量指数。企业f在t年的企业层面质量指数是$\lambda_{ft}=\sum_{f}s_{fit}\lambda_{fit}$，其中，$s_{fit}$是$t$年企业产品$i$占$f$企业全部销售的份额。

2. 企业全要素生产率的测度

企业的全要素生产率是其异质性的重要来源。企业生产效率的高低会影响企业的绩效，是综合反映企业生产技术和管理水平的指标（张维迎等，2005）。目前已有的文献中，关于全要素生产率的计算方法主要有：混合 OLS 法、固定效应法、GMM 方法、Olley 和 Pakes（1996）基于半参数的估计方法（以下简称为 OP 方法）、Levinsohn 和 Petrin（2000）研究的方法（以下称 LP 方法），以及 Ackerberg 和 Caves 的 ACF 方法。在这些测算方法中，OLS 估算的企业全要素生产率存在内生性问题。尽管固定效应法解决了内生性问题，但由于固定效应模型只能对面板数据进行估计，因此，该方法会存在忽略时间变量信息，以及对分离残差的假定条件较苛刻等问题。为了解决传统的 OLS 方法的内生性问题，国内外的许多学者采用 GMM 方法来估算企业全要素生产率，但 Ackerberg 和 Benkard（2007）认为，大多数估计的效果并不理想。OP 方法使用企业的中间投入品作为企业受到生产率冲击时的调整变量，有效解决了内生性问题，但不可避免会造成大量数据流失。为了更精确地估计企业生产率，本书在估算企业全要素生产率时，采用了 LP 方法。LP 方法与 OP 方法不同的是，将中间投入品作为生产率的代理变量而非调整变量，因此，能避免 OP 方法中数据大量流失的问题。

3. 其他控制变量

X'_{ft}是影响企业决定销售其产品到外国市场的企业特征向量及其他影响企业出口参与决策的变量。

（1）企业规模。企业规模是企业层面经验研究中的一个重要控制变量。文献中主要用企业资本来衡量。本书使用中国工业企业数据库中的资本来衡量企业的规模。

（2）补贴。通常来说，生产成本是企业进行决策的主要指标，政府对企业进行补贴，有助于降低企业的成本，进而影响企业的出口决策，因此，预期补贴指标的符号为正。本书的补贴指标采用中国工业企业数据库中的补贴变量。

（3）人均 GDP。人均 GDP 数据来自世界银行数据库，并将企业—目的地一年的人均 GDP 根据占企业年度出口额的权重加总来构建企业层面的人均 GDP。企业 f 在 t 年的企业人均 GDP 为：$pgdp_{ft} = \sum_{f} s_{fit} pgdp_{fit}$，其中，$s_{fit}$ 是 t 年企业 — 目的地产品 i 占 f 企业全部销售的份额。

（4）企业出口退税。出口退税是国家鼓励企业出口的一项财税政策，企业从国家获得的出口退税会影响企业的出口参与。本书使用的出口退税数据来自中国国家税务总局的出口退税文库，并与海关数据进行匹配，得到每一个 HS8 位产品的出口退税率。参照前文的做法，将企业产品层面的出口退税加总到了企业层面，并将企业在每个 HS8 位产品根据其占企业年度出口额的权重加总来构建企业层面的出口退税率。企业 f 在 t 年的企业出口退税率为：$firm\_\ reb_{ft} = \sum_{f} s_{fit} reb_{fit}$，其中，$s_{fit}$ 是 t 年企业 HS8 位产品 i 占 f 企业全部销售的份额。

（5）企业品牌。品牌是消费者对其企业形象、产品、服务等的评价、认知和信任度的体现。好的品牌能提高企业产品销售及其出口参与的可能性。企业品牌是企业无形资产的重要组成部分。符国群（1999）将品牌所产生的未来收益占无形资产总收益的 75%来评估企业品牌，这说明企业未来无形资产收益中，品牌占了绝大部分。因此，本书用中国工业企业数据库中的无形资产来测度企业品牌。为了防止控制变量在取对数后会改变原有的符号，从而影响回归结果，因此，对资本、补贴、人均 GDP、出口退税和品牌等变量的处理参照钱学锋等（2011）的做法，将这些变量以 ln（var + 1）的形式代入方程。

四、描述性统计

经过数据处理后，总共剩余 193435 个观测样本。质量等主要变量的描述性统计如表 3-1 所示。

表 3-1 主要变量的描述性统计

变量	观测值	均值	标准差	最小值	中位数	最大值
是否出口	193435	0.880	0.320	0	1	1
质量	193435	0.420	6.730	-85.43	1.130	53.58
生产率	193435	9.570	1.220	-1.030	9.450	17.17
资本	193435	9.100	1.550	0	9	17.68
补贴	193435	1.050	2.160	0	0	13.95
人均 GDP	193435	8.780	0.840	0	9.060	9.770
出口退税	193435	2.650	0.340	0	2.640	2.890
品牌	193409	3.080	3.810	0	0	16.58

注：描述性统计量的计算是基于 2000—2006 年的面板数据。

表 3-1 报告了经过数据处理后，回归分析中所使用的主要变量的数据情况。

第二节 实证结果

一、模型估计结果

生产率、质量对企业出口参与影响的回归结果如表 3-2 所示。

表 3-2 生产率、质量对企业出口参与影响的回归结果

项目	(1)	(2)	(3)	(4)	(5)	(6)
	是否出口	是否出口	是否出口	是否出口	是否出口	是否出口
质量	0.0121 ***	0.0106 ***	0.0106 ***	0.00895 ***	0.00895 ***	0.00897 ***
	(0.000624)	(0.000643)	(0.000642)	(0.000659)	(0.000659)	(0.000659)
生产率		0.115 ***	0.108 ***	0.111 ***	0.111 ***	0.108 ***
		(0.00431)	(0.00436)	(0.00437)	(0.00437)	(0.00439)

续表

项目	(1)	(2)	(3)	(4)	(5)	(6)
	是否出口	是否出口	是否出口	是否出口	是否出口	是否出口
资本		0.0482***	0.0467***	0.0444***	0.0444***	0.0362***
		(0.00324)	(0.00323)	(0.00324)	(0.00324)	(0.00340)
补贴			0.0196***	0.0199***	0.0199***	0.0183***
			(0.00215)	(0.00215)	(0.00215)	(0.00216)
人均 GDP				0.0969***	0.0970***	0.0972***
				(0.00436)	(0.00436)	(0.00437)
出口退税				-0.00314	-0.00351	
					(0.0119)	(0.0119)
品牌						0.0100***
						(0.00125)
年效应	是	是	是	是	是	是
行业效应	是	是	是	是	是	是
常数项	0.954***	-1.107***	-1.123***	-1.905***	-1.897***	-1.824***
	(0.233)	(0.237)	(0.242)	(0.249)	(0.250)	(0.251)
N	193431	193431	193431	193431	193431	193405
pseudoR^2	0.109	0.123	0.124	0.127	0.127	0.127

注：*、**、*** 分别表示在10%、5%、1%的水平下有显著影响，"（）"中的数字为相应的标准误。

从表3-2的结果来看，质量、生产率、资本、补贴、人均GDP、品牌对企业出口参与在1%水平下有显著的正向影响。出口退税政策是国家鼓励企业出口的一项财税政策。出口退税对企业出口参与虽有负向效应，但并不显著。人均GDP对企业出口参与的影响显著为正，说明人均GDP的提升能显著提高企业出口参与的可能性。

二、边际效应

由于基本回归结果只能获取显著性和参数方向的信息，还需通过计算解释变量对企业出口参与行为的边际效应。① 各变量对企业出口参与行为的边际

① 本书计算的边际效应为所有变量的平均边际效应，下同。

效应如表 3-3 所示。

表 3-3 生产率、质量对企业出口参与的边际效应

项目	(1)	(2)	(3)	(4)	(5)	(6)
	是否出口	是否出口	是否出口	是否出口	是否出口	是否出口
质量	0.002***	0.002***	0.002***	0.002***	0.002***	0.002***
生产率		0.020***	0.019***	0.019***	0.019***	0.019***
资本		0.008***	0.008***	0.008***	0.008***	0.006***
补贴			0.003***	0.003***	0.003***	0.003***
人均 GDP				0.017***	0.017***	0.017***
出口退税					-0.001	-0.001
品牌						0.002***
N	193431	193431	193431	193431	193431	193405
pseudoR^2	0.109	0.123	0.124	0.127	0.127	0.127

注：*、**、*** 分别表示在 10%、5%、1%的水平下有显著影响。

表 3-3 列出了企业特征值的微小变化对企业出口参与的边际影响。这与 Gervais（2015）、Hallak 和 Sivadasan（2013）、Crozet 等（2012）以及 Aw 和 Lee（2017）的研究结果一致，即质量和生产率是影响企业出口决策的重要因素。具体来说，质量每提高 1%，企业出口参与的边际效应提高 0.2%，说明高质量生产者更有可能进入出口市场。企业的生产率每提高 1%，企业出口参与的概率提升 1.9%，这与 Iacovone 和 Javorcik（2010）、Arkolakis 等（2015）以及 Mayer 等（2014）等文献中发现的实证结果一致，即生产率较高的企业出口可能性更高。

而用资本衡量的企业规模的估计系数为正，且在 1%的水平下有显著影响。表明出口商的资本每增加 1%，企业出口参与的可能性增加 0.006%。这与毛其淋（2013）、Aw 和 Lee（2017）的实证结果一致，即企业资本规模越大，其弥补在国外市场上销售的额外成本、抵御外来冲击的能力越强。

企业品牌对出口参与的影响在 1%的水平上显著为正。企业品牌（无形资产）每增加 1%，企业出口参与的可能性提高 0.002%。消费者对企业品牌的认知，有助于提高企业的市场销量及地位，因此，企业品牌的提升，有助于提高企业的出口参与。人均 GDP 的提高会显著提升企业出口参与的可能性。

施炳展（2012）的研究结果表明，政府补贴有助于提升企业出口概率。但长期补贴对企业出口替代的提升作用并不稳健，并且补贴是否有效取决于企业的内在条件——竞争力。表 3-3 的结果表明，补贴的增加能显著提升企业出口参与的可能性，即补贴每增加 1%，企业出口参与的可能性提高 0.003%，说明生产性补贴能显著提升企业出口参与的可能性。

出口退税是国家鼓励企业出口的一项财税政策，出口退税的目的是通过退还出口企业已缴纳的税款来降低出口企业的税收负担，使出口企业的产品以不含税价格进入国际市场参与竞争，从而提高产品的国际竞争力。回归分析结果表明，出口退税政策对中国出口企业参与没有显著的影响，说明我国出口退税这项财税政策并未取得预期效果。这可能是由于国家出口退税政策的信息是公开的，企业出口产品能获得多少退税收入是透明的，因此，进口商会以此来要求出口商降低价格，减少或者抵消了企业从国家所获得的退税，退税的实际获益者是进口商。由于出口退税政策未能达到降低企业成本、增加产品竞争力的目的，因此，国家需要调整这项财税政策。

第三节　稳健性检验

为了检验实证结果的可信性和稳定性，拟从改变计量方法、更换关键变量的测度方法、更换样本等方法来对实证结果进行检验。首先，使用 Logit 模型来检验结果是否稳健；其次，使用替代弹性为 5 和 10 计算的质量，以及使用 OP 方法计算的全要素生产率，来分别检验基本回归结果的稳健性；最后，分样本对回归结果的稳健性进行检验。

一、改变计量方法：Logit

为了检验回归结果不受估计方法的影响，运用 Logit 模型重新对计量模型进行了估计，回归结果如表 3-4 所示。

表 3-4　生产率、质量对企业出口参与的影响：Logit

项目	(1)	(2)	(3)	(4)	(5)	(6)
	是否出口	是否出口	是否出口	是否出口	是否出口	是否出口
质量	0.0229***	0.0202***	0.0202***	0.0170***	0.0170***	0.0170***
	(0.00118)	(0.00122)	(0.00122)	(0.00127)	(0.00127)	(0.00126)
生产率		0.222***	0.210***	0.214***	0.214***	0.209***
		(0.00821)	(0.00829)	(0.00832)	(0.00832)	(0.00836)
资本		0.0950***	0.0925***	0.0881***	0.0881***	0.0739***
		(0.00609)	(0.00608)	(0.00609)	(0.00609)	(0.00639)
补贴			0.0393***	0.0398***	0.0398***	0.0368***
			(0.00417)	(0.00416)	(0.00416)	(0.00418)
人均 GDP				0.174***	0.174***	0.175***
				(0.00787)	(0.00787)	(0.00788)
出口退税					-0.0130	-0.0138
					(0.0212)	(0.0213)
品牌						0.0173***
						(0.00232)
年效应	是	是	是	是	是	是
行业效应	是	是	是	是	是	是
常数项	1.543***	-2.472***	-2.489***	-3.872***	-3.842***	-3.708***
	(0.437)	(0.438)	(0.447)	(0.458)	(0.460)	(0.463)
N	193431	193431	193431	193431	193431	193405
pseudoR^2	0.109	0.123	0.124	0.128	0.128	0.128

注：*、**、*** 分别表示在 10%、5%、1%的水平下有显著影响，“（）”中的数字为相应的标准误。

从表 3-4 的结果可以看出，Logit 回归结果与基本回归结果一致，即质量、生产率、资本、补贴、人均 GDP、品牌对企业出口参与有显著的正向效应；出口退税的系数虽为负，但并不显著，这表明基本回归结果是稳健的。

二、改变质量的测度方法

为了进一步检验回归结果的稳健性，本部分改变了质量指数衡量方法。质量指标则采用 Tang 和 Zhang（2012）、Amiti 等（2013）以及樊海潮和郭光远（2015）的方法，将替代弹性取值为 5 和 10 来估算。

在对质量函数进行回归时，假设替代弹性取值为 5 和 10，并对残差进行处理后作为质量指标的代理。表 3-5 和表 3-6 分别为替代弹性取值为 5 和 10 时采用 Probit 模型估计的结果。

表 3-5 生产率、质量对企业出口参与的影响：$\sigma=5$

项目	(1)	(2)	(3)	(4)	(5)	(6)
	是否出口	是否出口	是否出口	是否出口	是否出口	是否出口
质量	0.0440***	0.0368***	0.0369***	0.0353***	0.0356***	0.0354***
	(0.00259)	(0.00264)	(0.00264)	(0.00263)	(0.00263)	(0.00264)
生产率		0.0877***	0.0884***	0.0883***	0.0880***	0.0848***
		(0.00384)	(0.00385)	(0.00385)	(0.00385)	(0.00387)
资本		−0.0300***	−0.0297***	−0.0291***	−0.0290***	−0.0384***
		(0.00303)	(0.00303)	(0.00303)	(0.00303)	(0.00317)
补贴			−0.00188***	−0.00183***	−0.00183***	−0.00186***
			(0.000592)	(0.000579)	(0.000579)	(0.000580)
人均 GDP				0.0558***	0.0531***	0.0536***
				(0.00326)	(0.00340)	(0.00340)
出口退税					0.0294***	0.0292***
					(0.0105)	(0.0105)
品牌						0.0125***
						(0.00120)
年效应	是	是	是	是	是	是

续表

项目	(1)	(2)	(3)	(4)	(5)	(6)
	是否出口	是否出口	是否出口	是否出口	是否出口	是否出口
行业效应	是	是	是	是	是	是
常数项	0.747***	0.0508	0.0907	-0.330*	-0.380*	-0.310
	(0.186)	(0.193)	(0.193)	(0.198)	(0.198)	(0.199)
N	169237	169237	169237	169237	169237	169216
pseudoR^2	0.010	0.014	0.014	0.016	0.016	0.017

注：*、**、*** 分别表示在10%、5%、1%的水平下有显著影响，“（）”中的数字为相应的标准误。

表 3-6 生产率、质量对企业出口参与的影响：$\sigma=10$

项目	(1)	(2)	(3)	(4)	(5)	(6)
	是否出口	是否出口	是否出口	是否出口	是否出口	是否出口
质量	0.0285***	0.0217***	0.0218***	0.0205***	0.0208***	0.0205***
	(0.00275)	(0.00280)	(0.00280)	(0.00278)	(0.00279)	(0.00279)
生产率		0.0908***	0.0915***	0.0913***	0.0911***	0.0878***
		(0.00383)	(0.00384)	(0.00384)	(0.00384)	(0.00386)
资本		-0.0284***	-0.0281***	-0.0276***	-0.0275***	-0.0369***
		(0.00303)	(0.00303)	(0.00303)	(0.00303)	(0.00317)
补贴			-0.00188***	-0.00183***	-0.00183***	-0.00186***
			(0.000600)	(0.000585)	(0.000585)	(0.000586)
人均 GDP				0.0568***	0.0543***	0.0548***
				(0.00325)	(0.00339)	(0.00340)
出口退税					0.0270***	0.0267**
					(0.0105)	(0.0105)
品牌						0.0125***
						(0.00120)
年效应	是	是	是	是	是	是
行业效应	是	是	是	是	是	是
常数项	0.768***	0.0106	0.0504	-0.376*	-0.421**	-0.351*
	(0.186)	(0.193)	(0.193)	(0.198)	(0.199)	(0.199)

续表

项目	(1)	(2)	(3)	(4)	(5)	(6)
	是否出口	是否出口	是否出口	是否出口	是否出口	是否出口
N	169237	169237	169237	169237	169237	169216
pseudoR^2	0.009	0.013	0.013	0.015	0.015	0.016

注：*、**、*** 分别表示在10%、5%、1%的水平下有显著影响，“（）”中的数字为相应的标准误。

从表3-5和表3-6的结果可以看出，质量、生产率对企业出口参与的影响显著为正，这与基本回归结果一致，说明主要变量的回归结果是稳健的。

三、分样本

以中国加入WTO这一政策冲击来划分样本，即以2001年为界，将样本分为中国加入WTO以前以及中国加入WTO后两个样本。

（一）中国加入WTO前的样本

中国加入WTO以前，质量、生产率对企业出口参与的影响回归结果如表3-7所示。

表3-7 生产率、质量对企业出口参与的影响：加入WTO前

项目	(1)	(2)	(3)	(4)	(5)	(6)
	是否出口	是否出口	是否出口	是否出口	是否出口	是否出口
质量	0.0184***	0.0178***	0.0178***	0.0163***	0.0163***	0.0164***
	(0.00176)	(0.00179)	(0.00179)	(0.00183)	(0.00183)	(0.00183)
生产率		0.150***	0.151***	0.152***	0.152***	0.151***
		(0.0111)	(0.0112)	(0.0113)	(0.0113)	(0.0113)
资本		0.0204**	0.0205**	0.0189**	0.0191**	0.00835
		(0.00862)	(0.00860)	(0.00862)	(0.00862)	(0.00922)
补贴			-0.000983	-0.000865	-0.000997	-0.00160
			(0.00571)	(0.00571)	(0.00571)	(0.00571)

续表

项目	(1)	(2)	(3)	(4)	(5)	(6)
	是否出口	是否出口	是否出口	是否出口	是否出口	是否出口
人均 GDP				0.0845***	0.0832***	0.0831***
				(0.0115)	(0.0116)	(0.0116)
出口退税					0.0900	0.0941
					(0.0578)	(0.0579)
品牌						0.0106***
						(0.00303)
年效应	是	是	是	是	是	是
行业效应	是	是	是	是	是	是
常数项	0.826**	-1.324***	-1.321***	-2.042***	-2.282***	-2.201***
	(0.401)	(0.436)	(0.436)	(0.449)	(0.474)	(0.480)
N	31910	31910	31910	31910	31910	31903
pseudoR^2	0.068	0.085	0.085	0.088	0.088	0.088

注：*、**、*** 分别表示在 10%、5%、1%的水平下有显著影响，“（）”中的数字为相应的标准误。

表 3-7 检验的是中国加入 WTO 前的样本，结果表明，质量、生产率对企业出口参与的影响依然显著为正，说明在加入 WTO 前，质量、生产率对企业参与均有显著的促进效应，这与基本回归结果一致。企业获得的生产性补贴的提高，对企业出口参与有显著的正向影响。而企业出口退税对企业出口参与的影响显著为正，说明在中国加入 WTO 以前，出口退税政策显著地提高了企业出口参与的可能性。这可能是由于中国加入 WTO 前，出口市场的进口关税较高，对中国企业的出口参与有抑制效应。而出口退税降低了中国出口企业的负担，尤其是亚洲金融危机之后，中国提高了企业出口退税的力度，在一定程度上抵消了这种抑制效应。

（二）中国加入 WTO 后的样本

中国加入 WTO 后，质量、生产率对企业出口参与影响的回归结果如表 3-8 所示。

表 3-8 生产率、质量对企业出口参与的影响：加入 WTO 后

项目	(1)	(2)	(3)	(4)	(5)	(6)
	是否出口	是否出口	是否出口	是否出口	是否出口	是否出口
质量	0.0113***	0.00974***	0.00971***	0.00806***	0.00806***	0.00807***
	(0.000674)	(0.000696)	(0.000695)	(0.000713)	(0.000713)	(0.000713)
生产率		0.109***	0.101***	0.103***	0.103***	0.100***
		(0.00468)	(0.00473)	(0.00475)	(0.00475)	(0.00477)
资本		0.0527***	0.0509***	0.0486***	0.0486***	0.0408***
		(0.00350)	(0.00350)	(0.00351)	(0.00351)	(0.00367)
补贴			0.0229***	0.0232***	0.0232***	0.0215***
			(0.00231)	(0.00232)	(0.00232)	(0.00233)
人均 GDP				0.0988***	0.0989***	0.0991***
				(0.00473)	(0.00473)	(0.00473)
出口退税					-0.00739	-0.00798
					(0.0122)	(0.0123)
品牌						0.00982***
						(0.00137)
行业效应	是	是	是	是	是	是
年度效应	是	是	是	是	是	是
常数项	1.858***	-0.152	-0.153	-0.914***	-0.898***	-0.831***
	(0.286)	(0.281)	(0.286)	(0.294)	(0.295)	(0.295)
N	161511	161511	161511	161511	161511	161492
pseudoR^2	0.116	0.130	0.131	0.135	0.135	0.135

注：*、**、*** 分别表示在 10%、5%、1%的水平下有显著影响，“( )”中的数字为相应的标准误。

表 3-8 的结果与基本回归结果一致，即质量、生产率对企业出口参与的影响显著为正，且在 1%水平下显著。补贴和出口退税对企业出口参与的影响依然不显著；而资本、人均 GDP 和企业品牌的增加能显著提高企业出口参与的概率。

第四节 生产率、质量对异质性企业出口参与的影响

根据异质性企业理论，企业生产率、企业年龄、所在地区、出口贸易方式等的差异会对企业出口参与行为产生一定的影响。因此，为了考察质量、生产率对企业出口参与影响的异质性，分别从以下几个方面进行分析。

一、不同技术水平企业的估计结果

根据企业生产率的不同，将生产率低于25分位的企业定义为低技术企业，将生产率大于等于75分位的企业定义为高技术企业，而生产率位于25~75分位的企业定义为中技术企业，并考察了质量、生产率对不同技术水平企业出口参与行为影响的异质性。

（一）基本回归

生产率、质量对不同技术水平企业出口参与影响的基本回归结果如表3-9所示。

表3-9 生产率、质量对不同技术水平企业出口参与的影响

项目	(1)	(2)	(3)	(4)	(5)	(6)
	是否出口	是否出口	是否出口	是否出口	是否出口	是否出口
	低技术企业	中技术企业	高技术企业	低技术企业	中技术企业	高技术企业
质量	0.00975***	0.0113***	0.00933***	0.00875***	0.00936***	0.00770***
	(0.00119)	(0.000953)	(0.00132)	(0.00121)	(0.000976)	(0.00137)
生产率	0.354***	0.0936***	0.00562	0.353***	0.0933***	0.00266
	(0.0191)	(0.0132)	(0.0124)	(0.0190)	(0.0133)	(0.0125)

续表

项目	(1)	(2)	(3)	(4)	(5)	(6)
	是否出口	是否出口	是否出口	是否出口	是否出口	是否出口
	低技术企业	中技术企业	高技术企业	低技术企业	中技术企业	高技术企业
资本	0.112***	0.0572***	0.0372***	0.105***	0.0466***	0.0229***
	(0.00690)	(0.00478)	(0.00623)	(0.00719)	(0.00502)	(0.00657)
补贴	0.0355***	0.0358***	0.00782***	0.0338***	0.0340***	0.00705**
	(0.00592)	(0.00343)	(0.00301)	(0.00593)	(0.00345)	(0.00303)
人均 GDP				0.0752***	0.0986***	0.116***
				(0.00817)	(0.00613)	(0.00994)
出口退税				-0.00323	-0.00802	-0.0171
				(0.0238)	(0.0178)	(0.0222)
品牌				0.00712***	0.00987***	0.0137***
				(0.00268)	(0.00182)	(0.00226)
年效应	是	是	是	是	是	是
行业效应	是	是	是	是	是	是
常数项	-4.055***	-1.275*	0.272	-4.668***	-2.049***	-0.507*
	(0.388)	(0.724)	(0.279)	(0.402)	(0.738)	(0.300)
N	48352	96697	48347	48344	96685	48341
pseudoR^2	0.124	0.135	0.107	0.126	0.139	0.113

注：*、**、*** 分别表示在10%、5%、1%的水平下有显著影响，“（）”中的数字为相应的标准误。

从表3-9的结果来看，质量、资本、人均GDP、补贴、品牌的提高对企业出口参与有显著的促进效应；生产率的提高对高新技术企业出口参与没有显著的影响，而对中、低技术企业出口参与有显著的正向效应。出口退税对不同技术水平企业出口参与的影响为负，但并不显著，这说明退税政策不仅没有提升高技术水平企业的出口参与可能性，甚至有可能会造成负面影响。

（二）边际效应

生产率、质量对不同技术水平企业出口参与的边际效应结果如表3-10所示。

表 3-10　生产率、质量对不同技术水平企业出口参与的边际效应

项目	(1)	(2)	(3)	(4)	(5)	(6)
	是否出口	是否出口	是否出口	是否出口	是否出口	是否出口
	低技术企业	中技术企业	高技术企业	低技术企业	中技术企业	高技术企业
质量	0.002***	0.002***	0.001***	0.002***	0.002***	0.001***
生产率	0.075***	0.015***	0.001	0.075***	0.015***	0.000
资本	0.024***	0.009***	0.006***	0.022***	0.008***	0.004***
补贴	0.008***	0.006***	0.001***	0.007***	0.006***	0.001**
人均 GDP				0.016***	0.016***	0.018***
出口退税				-0.001	-0.001	-0.003
品牌				0.002***	0.002***	0.002***
N	48352	96697	48347	48344	96685	48341
pseudoR^2	0.124	0.135	0.107	0.126	0.139	0.113

注：*、**、*** 分别表示在 10%、5%、1%的水平下有显著影响。

从表 3-10 的结果可以看出，质量、生产率对不同技术水平企业出口参与的边际效应显著为正。质量的提升对中、低技术企业的正向边际效应最大，即质量每提高 1%，中、低技术水平企业出口参与的边际效应提高 0.2%，高技术企业出口参与的可能性提高 0.1%。生产率的提高对低技术水平企业出口参与的影响最大，生产率每提升 1%，低技术企业出口参与的可能性提升 7.5%，中技术企业出口参与的可能性提高 1.5%，而对高技术企业出口参与则没有影响。

二、不同所有制企业的估计结果

根据中国工业企业数据库中的企业注册编号，将企业分为国有企业、民

营企业以及外资企业。①

（一）基本回归

生产率、质量对不同所有制企业出口参与影响的基本回归结果如表 3-11 所示。

表 3-11 生产率、质量对不同所有制企业出口参与的影响

项目	(1)	(2)	(3)	(4)	(5)	(6)
	是否出口	是否出口	是否出口	是否出口	是否出口	是否出口
	国有企业	民营企业	外资企业	国有企业	民营企业	外资企业
质量	0.0128***	0.00683***	0.00981***	0.0117***	0.00561***	0.00839***
	(0.00298)	(0.00149)	(0.000820)	(0.00301)	(0.00152)	(0.000843)
生产率	0.0987***	0.176***	0.134***	0.104***	0.171***	0.132***
	(0.0170)	(0.0104)	(0.00578)	(0.0172)	(0.0104)	(0.00581)
资本	0.0227*	0.0475***	0.0133***	0.0249*	0.0338***	0.00300
	(0.0137)	(0.00787)	(0.00444)	(0.0140)	(0.00805)	(0.00475)
补贴	-0.00185	0.0506***	0.0292***	-0.00178	0.0449***	0.0277***
	(0.00627)	(0.00467)	(0.00336)	(0.00628)	(0.00473)	(0.00336)
人均 GDP				0.0732***	0.0709***	0.0957***
				(0.0193)	(0.00807)	(0.00657)
出口退税				-0.0314	-0.0372*	0.0107
				(0.0546)	(0.0225)	(0.0166)
品牌				-0.00598	0.0215***	0.00942***
				(0.00491)	(0.00264)	(0.00169)
年效应	是	是	是	是	是	是
行业效应	是	是	是	是	是	是
常数项	-0.505	-0.890***	-0.761	-1.048**	-1.302***	-1.470***
	(0.409)	(0.121)	(0.539)	(0.456)	(0.156)	(0.554)

① 其中，注册编号为 110、120、141、142、149 和 151 的企业定义为国有企业，注册编号为 171、172、173、174 的企业定义为民营企业，注册编号为 310、320、330、340、200、210、220、230、240 的企业定义为外资企业。

续表

项目	(1)	(2)	(3)	(4)	(5)	(6)
	是否出口	是否出口	是否出口	是否出口	是否出口	是否出口
	国有企业	民营企业	外资企业	国有企业	民营企业	外资企业
N	8958	35071	126488	8956	35071	126470
pseudoR^2	0.088	0.175	0.106	0.091	0.179	0.109

注：*、**、*** 分别表示在10%、5%、1%的水平下有显著影响，“（）”中的数字为相应的标准误。

从表3-11的结果来看，质量、生产率、人均GDP对不同所有制企业出口参与有显著的正向影响。资本的增加对国有企业和民营企业的出口参与有显著的提升效应，但对外资企业的影响并不显著。品牌对国有企业出口参与没有显著影响，但品牌的提升能显著提高民营企业和外资企业出口参与的可能性。补贴对国有企业出口参与没有显著的促进作用，但对其他两类企业有显著的正向效应。出口退税对民营企业出口参与有显著的负面效应，但对国有企业和外资企业没有显著的影响。

（二）边际效应

生产率、质量对不同所有制企业出口参与的边际效应结果如表3-12所示。

表3-12　生产率、质量对不同所有制企业出口参与的边际效应

项目	(1)	(2)	(3)	(4)	(5)	(6)
	是否出口	是否出口	是否出口	是否出口	是否出口	是否出口
	国有企业	民营企业	外资企业	国有企业	民营企业	外资企业
质量	0.002***	0.002***	0.001***	0.002***	0.002***	0.001***
生产率	0.075***	0.015***	0.001	0.075***	0.015***	0.000
资本	0.024***	0.009***	0.006***	0.022***	0.008***	0.004***
补贴	0.008***	0.006***	0.001***	0.007***	0.006***	0.001**
人均GDP				0.016***	0.016***	0.018***
出口退税				-0.001	-0.001	-0.003

续表

项目	(1)	(2)	(3)	(4)	(5)	(6)
	是否出口	是否出口	是否出口	是否出口	是否出口	是否出口
	国有企业	民营企业	外资企业	国有企业	民营企业	外资企业
品牌				0.002***	0.002***	0.002***
N	48352	96697	48347	48344	96685	48341
pseudoR^2	0.124	0.135	0.107	0.126	0.139	0.113

注：*、**、*** 分别表示在10%、5%、1%的水平下有显著影响。

从表3-12的结果可以看出，质量的提高能显著提升不同所有制企业出口参与的边际效应。质量每提高1%，国有企业和民营企业出口参与的可能性提高0.2%，外资企业出口参与的可能性提高0.1%，即质量的提升对国内企业的影响要显著大于外资企业。生产率每提高1%，民营企业出口参与的概率提高1.5%，国有企业出口参与的可能性提高7.5%。资本的增加对不同所有制企业出口参与有显著的促进效应，具体来说，资本每增加1%，国有企业、民营企业、外资企业出口参与的可能性分别提高0.022%、0.008%和0.004%。补贴对不同所有制企业的出口参与有显著的正向效应，对国有企业的影响最大，其次为民营企业，对外资企业的影响最小。人均GDP每增加1%，国有企业和民营企业出口参与的可能性均提高0.016%，外资企业出口参与的可能性提高0.018%。出口退税的提高对不同所有制企业出口参与的可能性没有显著的影响。

三、不同年龄企业的估计结果

为了考察不同年龄企业质量、生产率对企业出口参与行为影响的异质性，根据企业年龄，将企业分为高龄企业、中龄企业和低龄企业。①

① 根据企业年龄，将企业年龄小于25分位的企业定义为低龄企业，高于75分位的企业定义为高龄企业，介于25分位和75分位的企业定义为中龄企业。

（一）基本回归

生产率、质量对不同年龄企业出口参与影响的基本回归结果如表 3-13 所示。

表 3-13 生产率、质量对不同年龄企业出口参与的影响

项目	(1)	(2)	(3)	(4)	(5)	(6)
	是否出口	是否出口	是否出口	是否出口	是否出口	是否出口
	低龄企业	中龄企业	高龄企业	低龄企业	中龄企业	高龄企业
质量	0.00935***	0.0107***	0.0117***	0.00812***	0.00890***	0.0101***
	(0.00121)	(0.000997)	(0.00122)	(0.00123)	(0.00102)	(0.00126)
生产率	0.143***	0.102***	0.0514***	0.143***	0.103***	0.0524***
	(0.00856)	(0.00682)	(0.00845)	(0.00860)	(0.00686)	(0.00857)
资本	-0.00600	0.0431***	0.0527***	-0.0162**	0.0344***	0.0451***
	(0.00594)	(0.00504)	(0.00675)	(0.00634)	(0.00533)	(0.00697)
补贴	0.0349***	0.0244***	-0.00410	0.0334***	0.0228***	-0.00389
	(0.00465)	(0.00336)	(0.00357)	(0.00467)	(0.00338)	(0.00359)
人均 GDP				0.0827***	0.0963***	0.114***
				(0.00821)	(0.00651)	(0.00880)
出口退税				0.00789	-0.00337	-0.0231
				(0.0222)	(0.0188)	(0.0244)
品牌				0.00997***	0.00809***	0.00508**
				(0.00246)	(0.00190)	(0.00238)
年效应	是	是	是	是	是	是
行业效应	是	是	是	是	是	是
常数项	-1.380**	-1.255***	-0.454	-1.994***	-2.018***	-1.244***
	(0.540)	(0.473)	(0.318)	(0.553)	(0.491)	(0.332)
N	43954	90111	59348	43949	90100	59338
pseudoR^2	0.224	0.113	0.081	0.226	0.117	0.086

注：*、**、*** 分别表示在 10%、5%、1%的水平下有显著影响，“（）”中的数字为相应的标准误。

（二）边际效应

生产率、质量对不同年龄企业出口参与的边际效应结果如表 3-14 所示。

表 3-14 生产率、质量对不同年龄企业出口参与的边际效应

项目	(1)	(2)	(3)	(4)	(5)	(6)
	是否出口	是否出口	是否出口	是否出口	是否出口	是否出口
	低龄企业	中龄企业	高龄企业	低龄企业	中龄企业	高龄企业
质量	0.002***	0.002***	0.002***	0.002***	0.001***	0.001***
生产率	0.032***	0.016***	0.007***	0.032***	0.016***	0.007***
资本	-0.001	0.007***	0.007***	-0.004**	0.005***	0.006***
补贴	0.008***	0.004***	-0.001	0.007***	0.004***	-0.001
人均 GDP				0.018***	0.015***	0.015***
出口退税				0.002	-0.001	-0.003
品牌				0.002***	0.001***	0.001**
N	43954	90111	59348	43949	90100	59338
pseudoR^2	0.224	0.113	0.081	0.226	0.117	0.086

注：*、**、*** 分别表示在 10%、5%、1%的水平下有显著影响。

从表 3-13 和表 3-14 的结果可以看出，质量的提高对企业出口参与有显著的促进效应，质量每提高 1%，低龄企业出口参与的可能性提高 0.2%，而中、高龄企业出口参与的可能性均提高 0.1%。生产率每提高 1%，低龄企业出口参与的可能性提高 3.2%，而中、高龄企业出口参与的可能性分别提高 1.6%和 0.7%。资本的增加对低龄企业出口参与有显著的抑制效应，这可能是由于低龄企业更倾向于激进的策略。补贴的增加能显著提高中、低龄企业出口参与的可能性，而对高龄企业并没有显著影响。出口退税对所有企业的影响均不显著，但企业人均 GDP 均能显著提高企业出口参与的概率。品牌的提升会显著提高不同年龄企业出口参与的可能性。

四、不同地区企业的估计结果

中国经济区域差距较大，发展极为不平衡。质量、生产率对企业出口参与的影响会因所处地区经济发展程度的不同而有所差异。为了考察不同地区企业质量、生产率对企业出口参与行为的异质性，本书根据盛斌和牛蕊（2009）的分类方法，将企业划分为东部地区企业、中部地区企业和西部地区企业。

（一）基本回归

生产率、质量对不同地区企业出口参与影响的基本回归结果如表 3-15 所示。

表 3-15 生产率、质量对不同地区企业出口参与的影响

项目	(1)	(2)	(3)	(4)	(5)	(6)
	是否出口	是否出口	是否出口	是否出口	是否出口	是否出口
	东部地区	中部地区	西部地区	东部地区	中部地区	西部地区
质量	0.0108***	0.00538**	0.0114***	0.00921***	0.00436*	0.0106***
	(0.000697)	(0.00245)	(0.00313)	(0.000716)	(0.00249)	(0.00314)
生产率	0.110***	0.0861***	0.125***	0.109***	0.0900***	0.126***
	(0.00475)	(0.0160)	(0.0209)	(0.00479)	(0.0161)	(0.0211)
资本	0.0519***	0.0283**	0.0252	0.0397***	0.0328**	0.0151
	(0.00351)	(0.0124)	(0.0156)	(0.00369)	(0.0130)	(0.0165)
补贴	0.0236***	0.0232***	0.000121	0.0219***	0.0224***	0.0000527
	(0.00241)	(0.00698)	(0.00754)	(0.00243)	(0.00702)	(0.00754)
人均 GDP				0.0972***	0.0723***	0.0688***
				(0.00477)	(0.0148)	(0.0209)
出口退税				-0.00218	-0.0328	-0.0173
				(0.0139)	(0.0333)	(0.0370)

续表

项目	(1)	(2)	(3)	(4)	(5)	(6)
	是否出口	是否出口	是否出口	是否出口	是否出口	是否出口
	东部地区	中部地区	西部地区	东部地区	中部地区	西部地区
品牌				0.0118***	-0.00457	0.0101*
				(0.00135)	(0.00463)	(0.00578)
年效应	是	是	是	是	是	是
行业效应	是	是	是	是	是	是
常数项	-1.474***	-0.255	-1.296*	-2.178***	-0.805	-1.772**
	(0.345)	(0.539)	(0.688)	(0.359)	(0.569)	(0.715)
N	170741	10530	6844	170721	10527	6842
pseudoR^2	0.128	0.107	0.114	0.132	0.110	0.116

注：*、**、***分别表示在10%、5%、1%的水平下有显著影响，“( )”中的数字为相应的标准误。

（二）边际效应

生产率、质量对不同地区企业出口参与的边际效应结果如表3-16所示。

表3-16　生产率、质量对不同地区企业出口参与的边际效应

项目	(1)	(2)	(3)	(4)	(5)	(6)
	是否出口	是否出口	是否出口	是否出口	是否出口	是否出口
	东部地区	中部地区	西部地区	东部地区	中部地区	西部地区
质量	0.002***	0.001**	0.002***	0.002***	0.001*	0.002***
生产率	0.019***	0.019***	0.025***	0.019***	0.019***	0.025***
资本	0.009***	0.006**	0.005	0.007***	0.007**	0.003
补贴	0.004***	0.005***	0.000	0.004***	0.005***	0.000
人均GDP				0.017***	0.016***	0.014***
出口退税				-0.000	-0.007	-0.003
品牌				0.002***	-0.001	0.002*
N	170741	10530	6844	170721	10527	6842
pseudoR^2	0.128	0.107	0.114	0.132	0.110	0.116

注：*、**、***分别表示在10%、5%、1%的水平下有显著影响。

从表3-15和表3-16的结果可以看出，中国东部地区企业占整个样本企业的90.76%，中部地区企业仅占5.6%，西部地区企业占3.64%。从表3-15可以看出，质量对不同地区企业出口参与的影响依然显著为正，质量每提高1%，东、西部地区企业出口参与的可能性均提高0.2%，中部地区企业出口参与的可能性则提高0.1%。生产率对各地区企业出口参与的影响为正，且在1%的水平下显著，生产率每提高1%，东、中部地区企业出口参与的可能性提高1.9%，西部地区出口参与的可能性提高2.5%。资本的增加对西部地区企业出口参与的影响并不显著，但对东、中部地区企业出口参与有显著的正向影响。人均GDP对所有地区企业出口参与的影响依然显著为正，即企业目的地人均收入的提高会显著增加企业出口参与的概率。补贴的增加能显著提高东、中部地区企业出口参与的可能性，补贴每增加1%，中、东部地区企业出口参与的可能性分别提高0.005%和0.004%，但对西部地区企业的影响并不显著。出口退税对不同地区企业出口参与的影响均不显著。品牌对东、西部地区企业出口参与的影响显著为正，但对中部地区企业没有显著的影响。

五、对不同贸易方式企业的估计结果

为了考察质量、生产率对不同贸易方式企业出口参与影响的异质性，根据企业是否参与加工贸易，将企业划分为一般贸易企业、加工贸易企业以及混合贸易企业。①

（一）基本回归

生产率、质量对不同贸易方式企业出口参与影响的基本回归结果如表3-17所示。

① 一般贸易企业为没有参与任何加工贸易的企业；加工贸易企业为没有参与一般贸易的企业；混合贸易企业是指企业贸易方式类型不仅有加工贸易方式，还有一般贸易方式。

表 3-17 生产率、质量对不同贸易方式企业出口参与的影响

项目	(1)	(2)	(3)	(4)	(5)	(6)
	是否出口	是否出口	是否出口	是否出口	是否出口	是否出口
	一般贸易	加工贸易	混合贸易	一般贸易	加工贸易	混合贸易
质量	0. 00968 ***	0. 00842 ***	0. 00502 ***	0. 00832 ***	0. 00755 ***	0. 00410 **
	(0. 000839)	(0. 00139)	(0. 00169)	(0. 000855)	(0. 00143)	(0. 00174)
生产率	0. 120 ***	0. 0744 ***	0. 103 ***	0. 120 ***	0. 0742 ***	0. 0988 ***
	(0. 00555)	(0. 0106)	(0. 0103)	(0. 00558)	(0. 0106)	(0. 0104)
资本	0. 00973 **	0. 0843 ***	0. 0277 ***	-0. 000177	0. 0747 ***	0. 0153 *
	(0. 00403)	(0. 00906)	(0. 00810)	(0. 00422)	(0. 00964)	(0. 00861)
补贴	0. 0290 ***	0. 00655	0. 0219 ***	0. 0271 ***	0. 00597	0. 0198 ***
	(0. 00252)	(0. 00839)	(0. 00517)	(0. 00253)	(0. 00836)	(0. 00519)
人均 GDP				0. 0709 ***	0. 114 ***	0. 0764 ***
				(0. 00478)	(0. 0157)	(0. 0172)
出口退税				-0. 0145	0. 00357	0. 0397
				(0. 0142)	(0. 0313)	(0. 0313)
品牌				0. 0119 ***	0. 00633 *	0. 0131 ***
				(0. 00153)	(0. 00329)	(0. 00295)
年效应	是	是	是	是	是	是
行业效应	是	是	是	是	是	是
常数项	-0. 857 ***	-1. 828 *	0. 121	-1. 338 ***	-2. 738 ***	-0. 586 ***
	(0. 248)	(0. 961)	(0. 101)	(0. 257)	(0. 956)	(0. 210)
N	108796	34861	49714	108783	34858	49704
pseudoR^2	0. 128	0. 094	0. 118	0. 131	0. 096	0. 120

注：*、**、*** 分别表示在 10%、5%、1%的水平下有显著影响，“（）”中的数字为相应的标准误。

（二）边际效应

生产率、质量对不同贸易方式企业出口参与的边际效应结果如表 3-18 所示。

表 3-18　生产率、质量对不同贸易方式企业出口参与的边际效应

项目	(1)	(2)	(3)	(4)	(5)	(6)
	是否出口	是否出口	是否出口	是否出口	是否出口	是否出口
	一般贸易	加工贸易	混合贸易	一般贸易	加工贸易	混合贸易
质量	0.002***	0.001***	0.001***	0.002***	0.001***	0.000**
生产率	0.025***	0.012***	0.012***	0.024***	0.012***	0.011***
资本	0.002**	0.013***	0.003***	-0.000	0.012***	0.002*
补贴	0.006***	0.001	0.002***	0.006***	0.001	0.002***
人均 GDP				0.014***	0.018***	0.009***
出口退税				-0.003	0.001	0.005
品牌				0.002***	0.001*	0.001***
N	108796	34861	49714	108783	34858	49704
pseudoR^2	0.128	0.094	0.118	0.131	0.096	0.120

注：*、**、*** 分别表示在 10%、5%、1%的水平下有显著影响。

从表 3-17 和表 3-18 的结果可以看出，质量、生产率对中国不同贸易方式企业的出口参与均在 1%水平下有显著的正向效应，质量每提高 1%，一般贸易企业出口参与的可能性提高 0.2%，加工贸易企业出口参与的可能性提高 0.1%，对混合贸易企业的出口参与影响虽然显著，但系数较小。生产率对不同贸易方式企业的出口参与有显著的正向效应，生产率每提高 1%，一般贸易企业出口参与的可能性提高 2.4%，加工贸易和混合贸易出口的可能性分别提高 1.2%和 1.1%。资本对加工贸易企业和混合贸易企业均有显著的正向效应，而对一般贸易企业的影响并不显著。补贴对一般贸易和混合贸易企业有显著的正向影响，但对加工贸易企业的影响并不显著。出口退税对所有不同贸易方式企业出口参与的影响均不显著。人均 GDP 提高能显著提升企业出口参与的可能性，对加工贸易企业的影响最大，其次为一般贸易企业，对混合贸易企业的影响最小。品牌对所有企业出口参与均有显著的正效应，对一般贸易的影响最大，这可能是由于加工贸易企业参与的多为价值链的中低端环节，主要依靠中国的低成本劳动力优势进行生产，因此，品牌对加工贸易企业的

促进效应低于一般贸易企业。

六、不同品牌企业的估计结果

在分析企业异质性时，参照李兴龙（2014）的做法，将品牌值高于均值的企业定义为高品牌企业，将无形资产为0的企业定义为低品牌或无品牌企业，其余企业为普通品牌企业。

（一）基本回归

生产率、质量对不同品牌企业出口参与影响的基本回归结果如表3-19所示。

表3-19 生产率、质量对不同品牌企业出口参与的影响

项目	(1)	(2)	(3)	(4)	(5)	(6)
	是否出口	是否出口	是否出口	是否出口	是否出口	是否出口
	低品牌	普通品牌	高品牌	低品牌	普通品牌	高品牌
质量	0.0107***	0.0113***	0.0102***	0.00911***	0.00986***	0.00860***
	(0.000863)	(0.00360)	(0.00100)	(0.000889)	(0.00364)	(0.00103)
生产率	0.113***	0.150***	0.108***	0.115***	0.149***	0.114***
	(0.00585)	(0.0326)	(0.00682)	(0.00587)	(0.0326)	(0.00698)
资本	0.0632***	0.0425*	0.00672	0.0606***	0.0377*	0.0126**
	(0.00448)	(0.0218)	(0.00528)	(0.00449)	(0.0218)	(0.00568)
补贴	0.0214***	0.0502***	0.0146***	0.0212***	0.0495***	0.0160***
	(0.00329)	(0.0154)	(0.00291)	(0.00329)	(0.0155)	(0.00292)
人均GDP				0.0941***	0.107***	0.0984***
				(0.00567)	(0.0279)	(0.00712)
出口退税				-0.0126	0.0303	0.00919
				(0.0158)	(0.0732)	(0.0189)
品牌				0	0.0534	-0.0161***
				(.)	(0.0389)	(0.00456)

续表

项目	(1) 是否出口 低品牌	(2) 是否出口 普通品牌	(3) 是否出口 高品牌	(4) 是否出口 低品牌	(5) 是否出口 普通品牌	(6) 是否出口 高品牌
年效应	是	是	是	是	是	是
行业效应	是	是	是	是	是	是
常数项	-1.062*	-0.479	-0.670**	-1.762***	-1.620***	-1.497***
	(0.573)	(0.343)	(0.272)	(0.573)	(0.474)	(0.290)
N	110254	4197	78958	110254	4197	78932
pseudoR^2	0.124	0.147	0.127	0.127	0.152	0.130

注：*、**、*** 分别表示在 10%、5%、1%的水平下有显著影响，“( )”中的数字为相应的标准误。

（二）边际效应

生产率、质量对不同品牌企业出口参与的边际效应结果如表 3-20 所示。

表 3-20　生产率、质量对不同品牌企业出口参与的边际效应

项目	(1) 是否出口 低品牌	(2) 是否出口 普通品牌	(3) 是否出口 高品牌	(4) 是否出口 低品牌	(5) 是否出口 普通品牌	(6) 是否出口 高品牌
质量	0.002***	0.002***	0.002***	0.002***	0.001***	0.001***
生产率	0.020***	0.031***	0.018***	0.021***	0.019***	0.019***
资本	0.011***	0.009*	0.001	0.011***	0.002**	0.002**
补贴	0.004***	0.010***	0.002***	0.004***	0.003***	0.003***
人均 GDP				0.017***	0.016***	0.016***
出口退税				-0.002	0.002	0.002
品牌				0.000	-0.003***	-0.003***
N	110254	4197	78958	110254	78932	78932
pseudoR^2	0.124	0.147	0.127	0.127	0.130	0.130

注：*、**、*** 分别表示在 10%、5%、1%的水平下有显著影响。

从表 3-19 和表 3-20 的结果可以看出，质量、生产率对不同品牌企业出口参与的影响依然显著为正。质量每提高 1%，高品牌企业和普通品牌企业出口的可能性提高 0. 1%，低品牌企业的出口参与可能性提高 0. 2%。生产率每提高 1%，低品牌企业出口的可能性提高 2. 1%，普通品牌、高品牌企业出口参与的可能性均提高 1. 9%。资本的增加对低品牌企业影响最大，资本每提高 1%，低品牌企业出口参与的可能性提高 0. 011%，而普通品牌企业、高品牌企业出口参与的概率均增加 0. 002%。补贴和人均 GDP 的增加能显著提升不同品牌企业出口参与的可能性，其中，对低品牌企业的影响最大。

从样本来看，在中国出口企业中，低品牌或无品牌企业占全部企业的近 57%，超过一半以上，而高品牌企业仅占 40. 82%，普通品牌企业占 2. 17%，这说明中国企业的品牌建设还较差。当前实施的企业出口退税对不同品牌企业出口参与的影响均不显著，这也从一个方面反映出中国鼓励和扶持企业出口的这一政策效果并不理想，反而为一些低生产率企业留下了寻租空间。

七、对不同质量水平企业的估计结果

在分析企业异质性时，按照企业的质量水平，将企业质量大于等于 75 分位的企业定义为高质量企业，低于 25 分位的企业定义为低质量企业，而将质量介于 25 和 75 分位之间的企业定义为中质量企业。

（一）基本回归

生产率、质量对不同质量水平企业出口参与影响的基本回归结果如表 3-21所示。

表 3-21 生产率、质量对不同质量水平企业出口参与的影响

项目	(1)	(2)	(3)	(4)	(5)	(6)
	是否出口	是否出口	是否出口	是否出口	是否出口	是否出口
	低质量企业	中质量企业	高质量企业	低质量企业	中质量企业	高质量企业
质量	0. 00599***	0. 0534***	0. 00913***	0. 00550***	0. 0468***	0. 00544**
	(0. 00105)	(0. 00549)	(0. 00254)	(0. 00105)	(0. 00552)	(0. 00254)

续表

项目	(1) 是否出口 低质量企业	(2) 是否出口 中质量企业	(3) 是否出口 高质量企业	(4) 是否出口 低质量企业	(5) 是否出口 中质量企业	(6) 是否出口 高质量企业
生产率	0. 108 ***	0. 110 ***	0. 0975 ***	0. 108 ***	0. 110 ***	0. 0962 ***
	(0. 00849)	(0. 00617)	(0. 00904)	(0. 00854)	(0. 00621)	(0. 00912)
资本	0. 0268 ***	0. 0540 ***	0. 0486 ***	0. 0157 **	0. 0439 ***	0. 0402 ***
	(0. 00638)	(0. 00454)	(0. 00680)	(0. 00671)	(0. 00476)	(0. 00719)
补贴	0. 0216 ***	0. 0181 ***	0. 0210 ***	0. 0203 ***	0. 0169 ***	0. 0195 ***
	(0. 00423)	(0. 00303)	(0. 00438)	(0. 00426)	(0. 00305)	(0. 00440)
人均 GDP				0. 0725 ***	0. 0985 ***	0. 116 ***
				(0. 00722)	(0. 00647)	(0. 0117)
出口退税				0. 0237	-0. 0282 *	0. 0139
				(0. 0236)	(0. 0162)	(0. 0274)
品牌				0. 0106 ***	0. 00935 ***	0. 0104 ***
				(0. 00244)	(0. 00175)	(0. 00259)
年效应	是	是	是	是	是	是
行业效应	是	是	是	是	是	是
常数项	-1. 093 ***	-0. 782	-1. 506 ***	-1. 671 ***	-1. 381 ***	-2. 508 ***
	(0. 344)	(0. 515)	(0. 546)	(0. 357)	(0. 520)	(0. 585)
N	48354	96718	48338	48345	96708	48331
pseudoR^2	0. 131	0. 119	0. 135	0. 134	0. 123	0. 139

注：*、**、*** 分别表示在 10%、5%、1%的水平下有显著影响，“（）”中的数字为相应的标准误。

（二）边际效应

生产率、质量对不同质量水平企业出口参与的边际效应结果如表 3-22 所示。

表 3-22　生产率、质量对不同质量水平企业出口参与的边际效应

项目	(1)	(2)	(3)	(4)	(5)	(6)
	是否出口	是否出口	是否出口	是否出口	是否出口	是否出口
	低质量企业	中质量企业	高质量企业	低质量企业	中质量企业	高质量企业
质量	0.001***	0.010***	0.001***	0.001***	0.009***	0.001**
生产率	0.019***	0.020***	0.015***	0.019***	0.020***	0.015***
资本	0.005***	0.010***	0.008***	0.003**	0.008***	0.006***
补贴	0.004***	0.003***	0.003***	0.004***	0.003***	0.003***
人均 GDP				0.013***	0.018***	0.018***
出口退税				0.004	-0.005*	0.002
品牌				0.002***	0.002***	0.002***
N	48354	96718	48338	48345	96708	48331
pseudoR^2	0.131	0.119	0.135	0.134	0.123	0.139

注：*、**、*** 分别表示在 10%、5%、1%的水平下有显著影响。

从表 3-21 和表 3-22 的结果来看，质量对不同质量水平企业出口参与的影响均在 1%水平下显著为正，质量每提高 1%，中等质量水平企业出口参与的概率提高 0.9%，而高质量和低质量企业的出口参与可能性提高 0.1%。生产率的提升对不同质量水平企业出口参与的影响与质量的影响有所不同，生产率每提高 1%，中等质量企业出口参与的可能性提高 2.0%，低质量企业出口参与的可能性提高 1.9%，高质量企业出口参与的可能性提高 1.5%。资本对不同质量水平企业出口参与的影响显著为正，但对不同质量水平企业出口参与的影响由大到小排列依次为：中质量企业、高质量企业和低质量企业。人均 GDP 和品牌对不同质量水平企业出口参与有显著为正的效应，人均 GDP 每增加 1%，高、中质量水平企业出口参与的可能性均会提高 0.018%，对低质量企业出口参与的可能性的影响为 0.013%。品牌对不同质量水平企业出口参与的可能性的影响均为 0.002%。补贴的增加能显著提升不同质量水平企业出口参与的可能性。出口退税的增加会显著降低中等质量水平企业出口参与的可能性，对其他两类企业的影响均不显著，进一步说明，出口退税政策并

未能取得预期的效果。

本章小结

本章采用企业层面的数据来评估生产率、质量对企业出口参与的影响。在实证部分，本章首先对生产率、质量对企业出口参与的影响进行了回归分析。其次，对实证结果进行了稳健性检验，如改变回归模型、改变核心变量质量及企业生产率的测度，以及将样本划分为中国加入 WTO 前后的分样本。最后，实证分析了生产率、质量对企业出口参与影响的异质性；区分不同技术水平企业、不同所有制企业、不同年龄企业、不同地区企业、不同贸易方式企业以及不同品牌企业出口参与的影响。

根据回归结果，本章的主要研究结论有以下四个方面。

第一，企业的质量和生产率对企业出口参与有显著的正面影响。质量每提高 1%，企业出口参与的可能性提高 0.2%，说明高质量生产者更有可能进入出口市场。企业生产率每提高 1%，企业参与出口的可能性提高 1.9%，这与 Iacovone 和 Javorcik（2010）、Arkolakis 等（2015）以及 Mayer 等（2014）的实证结果一致，即生产率较高的企业出口参与的可能性更高。

第二，资本对企业出口参与的影响显著为正，资本每增加 1%，企业出口参与的可能性提高 0.006%，这说明企业资本规模越大，其弥补在国外市场上销售的额外成本、抵御外来冲击的能力越强。

第三，补贴的提高能显著提升企业出口参与的可能性，补贴每增加 1%，企业出口参与的可能性提高 0.003%。出口退税政策对企业出口参与的影响虽为正，但并不显著，这说明我国鼓励企业出口的这项财税政策并未取得预期效果。

第四，人均 GDP 的提高能显著提升企业出口参与的可能性。企业品牌对出口参与的影响显著为正，表明企业品牌的提升有助于提高企业出口参与的可能性。在中国出口企业中，半数以上的企业为低品牌企业或无品牌企业，因此，在当前国内国际经济下滑、国内需求不足、外需疲软的情况下，政府应采取何种措施，以加强企业投资来提高其产品和品牌软实力，从而提高企业的国际竞争力，成为当前中国亟须解决的主要问题之一。

第四章　生产率、质量对企业产品转换行为的影响

中国是世界出口大国，很多学者的研究认为，中国出口的产品中主要以低附加值和低技术的劳动密集型产品为主，长此以往，将会严重制约中国经济改革与转型。自2012年以来，中国对外贸易的增速开始进入中低速轨道，经济学家们对这一情况开始了激烈的讨论，他们深入分析的一致结论是：中国的贸易发展必须尽快实现转型和升级。当前中国进行供给侧结构性改革的最终目的是要提高供给体系的质量和效益，显著增强中国的经济质量优势。这一目标的提出要求企业提高产品的质量和竞争力，提升企业的质量和效益，并根据市场需求来进行资源配置。

本书通过研究质量对企业产品转换的影响，进而探究企业如何进行资源配置以满足市场的需求。企业通过产品转换，可以使企业在市场上拥有极强的竞争力，从而立于不败之地。一般来说，企业都会合理地评估自己的产品优势，并根据自己产品的特点来确定主要市场，但如何让企业适应不断变化的市场条件，扩展经营范围，这是每个企业都面临的难题。企业要把握好目标市场的消费者需求及竞争对手的竞争产品，及时调整企业产品，从而实现增强产品的竞争力、扩大企业的生产规模、提升企业的知名度的目标。

目前已有的关于企业产品转换影响因素的研究有：在企业层面上，企业能力（Brambilla，2009；Bernard、Redding 和 Schott，2010；Bernard、Redding 和 Schott，2011；彭国华和夏帆，2013；Nocke 和 Yeaple，2014；Aw 和 Lee，2017）、研发费用和创新（Brambilla，2009；Rossi-Hansberg 和 Wright，2006；Bernard、Redding 和 Schott，2010）、质量（Aw 和 Lee，2017）均会影响企业

的出口范围。企业的产品转换会受到贸易自由化和学习效应的影响（Eckel 和 Neary，2010；亢梅玲和田子凤，2016；Timoshenko，2015）。在行业层面上，行业竞争程度、行业创新能力、市场进入成本等均会影响企业的产品转换行为（Goldberg 等，2010；Miranda、Badia 和 Beverenet，2012；Ma 等，2014）。在产品层面上，产品转换会受到产品市场的需求或供给冲击（Bernard 等，2010）、消费偏好（Bernard、Redding 和 Schott，2011）的影响。

除了上述有关文献，产品转换对企业影响的文章也有不少。一些研究认为，产品转换影响企业的生产率（Dai，2015；Masso 和 Vahter，2012），另一些则认为，企业内产品转换是企业优化资源配置的重要方式（Bernard 等，2011；Nardis 和 Pappalardo，2009）。还有一部分研究发现了企业产品转换是提升其竞争力的重要方式（易靖韬、傅佳莎和蒙双，2017）；企业出口产品范围变化对企业表现（Bernard、Redding 和 Schott，2010）、产品要素密集度（Ma 等，2014）、贸易增长（易靖韬和乌云其其克，2013）产生影响；企业要素禀赋结构会受到企业产品转换行为的影响（钱学峰和王备，2017）。这些研究表明，出口企业通过产品转换行为优化资源配置、提升企业竞争力。相对于单一产品企业而言，多产品出口企业拥有更高的产出、企业规模以及盈利能力（易靖韬、傅佳莎和蒙双，2017），多产品企业缩减生产产品数量，并将其重点放在核心竞争力上（Bernard，Redding 和 Schott，2010；Eckel 和 Neary，2006）。Eckel 和 Neary（2010）的研究指出，企业贸易利得的来源之一是产品范围减少引致的生产率提高。

Hottman（2016）建立结构方程模型来估计边际成本和产品吸引力，结果表明，产品范围的变化和产品吸引力能够解释企业销售变化。

这些研究表明，在生产率、质量对企业出口决策的研究方面已有了丰硕的进展，也表明企业产品转换对提高企业的出口业绩具有重要的现实意义。但已有的研究主要关注生产率对企业产品转换的影响，而忽视了质量对企业产品转换的作用。通过构建企业产品层面质量指标，将质量、生产率相结合来探讨企业的产品转换行为的文献更是不多见。

企业的产品特性、企业特征、行业竞争、出口市场的质量偏好等因素都影响着企业的产品转换行为，从而导致企业内的产品转换与企业进入退出市场的行为存在差异。企业进行产品转换并非由于企业生产能力的不足，而是企业优化其资源配置的一种体现。企业产品转换不仅与企业生产率、企业质量以及战略选择等因素息息相关，更为关键的是，会对国家或者企业的贸易结构优化、贸易增长、贸易利得等方面产生重要影响。而质量和生产率是企业进行产品转换决策的主要因素。因此，研究质量和生产率对企业产品转换行为的影响具有很重要的现实意义。

第一节 数据与计量模型设定

一、数据说明与数据处理

为了研究生产率、质量对企业产品转换行为的影响，本章使用了两个数据库：中国工业企业数据库及中国海关数据库。

（一）中国工业企业数据库

本章使用的制造业企业数据主要来自中国工业企业数据库，时间从1998—2007年。① 由于中国工业企业库数据本身存在指标异常等诸多问题，如有明显的测度误差，企业关键指标缺失，成立时间无效，企业总资产低于流动资产等，为了更好地处理中国工业企业数据库，本章借鉴了 Brandt（2012）和聂辉华等（2012）的研究方法，删除了企业增加值或产值为负的样本，还参照 Brandt（2012）和聂辉华等（2012）、Cai 和 Liu（2009）以及余

① 由于生产率估计采用两步法，因此，生产函数估计中需要滞后两期的变量，为保证回归样本的完整性，本书在估计企业成本加成率时，使用中国工业企业数据库 1998—2007 年数据，最后与海关数据库进行合并。

森杰等（2015）的做法，删除了从业人员低于 8 人的企业。

（二）海关数据库

本章所使用的数据均来自中国海关部署收集、建立的中国海关数据库，该数据库涉及中国出口企业的进出口贸易的交易数据。涉及的变量包括企业名称，每个 HS8 分位产品的出口额、出口数量，贸易伙伴国，贸易方式，企业归属地，企业所有制等信息。对该数据库的处理，则借鉴了施炳展和邵文波（2014）等的处理方法。例如，删除缺失样本，删除无贸易伙伴国名称、企业名称缺失、产品编码缺失以及无产品贸易额和数量等的样本，并同时对低于 50 美元的单笔贸易额和贸易数量小于 1 的样本进行了剔除。产品分类是根据 HS8 位编码定义为一种产品，将出口 2 个或 2 个以上 HS8 分位产品的企业定义为多产品企业①，将 HS4 位编码定义为一个行业。

二、计量模型设定

已有的理论与实证研究表明，生产率是企业出口决定的重要因素。但研究企业层面的质量指数在企业出口决定中作用的文献（如 Crozet 等，2012；Hallak 和 Sfvadasan，2013；Gervais，2015；Aw 和 Lee，2017）还相对较少，而关于企业层面质量指数对企业产品转换行为的影响的研究更是缺乏。因此，笔者将企业的生产率与质量因素相结合，实证检验了企业产品层面的质量指数、生产率与中国制造业企业产品转换之间的相关性。

为了实证检验企业的产品质量和生产率与企业产品转换行为之间的相关关系，我们构建了基于企业产品层面质量对中国制造业出口企业产品转换决策影响的模型，模型建立如下：

$$Y_{ft} = \beta_0 + \beta_1 Quality_{fit-1} + \beta_2 TFP_{ft-1} + \beta_3 X'_{ft} + \varepsilon_{ft} \tag{4-1}$$

① 由于海关编码在 2002 年进行了调整，在 2002 年之前，海关编码用的是 HS96 的，而 2002 年及以后使用的是 HS2002 的，因此，为了分析的统一性，本书将 2002 年及之后的海关编码转换为 HS96 的。

其中，Y_{ft} 代表四种不同的产品转换行为，包括 Both、None、Add、Drop。①$\ln Quality_{fit-1}$ 和 TFP_{ft-1} 分别为企业目的地产品层面的质量指数、全要素生产率的滞后一阶。X'_{ft} 为一组控制变量，包含企业的平均工资水平、融资约束、企业年龄、补贴等。

三、变量测度

（一）被解释变量

为了研究企业产品转换行为，本章沿袭了易靖韬、傅佳莎和蒙双（2017）的做法，将企业产品转换分为两种情况进行分析：一是企业四种相斥的产品转换行为；二是企业产品转换行为引致的最终结果，即企业产品范围的净变化。将企业 t 年与 $t-1$ 年相比，企业产品转换分为 Both、None、Add、Drop 四种。而 Netadd、Netdrop 为企业产品转换行为导致的产品范围最终变化结果。②

（二）解释变量

1. 企业层面质量

首先，采用 Tang 和 Zhang（2012）以及樊海潮和郭光远（2015）的方法，将 Broda 和 Weinstein（2006）估计的 HS3 位替代弹性数据计算到 HS2 位上去。

其次，通过回归求出企业目的地产品层面的质量指数③，并将质量指数进行了标准化处理，其计算公式为：

$$R\_\ quality\_\ index_{fit}=\frac{Quality\_\ index_{fit}-\text{Min}\ quality\_\ index_{fit}}{\text{Max}\ quality\_\ index_{fit}-\text{Min}\ quality\_\ index_{fit}} \tag{4-2}$$

① Both 表示企业既有产品增加，又有产品减少的取值为 1，反之取值为 0；None 则为企业既未增加产品又未减少产品的取值为 1，反之取值为 0；Add 为企业仅有增加产品行为而无减少产品种类取值为 1，反之取值为 0；Drop 为企业只有减少产品种类行为则取值为 1，反之取值为 0。这四种行为反映了企业产品转换行为的过程。

② 将企业的 t 年与 $t-1$ 年相比，如果企业产品范围净增加则为 Netadd，如果企业产品范围净减少则为 Netdrop，这两个指标反映了企业四种产品转换行为导致的企业产品范围的最终结果。

③ 企业目的地产品质量指标的计算方法与第三章一致，本章不再赘述。

其中，Min $quality\_index_{fit}$ 和 Max $quality\_index_{fit}$ 分别表示产品质量的最小值和最大值。经过处理后最终得到的产品质量值介于 0 和 1 之间。

最后借鉴 Aw 和 Lee（2017）构建企业层面质量指数的方法，通过对企业目的地产品层面的质量指数（λ_{fidt}）的权重加总来构建企业层面的质量指数。企业 f 在 t 年的质量是 $\lambda_{ft} = \sum_{i} s_{fidt}\lambda_{fidt}$，其中，$s_{fidt}$ 是 t 年企业 f 在目的地 d 的产品 i 的销售占产品 i 全部销售的份额。①

2. 企业全要素生产率的测度

生产率差异是企业异质性的一个重要来源。企业全要素生产率是另一个核心变量，采用了 Levinsohn 和 Petrin（2000）的方法（以下称 LP 法）。LP 方法与 OP 方法不同的是，将中间的投入品作为生产率的代理变量而非调整变量，因此，能避免 OP 方法中数据大量流失的问题，也有效地解决了 OP 方法可能存在的偏差问题。因此，本章的全要素生产率估计采用 LP 方法。

3. 其他控制变量

X'_{ft} 是影响企业决定销售其产品到外国市场的企业特征向量及其他影响企业出口参与决策的变量，包含平均工资、融资约束、企业年龄、补贴等变量。

（1）平均工资。一般而言，企业平均工资越高，越能吸引高技术、高能力的人才为企业服务，进而提高企业的竞争力。企业平均工资水平对企业的出口决策有正向效应（Roberts 和 Tybout，1997；Bernard 和 Jensen，2004）。本章采用企业应付工资与企业从业人员之比来表示。

（2）融资约束。融资约束变量的测度参照孙灵燕和李荣林（2011）的做法，利用利息支出除以固定资产来衡量。利息支出除以固定资产的值越小，表明企业面临的融资约束问题越大。

（3）年龄。中国工业企业数据库中有企业的设立年份数据，本章的年龄变量由当年年份减去企业设立年份来度量。

① 回归分析时，是用上一期的质量指标来进行的。

（4）补贴。通常来说，生产成本是企业进行决策的主要指标，政府对企业进行补贴有助于降低企业的成本，进而影响企业的出口决策。在中国工业企业数据库中有补贴变量，本章的补贴指标是由数据中的企业补贴指标除以企业的工业增加值而得。

为防止变量取对数后改变原有的符号，本章借鉴了钱学锋等（2011）的做法，将所有的变量以 ln（var+1）的形式进方程。在回归时，所有的解释变量均用上一期的指标来研究对当期产品转换行为的影响。

四、描述性统计

（一）产品转换总体样本描述性统计分析

总体样本描述性统计结果表明，研究样本在研究期间内的质量的均值和中位数均为 0.47，表明样本中有一半的样本质量高于 0.47，并且最大值为 0.67；生产率均值为 2.35，表明样本企业生产率一般为 2.35，中位数为 2.35，样本企业生产率最大值为 2.89。

表 4-1　总体样本描述性分析

变量	观察值（个）	均值	标准差	最小值	中位数	最大值
Both	190000	0.29	0.45	0	0	1
None	190000	0.13	0.33	0	0	1
Onlyadd	190000	0.42	0.49	0	0	1
Onlydrop	190000	0.09	0.28	0	0	1
质量	120000	0.47	0.03	0.02	0.47	0.67
生产率	120000	2.35	0.11	-3.96	2.35	2.89
平均工资	120000	2.61	0.55	0	2.56	7.23
融资约束	120000	0.43	0.18	-3.12	0.45	2.95
企业年龄	120000	2	0.71	0	2.08	7.6
补贴	120000	1.08	2.17	0	0	13.67

（二）企业新增产品和放弃产品的统计分析

样本企业增加和放弃产品的描述性统计结果如表 4-2 所示。结果表明，在样本期间内新增产品和放弃产品的质量的均值和中位数均为 0.46，表明样本中有一半的样本质量高于 0.46；生产率均值为 2.37，中位数为 2.36，表明样本企业生产率一般为 2.36。

表 4-2　企业新增产品和放弃产品的描述性分析

	新增产品				放弃产品			
变量	观察值（个）	均值	标准差	中位数	观察值（个）	均值	标准差	中位数
质量	560000	0.460	0.0300	0.460	390000	0.460	0.0400	0.460
生产率	560000	2.370	0.120	2.360	390000	2.370	0.120	2.360
平均工资	560000	2.700	0.560	2.660	390000	2.630	0.580	2.580
融资约束	560000	0.430	0.180	0.460	390000	0.440	0.180	0.460
年龄	560000	1.940	0.720	1.950	390000	2.060	0.710	2.080
补贴	560000	1.260	2.330	0	390000	1.330	2.390	0

（三）不同技术水平的行业新增产品的统计分析

1. 中高技术行业新增产品的统计分析

中高技术行业新增产品的描述性统计分析如表 4-3 所示。

表 4-3　中高技术行业企业新增产品的描述性分析

变量	观察值（个）	均值	标准差	最小值	中位数	最大值
增加产品	130000	1	0	1	1	1
质量	130000	0.460	0.0400	0.0100	0.470	0.580
生产率	130000	2.410	0.130	1.430	2.400	2.900
平均工资	130000	2.890	0.620	0	2.800	8.250
融资约束	130000	0.430	0.160	0	0.450	2.950
年龄	130000	2.010	0.750	0	2.080	7.600
补贴	130000	1.480	2.600	0	0	13.95

从表 4-3 的结果来看，2000—2006 年，中高技术行业新增产品 130000

个，新增产品质量的最大值为 0.580，最小值为 0.01，标准差为 0.0400，表明新增产品质量差距较大。

2. 中低技术行业新增产品的统计分析

中低技术行业新增加产品的描述性统计分析如表 4-4 所示。

表 4-4 中低技术行业企业新增产品的描述性分析

变量	观察值（个）	均值	标准差	最小值	中位数	最大值
增加产品	420000	1	0	1	1	1
质量	420000	0.460	0.0300	0.0100	0.460	0.690
生产率	420000	2.360	0.110	1.430	2.350	2.900
平均工资	420000	2.640	0.520	0	2.620	8.850
融资约束	420000	0.430	0.180	0	0.460	3.960
年龄	420000	1.920	0.710	0	1.950	7.600
补贴	420000	1.190	2.230	0	0	13.43

从表 4-4 的结果来看，中低技术行业新增产品 420000 个，其中，质量最大值是 0.690，最小值为 0.460。从表 4-3 和表 4-4 的结果可以看出，2000—2006 年，中国企业新增产品 550000 个，其中，76.36%为中低技术行产品，是中高技术企业新增产品量的 3 倍。这表明，2000—2006 年，中国企业新增产品主要以中低技术行业为主。

（四）不同技术水平的行业放弃产品的统计分析

1. 中高技术行业放弃产品的统计分析

中高技术行业放弃产品的描述性统计分析如表 4-5 所示。

表 4-5 中高技术行业企业放弃产品的描述性分析

变量	观察值（个）	均值	标准差	最小值	中位数	最大值
放弃产品	90177	1	0	1	1	1
质量	90177	0.450	0.0400	0	0.460	0.590
生产率	90177	2.410	0.140	1.430	2.400	2.890
平均工资	90177	2.830	0.640	0	2.760	8.250

续表

变量	观察值（个）	均值	标准差	最小值	中位数	最大值
融资约束	90177	0.430	0.170	0	0.450	2.520
年龄	90137	2.140	0.740	0	2.200	7.600
补贴	90177	1.560	2.680	0	0	13.95

从表4-5的结果来看，放弃的中高技术产品有90177个，其中，质量最大值为0.590，最小值为0。

2. 中低技术行业放弃产品的统计分析

中低技术行业放弃产品的描述性统计分析如表4-6所示。

表4-6 中低技术行业企业放弃产品的描述性分析

变量	观察值（个）	均值	标准差	最小值	中位数	最大值
放弃产品	300000	1	0	1	1	1
质量	300000	0.460	0.0300	0.0200	0.460	0.690
生产率	300000	2.350	0.120	0.0500	2.350	2.890
平均工资	300000	2.560	0.540	0	2.540	8.850
融资约束	300000	0.440	0.180	0	0.460	3.960
年龄	300000	2.030	0.700	0	2.080	7.600
补贴	300000	1.260	2.300	0	0	13.95

从表4-6的结果来看，中低技术行业放弃的产品为300000个，其中，质量的最大值是0.690，最小值为0.460。

中低技术行业放弃的产品占总量的76.89%，表明在放弃的产品中，主要以中低技术行业产品为主。

对比不同技术水平行业的新增和放弃产品的描述性统计结果，可以看出，中高技术行业新增和放弃的产品样本量为220177个，而中低技术行业新增和放弃的产品样本量为720000个，这表明中国出口企业在中低技术行业的样本转换比较频繁，相比而言，在中高技术行业却较低。无论是新增产品还是放弃产品，均主要发生在中低技术行业，表明中国企业的产品转换行为主要发生在中低技术行业。从质量水平来看，中高技术行业新增产品中质量最大值为 0.580，在中低技术行业新增产品中质量最大值为 0.690，表明企业新增产品在中低技术行业有较强的竞争力，① 但在中高技术行业的竞争力还较弱。与此同时，我们也应看到，中国企业的产品质量还相对较低，高质量产品还相对较少，这与李世刚、李晓萍、江飞涛（2018）的研究结论相符，即中国制造业低质量产品过剩而高质量产品稀缺。

一般而言，技术水平较高的行业的产品成本加成率也相对较高。由于中国企业新增的产品多属于中低技术水平，导致中国企业产品成本加成率较低。这可能是中国出口产品往往与低质低价相联系（李坤望等，2014；谢建国和杨海燕，2015）的主要原因。

第二节　实证研究结果

一、产品转换

根据前文的方法，将企业产品转换行为分为四种，实证结果如表 4-7、表 4-8、表 4-9 和表 4-10 所示。

（一）生产率、质量对企业 Both 和 None 行为的影响

表 4-7 呈现的是生产率、质量对企业 Both 和 None 行为影响的实证结果。

表 4-7　生产率、质量对企业 Both 和 None 行为的影响

项目	(1)	(2)	(3)	(4)	(5)	(6)
	Both	Both	Both	None	None	None
质量	0.249**	0.262**	0.261**	−0.259*	−0.263*	−0.265*
	(0.124)	(0.124)	(0.124)	(0.145)	(0.145)	(0.145)

① 质量是企业产品竞争力的主要来源之一。

续表

项目	(1)	(2)	(3)	(4)	(5)	(6)
	Both	Both	Both	None	None	None
生产率	1.169***	1.152***	1.091***	-1.088***	-1.125***	-1.058***
	(0.0376)	(0.0385)	(0.0383)	(0.0414)	(0.0426)	(0.0427)
平均工资	-0.0140*	-0.0110	-0.0123	0.0279***	0.0251***	0.0266***
	(0.00749)	(0.00753)	(0.00753)	(0.00850)	(0.00855)	(0.00855)
融资约束		0.0851***	0.0819***		-0.0524**	-0.0502**
		(0.0215)	(0.0215)		(0.0241)	(0.0241)
年龄		-0.000944	-0.00579		0.0380***	0.0432***
		(0.00531)	(0.00533)		(0.00603)	(0.00607)
补贴			0.0184***			-0.0210***
			(0.00182)			(0.00218)
行业效应	是	是	是	是	是	是
年度效应	是	是	是	是	是	是
常数项	-3.162***	-3.169***	-3.044***	2.133***	2.171***	2.035***
	(0.146)	(0.146)	(0.146)	(0.157)	(0.157)	(0.157)
N	118510	118439	118366	118510	118439	118366
pseudoR^2	0.019	0.019	0.020	0.021	0.021	0.022

注：*、**、*** 分别表示在10%、5%、1%的水平下有显著影响，“( )”中的数字为相应的标准误。

企业的 Both 和 None 是两种相斥的产品转换行为，因此，质量和生产率对企业的 Both 和 None 行为的影响应完全相反。从表 4-7 的结果来看，质量、生产率、融资约束、补贴对企业 Both 行为的影响在 1%水平下显著为正。企业质量、生产率对企业 None 行为的影响在 1%水平下显著为负。生产率代表企业匹配需求的能力，匹配需求的能力越高，企业就越会生产符合消费者需求趋势的产品，而不是保持现有产品不变。企业年龄对企业 Both 行为呈现并不显著的负面影响，这与易靖韬、傅佳莎和蒙双（2017）提出的企业建立时间越长，越倾向于不进行产品转换或减少产品的结论相一致。企业平均工资对企业 Both 行为具有并不显著的负面影响。融资约束和补贴对企业 Both 行为的影响在1%水平下显著为正。平均工资、年龄对企业None行为的影响显著为正。

由于基本回归结果只能获取显著性和参数方向的信息，还需计算解释变量对企业产品转换行为的边际效应。① 各变量对企业Both和None行为的边际效应如表4-8所示。

表4-8 生产率、质量对企业Both和None行为的边际效应

项目	(1)	(2)	(3)	(4)	(5)	(6)
	Both	Both	Both	None	None	None
质量	0.097**	0.102**	0.102**	-0.072*	-0.074*	-0.074*
生产率	0.455***	0.448***	0.424***	-0.304***	-0.314***	-0.295***
平均工资	-0.005*	-0.004	-0.005	0.008***	0.007***	0.007***
融资约束		0.033***	0.032***		-0.015**	-0.014**
年龄		-0.000	-0.002		0.011***	0.012***
补贴			0.007***			-0.006***
N	118510	118439	118366	118510	118439	118366
$pseudoR^2$	0.019	0.019	0.020	0.021	0.021	0.022

注：*、**、***分别表示在10%、5%、1%的水平下有显著影响。

从表4-8的结果可以看出，企业质量每提高1%，企业采取Both行为的可能性提高0.102%，企业采取None行为的可能性降低0.074%。消费者对企业质量的认可决定了企业是否盈利，不能满足消费者需求的产品势必会成为企业的负担。质量对企业Both行为的影响显著为正，说明质量对企业产品的转换、改造、升级有显著的提升作用。质量越高，企业减少不能满足消费者需求的产品的概率就越高。生产率对企业Both行为在1%水平下有显著的正向影响，生产率每提高1%，企业采取Both行为的概率提高0.424%；企业生产率越高，说明企业生产满足消费者需求的产品的能力越强，因此，企业生产率的提高有助于增加对企业未来业绩有提升作用的产品，从而减少不符合

① 本章计算的边际效应为所有变量的平均边际效应，下同。

消费者需求的产品。

融资约束和企业从国家获得的补贴每增加 1%，企业 Both 行为的可能性分别提高 0. 032%和 0. 007%。这与邓可斌和曾海舰（2014）的结论基本一致。邓可斌和曾海舰（2014）研究认为，企业融资约束主要源自市场竞争摩擦引致的流动性约束，融资约束越高，企业的技术创新产出越多，因此，企业更有可能进行产品转换。平均工资、年龄对企业 None 行为的影响显著为正，表明企业年龄、平均工资水平越高，企业越不会进行产品转换，因为工资成本太高，提高了企业的经营成本，降低了企业进行产品转换的概率。融资约束和企业补贴提高会降低企业采取 None 行为的概率，但会提升企业采取 Both 行为的可能性。

（二）生产率、质量对企业 Onlyadd 和 Onlydrop 行为的影响

生产率、质量对企业 Onlyadd 和 Onlydrop 行为影响的回归结果如表 4-9 所示。

表 4-9 生产率、质量对企业 Onlyadd 和 Onlydrop 行为的影响

项目	(1)	(2)	(3)	(4)	(5)	(6)
	Onlyadd	Onlyadd	Onlyadd	Onlydrop	Onlydrop	Onlydrop
质量	-0. 425***	-0. 433***	-0. 430***	0. 447***	0. 448***	0. 448***
	(0. 143)	(0. 143)	(0. 143)	(0. 154)	(0. 154)	(0. 154)
生产率	-0. 296***	-0. 174***	-0. 134***	-0. 309***	-0. 378***	-0. 398***
	(0. 0416)	(0. 0412)	(0. 0418)	(0. 0438)	(0. 0464)	(0. 0480)
平均工资	-0. 00734	-0. 00628	-0. 00538	-0. 00310	-0. 00535	-0. 00573
	(0. 00870)	(0. 00869)	(0. 00869)	(0. 00907)	(0. 00918)	(0. 00919)
融资约束		-0. 0340	-0. 0318		-0. 0441*	-0. 0436*
		(0. 0246)	(0. 0246)		(0. 0261)	(0. 0262)
年龄		-0. 0933***	-0. 0902***		0. 0628***	0. 0616***
		(0. 00633)	(0. 00635)		(0. 00643)	(0. 00646)

续表

项目	(1)	(2)	(3)	(4)	(5)	(6)
	Onlyadd	Onlyadd	Onlyadd	Onlydrop	Onlydrop	Onlydrop
补贴			-0.0123***			0.00447**
			(0.00217)			(0.00223)
年度效应	是	是	是	是	是	是
地区效应	是	是	是	是	是	是
常数项	0.0131	-0.0677	-0.150	-0.612***	-0.558***	-0.519***
	(0.164)	(0.162)	(0.163)	(0.182)	(0.183)	(0.185)
N	118504	118433	118360	118510	118439	118366
pseudoR^2	0.003	0.005	0.006	0.003	0.004	0.005

注：*、**、*** 分别表示在 10%、5%、1%的水平下有显著影响，“（）”中的数字为相应的标准误。

生产率、质量对企业 Onlyadd 和 Onlydrop 行为的边际效应结果如表 4-10 所示。

表 4-10　生产率、质量对企业 Onlyadd 和 Onlydrop 行为的边际效应

项目	(1)	(2)	(3)	(4)	(5)	(6)
	Onlyadd	Onlyadd	Onlyadd	Onlydrop	Onlydrop	Onlydrop
质量	-0.112***	-0.114***	-0.113***	0.102***	0.102***	0.102***
生产率	-0.078***	-0.046***	-0.035***	-0.070***	-0.086***	-0.090***
平均工资	-0.002	-0.002	-0.001	-0.001	-0.001	-0.001
融资约束		-0.009	-0.008		-0.010*	-0.010*
年龄		-0.024***	-0.024***		0.014***	0.014***
补贴			-0.003***			0.001**
N	118504	118433	118360	118510	118439	118366
pseudoR^2	0.003	0.005	0.006	0.003	0.004	0.005

注：*、**、*** 分别表示在 10%、5%、1%的水平下有显著影响。

从表 4-9 和表 4-10 的结果来看，质量和生产率的提高会显著降低企业 Onlyadd 行为的可能性。质量每提高 1%，企业 Onlyadd 行为的可能性降低 0.113%。生产率每提高 1%，企业 Onlyadd 行为的可能性降低 0.035%。质量越高，说明企业探寻、理解客户需求并创造出满足消费者需求的产品的能力越强。而随着企业满足需求的能力的增强，企业将会淘汰那些不能满足需求趋势的产品，因此，降低了企业 Onlyadd 这一产品转换行为的概率。融资约束和企业平均工资对企业 Onlyadd 行为的影响并不显著，而企业经营持续时间、补贴对企业 Onlyadd 行为的影响显著为负。

质量每提高 1%，企业 Onlydrop 行为的可能性提高 0.102%，说明企业质量越高，企业减少不符合消费者需求的产品的可能性越大。企业生产率的提高会显著降低企业 Onlydrop 行为的概率。因为产品更新换代比较快，所以企业生产的产品不仅要符合消费者需求，更要满足消费者需求趋势，甚至要引导消费者需求，这样才能在市场中获益。

生产率越高，企业匹配需求的能力越强。企业会不断地进行产品的更新换代，同时，也会减少不能满足消费者需求的产品，所以，生产率的提高会降低企业采取 Onlydrop 和 Onlyadd 行为的概率。企业经营持续时间和补贴会显著提高企业 Onlydrop 行为的可能性。而融资约束和平均工资对企业 Onlydrop 行为的影响并不显著。

从表 4-7、表 4-8、表 4-9 和表 4-10 的结果可以看出，质量和生产率促进了企业在四种相反的产品转换方案中进行选择。产品质量越高的企业，其优化资源配置的能力越强，质量的提高会显著提升企业资源配置选择的灵活性，更有利于企业长远目标的实现。同时，也验证了易靖韬、傅佳莎和蒙双（2017）的结论，即生产率越高的企业，其在优化资源配置中的选择越灵活。

二、产品转换的结果

表 4-11 和表 4-12 呈现的是生产率、质量对企业四种不同的产品转换行为结果的影响。①

① 将企业的 t 年与 $t-1$ 年相比，如果企业产品范围净增加则为 Netadd，如果企业产品范围净减少则为 Netdrop，这两个指标反映了企业四种产品转换行为导致的产品范围的最终结果。

表 4-11 生产率、质量对企业产品转换行为结果的影响

项目	(1)	(2)	(3)	(4)	(5)	(6)
	Netadd	Netadd	Netadd	Netdrop	Netdrop	Netdrop
质量	-0.258**	-0.265**	-0.264**	0.806***	0.822***	0.825***
	(0.125)	(0.125)	(0.125)	(0.129)	(0.129)	(0.129)
生产率	0.431***	0.572***	0.575***	0.357***	0.237***	0.177***
	(0.0359)	(0.0370)	(0.0375)	(0.0368)	(0.0376)	(0.0383)
平均工资	-0.0131*	-0.0104	-0.0108	-0.0177**	-0.0171**	-0.0181**
	(0.00754)	(0.00758)	(0.00758)	(0.00774)	(0.00781)	(0.00782)
融资约束		0.0262	0.0251		0.0403*	0.0397*
		(0.0216)	(0.0216)		(0.0224)	(0.0224)
年龄		-0.112***	-0.112***		0.0861***	0.0823***
		(0.00541)	(0.00543)		(0.00547)	(0.00549)
补贴			0.000938			0.0146***
			(0.00183)			(0.00186)
年度效应	是	是	是	是	是	是
地区效应	是	是	是	是	是	是
常数项	-1.375***	-1.491***	-1.498***	-1.863***	-1.786***	-1.665***
	(0.145)	(0.145)	(0.146)	(0.153)	(0.153)	(0.153)
N	118510	118439	118366	118510	118439	118366
pseudoR^2	0.008	0.011	0.011	0.003	0.005	0.005

注：*、**、*** 分别表示在 10%、5%、1%的水平下有显著影响，“( )”中的数字为相应的标准误。

表 4-12 生产率、质量对企业产品转换结果的边际效应

项目	(1)	(2)	(3)	(4)	(5)	(6)
	Netadd	Netadd	Netadd	Netdrop	Netdrop	Netdrop
质量	-0.098**	-0.101**	-0.100**	0.281***	0.286***	0.287***
生产率	0.164***	0.217***	0.219***	0.124***	0.082***	0.062***
平均工资	-0.005*	-0.004	-0.004	-0.006**	-0.006**	-0.006**
融资约束		0.010	0.010		0.014*	0.014*

续表

项目	(1)	(2)	(3)	(4)	(5)	(6)
	Netadd	Netadd	Netadd	Netdrop	Netdrop	Netdrop
年龄		-0.043 ***	-0.043 ***		0.030 ***	0.029 ***
补贴			0.000			0.005 *** ***
N	118510	118439	118366	118510	118439	118366
pseudoR^2	0.008	0.011	0.011	0.003	0.005	0.005

注：*、**、*** 分别表示在 10%、5%、1%的水平下有显著影响。

从表 4-11 和表 4-12 的结果来看，质量的提高会降低企业 Netadd 的概率。具体而言，质量每提高 1%，企业 Netadd 的可能性降低 0.1%。企业质量捕捉了能增加产品市场份额的任何需求侧因素。这将包括通过质量改进引致的需求增加，更广泛的品牌识别使公司能以给定的价格销售更多的产品，即企业要花费额外的成本来提高产品吸引力并吸引新客户。Crozet 等（2012）也指出，更高质量的产品其生产成本也更高，因为它们需要高价格（高品质）的投入。因此，质量的提高需要企业花费额外的成本，只有当企业利润足够支付这些额外费用时，企业才会扩大产品范围，否则企业可能会选择保持范围不变或者缩小产品范围。质量提高导致的成本上升会降低企业 Netadd 的概率。而生产率的提高会提升企业 Netadd 的概率，生产率每提高 1%，企业 Netadd 的可能性提高 0.219%。平均工资、融资约束、补贴对企业 Netadd 并没有显著的影响，而企业年龄会降低 Netadd 的可能性。

而质量每提高 1%，企业 Netdrop 的可能性提高 0.287%；生产率每提高 1%，企业 Netdrop 的概率提高 0.062%，这说明企业生产率和质量的提高使企业将资源配置到其边际成本较低而利润较高的核心产品，而放弃边际成本较高的边缘产品以提高企业利润。企业是否扩大或者缩小产品范围，其决策主要以质量和生产率为主要依据。平均工资对企业 Netdrop 的影响显著为负，即平均工资越高，企业越不会缩小产品范围。而企业持续时间、融资约束、补贴都会显著提高企业 Netdrop 的概率。

第三节 稳健性检验

为了检验前文实证结果的稳健性，本节将从以下几个方面来对实证结果进行稳健性检验：首先是用 Logit 模型来检验结果是否稳健；其次是用替代弹性等于 5 计算的质量指数来进行检验；最后是改变产品转换的测度方法来检验。

一、改变计量方法

为了检验回归结果的稳健性是否受估计方法的影响，且是否与基本回归一致，表 4-13 使用 HS2 位替代弹性计算企业质量指数，并运用 Logit 模型重新对计量模型进行了再估计，回归结果如表 4-13 所示。

在前文中，企业产品转换模型使用的是 Probit 估计，为检验基本回归结果的稳健性，采用 Logit 模型重新对企业产品转换行为进行了估计。

表 4-13 生产率、质量与企业产品转换（Logit）

项目	(1)	(2)	(3)	(4)	(5)	(6)
	Both	None	Onlyadd	Onlydrop	Netadd	Netdrop
生产率	1.769***	-1.841***	-0.236***	-0.731***	0.929***	0.177***
	(0.0607)	(0.0744)	(0.0741)	(0.0910)	(0.0606)	(0.0383)
质量	0.423**	-0.449*	-0.773***	0.802***	-0.427**	0.825***
	(0.199)	(0.258)	(0.252)	(0.285)	(0.201)	(0.129)
平均工资	-0.0206*	0.0473***	-0.0102	-0.0100	-0.0173	-0.0181**
	(0.0121)	(0.0149)	(0.0154)	(0.0169)	(0.0123)	(0.00782)
融资约束	0.131***	-0.0852**	-0.0556	-0.0776	0.0407	0.0397*
	(0.0346)	(0.0417)	(0.0434)	(0.0480)	(0.0349)	(0.0224)

续表

项目	(1)	(2)	(3)	(4)	(5)	(6)
	Both	None	Onlyadd	Onlydrop	Netadd	Netdrop
年龄	-0.00945	0.0743***	-0.164***	0.112***	-0.183***	0.0823***
	(0.00856)	(0.0106)	(0.0115)	(0.0118)	(0.00884)	(0.00549)
补贴	0.0293***	-0.0379***	-0.0223***	0.00843**	0.00141	0.0146***
	(0.00292)	(0.00393)	(0.00393)	(0.00411)	(0.00295)	(0.00186)
行业效应	是	是	是	是	是	是
年度效应	是	是	是	是	是	是
常数项	-4.933***	3.600***	-0.154	-0.788**	-2.419***	-1.665***
	(0.235)	(0.267)	(0.288)	(0.351)	(0.237)	(0.153)
N	118366	118366	118360	118366	118366	118366
pseudoR^2	0.020	0.022	0.006	0.005	0.011	0.005

注：*、**、*** 分别表示在10%、5%、1%的水平下有显著影响，“（）”中的数字为相应的标准误。

从表4-13的结果可以看出，与前文的回归结果相一致。企业生产率、质量、补贴和融资约束均在1%显著水平上会提高企业同时增减产品的可能性。质量、生产率的提高会显著减少企业不进行产品转换或Onlyadd的概率。质量的提高会增加企业仅减少产品的可能性，而生产率的影响则相反，但质量的正向效应显著高于生产率的负面效应。质量的提高会抑制企业净增加产品范围的可能性，但生产率的影响则相反，会显著提高企业净增加产品的概率。而质量、生产率的提高会提升企业净减少产品范围的概率，这可能是由于质量、生产率的提高，企业会增加符合目的地市场需求的产品的生产，而使不能满足消费者需求的产品退出市场，这体现了质量、生产率在企业出口决策中对产品线的修剪作用。其他变量的结论与基本回归结果一致，证明基本回归结果是稳健可信的，说明基本回归的结论并不受估计方法的影响。

二、改变质量的测度方法

为检验生产率、质量对企业产品转换与出口偏度回归结果是否受不同测度方法的影响，在稳健性检验中，部分质量指标的测度参照 Amiti 等（2013）、樊海潮和郭光远（2015）的做法，在需求函数回归时，假设 $\sigma = 5$，对需求函数进行估计，并处理残差将其作为质量指数的代理。表 4-14 为替代弹性取值为 5 时估计的质量、生产率对企业产品转换影响的回归结果。

首先使用 $\sigma = 5$ 估计的质量指数来检验质量、生产率对企业产品转换行为基本回归结果的稳健性。回归结果如表 4-14 所示。

表 4-14 生产率、质量对企业产品转换行为的影响（$\sigma = 5$）

项目	(1)	(2)	(3)	(4)	(5)	(6)
	Both	None	Onlyadd	Onlydrop	Netadd	Netdrop
生产率	1.137***	-1.033***	-0.222***	-0.465***	0.535***	0.141***
	(0.0372)	(0.0424)	(0.0422)	(0.0484)	(0.0363)	(0.0368)
质量	0.910***	-1.023***	-0.724***	0.477***	0.0231	0.936***
	(0.107)	(0.127)	(0.126)	(0.129)	(0.114)	(0.115)
平均工资	-0.0121*	0.0252***	0.000501	-0.0101	0.00116	-0.0260***
	(0.00727)	(0.00840)	(0.00849)	(0.00891)	(0.00717)	(0.00736)
融资约束	0.101***	-0.0778***	-0.0479**	-0.0287	0.0125	0.0643***
	(0.0208)	(0.0237)	(0.0239)	(0.0252)	(0.0207)	(0.0214)
企业年龄	-0.00902*	0.0375***	-0.0820***	0.0649***	-0.110***	0.0790***
	(0.00511)	(0.00591)	(0.00614)	(0.00620)	(0.00519)	(0.00523)
补贴	0.0200***	-0.0224***	-0.0127***	0.00211	0.0000429	0.0136***
	(0.00176)	(0.00216)	(0.00212)	(0.00217)	(0.00174)	(0.00177)
行业效应	是	是	是	是	是	是
年度效应	是	是	是	是	是	是
常数项	-3.263***	2.148***	0.0448	-0.274*	-1.534***	-1.044***
	(0.130)	(0.142)	(0.149)	(0.164)	(0.130)	(0.130)
N	127299	127299	127293	127293	127305	127305
pseudoR^2	0.024	0.027	0.006	0.005	0.010	0.005

注：*、**、*** 分别表示在 10%、5%、1%的水平下有显著影响，“（）”中的数字为相应的标准误。

表 4-14 的结果与基本回归结果一致，表明基本回归的结论并不受质量指

标不同估计方法的影响。进一步证明基本回归结果是稳健可信的。

第四节　影响的异质性

异质性企业贸易理论认为，企业因其规模、所有制、所在地区、品牌、行业、年龄等的差异，会对企业产品转换行为产生一定的影响。为了考察前文基本回归结果的异质性，本节分别从以下方面检验生产率、质量引致的出口企业转换行为的变化的差异。

一、不同规模企业的估计结果

根据企业销售规模的不同，将企业分为大型企业、中型企业和小型企业。

（一）生产率、质量对不同规模企业的 Both 和 None 行为的影响

生产率、质量对不同规模企业既有增加产品又有减少产品的行为，以及企业既无产品增加也无产品减少行为的影响，结果如表 4-15 和表 4-16 所示。

表 4-15　生产率、质量对不同规模企业 Both 和 None 行为的影响

项目	(1)	(2)	(3)	(4)	(5)	(6)
	Both	Both	Both	None	None	None
	小型企业	中型企业	大型企业	小型企业	中型企业	大型企业
质量	0.0502	0.184	0.609***	0.0592	-0.102	-0.877***
	(0.274)	(0.177)	(0.226)	(0.314)	(0.207)	(0.266)
生产率	0.512***	0.819***	1.432***	-0.565***	-0.685***	-1.083***
	(0.154)	(0.100)	(0.102)	(0.162)	(0.104)	(0.118)
平均工资	0.00766	-0.0120	-0.0289**	-0.0124	0.0284**	0.0548***
	(0.0179)	(0.0108)	(0.0132)	(0.0190)	(0.0122)	(0.0158)
融资约束	0.0668*	0.0739**	0.162***	-0.0481	-0.0982***	0.0187
	(0.0406)	(0.0301)	(0.0478)	(0.0438)	(0.0338)	(0.0563)

续表

项目	(1) Both 小型企业	(2) Both 中型企业	(3) Both 大型企业	(4) None 小型企业	(5) None 中型企业	(6) None 大型企业
年龄	-0.0167	-0.0246***	0.0285***	0.0648***	0.0572***	0.000309
	(0.0125)	(0.00771)	(0.00936)	(0.0135)	(0.00880)	(0.0111)
补贴	0.0198***	0.0213***	0.0134***	-0.0311***	-0.0206***	-0.0166***
	(0.00589)	(0.00286)	(0.00261)	(0.00664)	(0.00339)	(0.00320)
行业效应	是	是	是	是	是	是
年度效应	是	是	是	是	是	是
常数项	-1.609***	-2.210***	-4.274***	0.970**	1.074***	2.216***
	(0.419)	(0.292)	(0.319)	(0.432)	(0.306)	(0.360)
N	24455	60682	33228	24455	60682	33224
pseudoR^2	0.013	0.015	0.023	0.014	0.020	0.023

注：*、**、*** 分别表示在 10%、5%、1%的水平下有显著影响，“（）”中的数字为相应的标准误。

表 4-16 生产率、质量对不同规模企业 Both 和 None 行为的边际效应

项目	(1) Both 小型企业	(2) Both 中型企业	(3) Both 大型企业	(4) None 小型企业	(5) None 中型企业	(6) None 大型企业
质量	0.019	0.072	0.237***	0.019	-0.028	-0.216***
生产率	0.196***	0.320***	0.556***	-0.179***	-0.192***	-0.267***
平均工资	0.003	-0.005	-0.011**	-0.004	0.008**	0.014***
融资约束	0.026*	0.029**	0.063***	-0.015	-0.028***	0.005
年龄	-0.006	-0.010***	0.011***	0.020***	0.016***	0.000
补贴	0.008***	0.008***	0.005***	-0.010***	-0.006***	-0.004***
N	24455	60682	33228	24455	60682	33224
pseudoR^2	0.013	0.015	0.023	0.014	0.020	0.023

注：*、**、*** 分别表示在 10%、5%、1%的水平下有显著影响。

从表 4-15 和表 4-16 的列（1）、列（2）和列（3）可以看出，质量对大企业 Both 行为的影响在 1%水平下显著为正，质量每提高 1%，企业采取 Both

行为的可能性提高 0.237%，对中、小型企业的影响虽为正，但并不显著。这可能是由于质量因素提高了企业支付的额外成本，而中、小型企业的盈利能力不足以弥补增加的额外成本，因此，质量的提高对中、小型企业 Both 行为影响的影响并不显著。生产率对不同规模企业 Both 行为的影响在 1%水平下显著为正，但对大型企业的影响高于中、小型企业，对小型企业的影响最小。这是由于小型企业规模较小，生产率均弱于其他两类企业，因此，生产率的提升对小型企业 Both 行为影响的可能性相对较小；而大型企业生产率相对较高，资金、技术、管理等都明显高于其他两类企业，因此，生产率的提高对大型企业 Both 行为影响的可能性要高于其他两类企业。平均工资的提高对大型企业 Both 行为的影响显著为负，但对中、小型企业的影响并不显著。融资约束的提高会显著提升大、中型企业 Both 行为的概率，这可能是由于融资约束有助于提高创新产出，而创新产出的增加无疑会提高企业 Both 行为的可能性，而小型企业由于资金、技术等不足，创新产出较少或者并无创新产出，因此，融资约束对其 Both 行为的影响并不显著。企业持续时间的提升能显著提高大型企业 Both 行为的概率，但对中型企业有显著负面影响，对小型企业的影响并不显著。补贴的增加对三类企业 Both 行为有显著的正面提升效应，这说明国家补贴从一个方面弥补了企业发展资金的不足。

从表 4-15 和表 4-16 的列（4）、列（5）和列（6）可以看出，质量对大型企业 None 行为有显著的负面影响，而对中、小型企业的影响并不显著。质量每提高 1%，大型企业 None 行为的可能性降低 0.216%。生产率的提升会降低所有企业 None 行为的概率。企业平均工资会显著提升大、中型企业 None 行为的概率，而对小型企业的影响并不显著。融资约束会显著降低中型企业 None 行为的可能性，但对大、小型企业的影响并不显著。企业持续时间越长，提升中、小型企业 None 行为的概率越高，这是由于中、小型企业普遍经营时间较短。随着存续时间的变长，对市场需求的了解越深，企业生产符合出口市场消费者需求的产品的概率越高，企业越不会进行产品转换，但对大型企业的影响并不显著。而补贴的提高对三类企业 None 行为的影响均显著为负。

（二）生产率、质量对企业的 Onlyadd 和 Onlydrop 行为的影响

生产率、质量对不同规模企业 Onlyadd 或 Onlydrop 行为的影响，结果如表 4-17 和表 4-18 所示。

表 4-17 生产率、质量对不同规模企业 Onlyadd 和 Onlydrop 行为的影响

项目	(1)	(2)	(3)	(4)	(5)	(6)
	Onlyadd	Onlyadd	Onlyadd	Onlydrop	Onlydrop	Onlydrop
	小型企业	中型企业	大型企业	小型企业	中型企业	大型企业
质量	-0. 329	-0. 512 **	-0. 433 *	0. 216	0. 471 **	0. 527 *
	(0. 322)	(0. 202)	(0. 263)	(0. 325)	(0. 222)	(0. 289)
生产率	-0. 481 ***	-0. 549 ***	-1. 001 ***	0. 407 **	0. 368 ***	-0. 198
	(0. 179)	(0. 167)	(0. 120)	(0. 178)	(0. 112)	(0. 125)
平均工资	-0. 00946	-0. 00449	-0. 00780	0. 0158	-0. 0114	0. 000544
	(0. 0211)	(0. 0125)	(0. 0153)	(0. 0210)	(0. 0132)	(0. 0165)
融资约束	-0. 0350	0. 00350	-0. 0949 *	-0. 00965	-0. 0206	-0. 200 ***
	(0. 0472)	(0. 0345)	(0. 0554)	(0. 0470)	(0. 0369)	(0. 0603)
年龄	-0. 108 ***	-0. 0814 ***	-0. 0794 ***	0. 0546 ***	0. 0670 ***	0. 0487 ***
	(0. 0149)	(0. 00916)	(0. 0114)	(0. 0147)	(0. 00945)	(0. 0115)
补贴	-0. 00568	-0. 0194 ***	-0. 00672 **	0. 0122 *	0. 00858 **	0. 000901
	(0. 00706)	(0. 00343)	(0. 00311)	(0. 00685)	(0. 00348)	(0. 00327)
行业效应	是	是	是	是	是	是
年度效应	是	是	是	是	是	是
常数项	0. 408	0. 560	2. 407 ***	-2. 494 ***	-2. 240 ***	-0. 974 **
	(0. 484)	(0. 441)	(0. 364)	(0. 514)	(0. 346)	(0. 395)
N	24453	60682	33213	24441	60682	33228
pseudoR^2	0. 007	0. 007	0. 010	0. 004	0. 005	0. 006

注：*、**、*** 分别表示在 10%、5%、1%的水平下有显著影响，“（）”中的数字为相应的标准误。

表 4-18 生产率、质量对不同规模企业 Onlyadd 和 Onlydrop 行为的边际效应

项目	(1)	(2)	(3)	(4)	(5)	(6)
	Onlyadd	Onlyadd	Onlyadd	Onlydrop	Onlydrop	Onlydrop
	小型企业	中型企业	大型企业	小型企业	中型企业	大型企业
质量	-0.083	-0.138**	-0.111*	0.054	0.106**	0.111*
生产率	-0.121***	-0.148***	-0.256***	0.102**	0.083***	-0.042
平均工资	-0.002	-0.001	-0.002	0.004	-0.003	0.000
融资约束	-0.009	0.001	-0.024*	-0.002	-0.005	-0.042***
年龄	-0.027***	-0.022***	-0.020***	0.014***	0.015***	0.010***
补贴	-0.001	-0.005***	-0.002**	0.003*	0.002**	0.000
N	24453	60682	33213	24441	60682	33228
pseudoR^2	0.007	0.007	0.010	0.004	0.005	0.006

注：*、**、*** 分别表示在 10%、5%、1%的水平下有显著影响。

从表 4-17 和表 4-18 的列（1）、列（2）和列（3）可以看出，质量每提高 1%，大型企业 Onlyadd 的可能性会降低 0.111%，但质量的提高对大、小型企业 Onlyadd 的影响并不显著。生产率的提高对所有企业 Onlyadd 行为的影响显著为负，生产率每提高 1%，大、中、小型企业 Onlyadd 行为的可能性分别降低 0.256%、0.148% 和 0.121%。企业持续时间的增加对三类企业 Onlyadd 行为的影响显著为负。平均工资的增加对三类企业 Onlyadd 行为的影响并不显著。融资约束会显著降低大型企业 Onlyadd 的可能性，但对中、小型企业的影响并不显著。补贴对大、中型企业 Onlyadd 行为的影响显著为负，但对小型企业的影响并不显著。

从表 4-17 和表 4-18 的列（4）、列（5）和列（6）的结果可以看出，质量每提高 1%，中等规模企业 Onlydrop 的可能性会降低 0.106%，大型企业会提高 0.111%，但对小型企业 Onlydrop 的影响并不显著。生产率的提升对大型企业 Onlydrop 没有显著的影响，但会显著提高中、小型企业 Onlydrop 的可能性。这是由于中、小型企业为小范围出口的生产商，当企业出口范围越小时，企业越会集中生产其核心产品，而不再生产盈利水平较低的产品，这与

Manova 和 Zhang（2012）的研究结论基本一致。

二、不同所有制企业的估计结果

根据中国工业企业数据库中的企业注册编号，将企业分为国有企业、民营企业以及外资企业。

（一）生产率、质量对不同所有制企业的 Both 和 None 行为的影响

生产率、质量对不同所有制企业 Both 和 None 行为的影响的回归结果如表 4-19和表 4-20 所示。

表 4-19　生产率、质量对不同所有制企业 Both 和 None 行为的影响

项目	(1)	(2)	(3)	(4)	(5)	(6)
	Both	Both	Both	None	None	None
	国有企业	民营企业	外资企业	国有企业	民营企业	外资企业
质量	0.00552	-0.296	0.323**	-0.0882	0.599	-0.458***
	(0.673)	(0.304)	(0.149)	(0.783)	(0.371)	(0.175)
生产率	1.598***	1.177***	1.046***	-1.534***	-1.088***	-0.999***
	(0.176)	(0.110)	(0.0459)	(0.186)	(0.127)	(0.0507)
平均工资	0.0199	0.00642	-0.0436***	-0.000540	-0.0125	0.0480***
	(0.0402)	(0.0248)	(0.00874)	(0.0439)	(0.0289)	(0.00988)
融资约束	0.0706	0.165**	0.115***	0.136	-0.0340	-0.0900***
	(0.117)	(0.0657)	(0.0248)	(0.126)	(0.0755)	(0.0277)
年龄	0.00791	0.0117	0.0115	-0.0465*	0.0301*	0.0532***
	(0.0219)	(0.0140)	(0.00767)	(0.0245)	(0.0164)	(0.00877)
补贴	0.0197***	0.0239***	0.0195***	-0.0266***	-0.0220***	-0.0244***
	(0.00612)	(0.00436)	(0.00257)	(0.00728)	(0.00529)	(0.00311)
行业效应	是	是	是	是	是	是
年度效应	是	是	是	是	是	是
常数项	-4.373***	-2.917***	-3.018***	3.776***	1.515***	1.975***
	(0.615)	(0.467)	(0.177)	(0.650)	(0.513)	(0.187)

续表

项目	(1)	(2)	(3)	(4)	(5)	(6)
	Both	Both	Both	None	None	None
	国有企业	民营企业	外资企业	国有企业	民营企业	外资企业
N	5013	18909	81034	5013	18916	81034
pseudoR^2	0. 043	0. 021	0. 022	0. 060	0. 022	0. 023

注: * 、** 、*** 分别表示在 10%、5%、1%的水平下有显著影响,“( )” 中的数字为相应的标准误。

表 4-20 生产率、质量对不同所有制企业 Both 和 None 行为的边际效应

项目	(1)	(2)	(3)	(4)	(5)	(6)
	Both	Both	Both	None	None	None
	国有企业	民营企业	外资企业	国有企业	民营企业	外资企业
质量	0. 002	-0. 115	0. 125 **	-0. 025	0. 158	-0. 129 ***
生产率	0. 603 ***	0. 457 ***	0. 406 ***	-0. 439 ***	-0. 287 ***	-0. 281 ***
平均工资	0. 008	0. 002	-0. 017 ***	-0. 000	-0. 003	0. 014 ***
融资约束	0. 027	0. 064 **	0. 045 ***	0. 039	-0. 009	-0. 025 ***
年龄	0. 003	0. 005	0. 004	-0. 013 *	0. 008 *	0. 015 ***
补贴	0. 007 ***	0. 009 ***	0. 008 ***	-0. 008 ***	-0. 006 ***	-0. 007 ***
N	5013	18909	81034	5013	18916	81034
pseudoR^2	0. 043	0. 021	0. 022	0. 060	0. 022	0. 023

注: * 、** 、*** 分别表示在 10%、5%、1%的水平下有显著影响。

从表 4-19 和表 4-20 的列(1)、列(2)和列(3)可以看出,质量每提高 1%,外资企业 Both 行为的可能性提高 0. 125%,但对民营企业和国有企业 Both 行为没有显著影响。这是由于外资企业主要从事加工贸易,其订单主要来自母公司,而母公司质量变化会显著影响其产品的调整。但国有企业和民营企业主要从事一般贸易,质量对其同时增减产品的影响相对较小。生产率的提高会显著提升不同所有制企业 Both 行为的可能性。平均工资的上升会显著降低外资企业 Both 行为的可能性。由于中国的外资企业从事的主要是价值链的低端环节或劳动密集型的生产,而中国的优势在于劳动力成本较低,平均工资的提升会加大外资企业的生产成本，同时，母公司会将新业务转向劳动力成本更低的国家或地区，因此会降低外资企业 Both 行为的可能性，但平均工资对国有企业和民营企业 Both 行为的影响并不显著。融资约束的增加会显著提高外资企业和民营企业 Both 行为的可能性，但对国有企业的影响并不显著。企业持续时间的增加对不同所有制企业 Both 行为的影响并不显著。补贴的增加会显著提高不同所有制企业 Both 行为的概率。

从表 4-19 和表 4-20 的列（4）、列（5）和列（6）的结果可以看出，质量的提高会降低外资企业 None 行为的概率，质量每提高 1%，外资企业 None 行为的可能性降低 0.129%，但对国有企业和民营企业的影响并不显著。生产率的提高会显著降低不同所有制企业 None 行为的可能性。平均工资的增加会显著提升外资企业 None 行为的可能性，但对民营企业和国有企业的影响并不显著。企业持续时间的增加会显著提升外资企业和民营企业 None 行为的概率，但会显著降低国有企业 None 行为的概率。融资约束的增加会显著降低外资企业 None 行为的概率，但对其他两类企业的影响并不显著。补贴的提高会显著降低不同所有制企业 None 行为的可能性。

（二）生产率、质量对不同所有制企业的 Onlyadd 和 Onlydrop 行为的影响

生产率、质量对不同所有制企业 Onlyadd 和 Onlydrop 行为的影响的回归结果如表 4-21 和表 4-22 所示。

表 4-21　生产率、质量对不同所有制企业 Onlyadd 和 Onlydrop 行为的影响

项目	(1)	(2)	(3)	(4)	(5)	(6)
	Onlyadd	Onlyadd	Onlyadd	Onlydrop	Onlydrop	Onlydrop
	国有企业	民营企业	外资企业	国有企业	民营企业	外资企业
质量	-1.007	-0.614*	-0.200	1.365	0.771**	0.296
	(0.797)	(0.331)	(0.176)	(0.880)	(0.390)	(0.183)

续表

项目	(1)	(2)	(3)	(4)	(5)	(6)
	Onlyadd	Onlyadd	Onlyadd	Onlydrop	Onlydrop	Onlydrop
	国有企业	民营企业	外资企业	国有企业	民营企业	外资企业
生产率	-0.536***	-0.447***	-0.0775	-0.127	-0.203	-0.439***
	(0.195)	(0.121)	(0.0496)	(0.200)	(0.137)	(0.0600)
平均工资	0.0578	0.0116	0.0160	-0.0906**	-0.00567	-0.00518
	(0.0448)	(0.0274)	(0.0102)	(0.0459)	(0.0301)	(0.0107)
融资约束	-0.132	-0.0859	-0.0549*	-0.142	-0.133	-0.0232
	(0.137)	(0.0721)	(0.0287)	(0.134)	(0.0815)	(0.0300)
年龄	-0.0282	-0.0696***	-0.135***	0.0761***	0.0392**	0.0697***
	(0.0259)	(0.0157)	(0.00906)	(0.0253)	(0.0177)	(0.00934)
补贴	-0.00808	-0.0169***	-0.0119***	0.00512	0.00280	0.00522*
	(0.00745)	(0.00499)	(0.00309)	(0.00720)	(0.00545)	(0.00317)
行业效应	是	是	是	是	是	是
年度效应	是	是	是	是	是	是
常数项	0.785	0.208	-0.316	-1.582*	-0.670	-0.339
	(0.731)	(0.622)	(0.194)	(0.821)	(0.534)	(0.223)
N	4997	18919	81029	4992	18919	81029
pseudoR^2	0.011	0.009	0.006	0.008	0.005	0.005

注：*、**、*** 分别表示在10%、5%、1%的水平下有显著影响，“（）”中的数字为相应的标准误。

表 4-22 生产率、质量对不同所有制企业 Onlyadd 和 Onlydrop 行为的边际效应

项目	(1)	(2)	(3)	(4)	(5)	(6)
	Onlyadd	Onlyadd	Onlyadd	Onlydrop	Onlydrop	Onlydrop
	国有企业	民营企业	外资企业	国有企业	民营企业	外资企业
质量	-0.238	-0.179*	-0.051	0.333	0.165**	0.068
生产率	-0.127***	-0.131***	-0.020	-0.031	-0.043	-0.100***
平均工资	0.014	0.003	0.004	-0.022**	-0.001	-0.001
融资约束	-0.031	-0.025	-0.014*	-0.035	-0.028	-0.005
年龄	-0.007	-0.020***	-0.034***	0.019***	0.008**	0.016***
补贴	-0.002	-0.005***	-0.003***	0.001	0.001	0.001*
N	4997	18919	81029	4992	18919	81029

续表

项目	(1)	(2)	(3)	(4)	(5)	(6)
	Onlyadd	Onlyadd	Onlyadd	Onlydrop	Onlydrop	Onlydrop
	国有企业	民营企业	外资企业	国有企业	民营企业	外资企业
pseudoR^2	0.011	0.009	0.006	0.008	0.005	0.005

注：*、**、*** 分别表示在 10%、5%、1%的水平下有显著影响。

从表 4-21 和表 4-22 的结果来看，质量每提高 1%，民营企业 Onlyadd 行为的可能性降低 0.179%，但对其他两类企业的影响并不显著。生产率的提高会降低国有企业和民营企业 Onlyadd 行为的概率，但对外资企业的负面影响并不显著。平均工资的增加对不同所有制企业 Onlyadd 行为均没有显著的影响。融资约束的增加对内资企业 Onlyadd 行为没有显著的影响，但会降低外资企业采取 Onlyadd 行为的概率。企业年龄、补贴对民营企业和外资企业的 Onlyadd 行为有显著的负面效应，但对国有企业的影响并不显著。

质量的提升能提高民营企业 Onlydrop 行为的概率，质量每提高 1%，民营企业 Onlydrop 行为的可能性提高 0.165%，但对外资企业和国有企业的影响并不显著。生产率的提高对外资企业 Onlydrop 行为有显著的负面影响，但对其他两类企业的影响并不显著。平均工资的增加会显著降低国有企业 Onlydrop 行为的概率，但对其他两类企业没有显著的影响。融资约束的增加对不同所有制企业 Onlydrop 行为没有显著的影响。不同所有制的企业持续时间越长，企业 Onlydrop 行为的可能性越大。补贴的提高能显著增加外资企业 Onlydrop 行为的可能性，而对国有企业和民营企业虽有正向效应，但并不显著。

三、不同地区企业的估计结果

由于中国经济区域发展极为不平衡，生产率和质量对不同地区企业产品转换的影响，会因企业所处地区经济发展的不同而有所差异。为了考察质量和生产率对不同地区企业产品转换行为异质性的影响，根据盛斌和牛蕊（2009）的分类方法，将企业划分为东部企业、中部企业和西部企业。

（一）生产率、质量对不同地区企业的 Both 和 None 行为的影响

生产率、质量对不同地区企业 Both 和 None 行为的影响的回归结果如表 4-23和表 4-24 所示。

表 4-23 生产率、质量对不同地区企业 Both 和 None 行为的影响

项目	(1)	(2)	(3)	(4)	(5)	(6)
	Both	Both	Both	None	None	None
	东部地区	中部地区	西部地区	东部地区	中部地区	西部地区
质量	0.247 *	0.374	0.617	-0.255 *	-1.026 *	0.613
	(0.130)	(0.553)	(0.706)	(0.154)	(0.563)	(0.752)
生产率	1.091 ***	1.273 ***	0.675 ***	-1.064 ***	-1.016 ***	-0.933 ***
	(0.0391)	(0.224)	(0.204)	(0.0447)	(0.183)	(0.209)
平均工资	-0.0177 **	0.0548	0.0332	0.0378 ***	-0.0798 **	-0.0616
	(0.00784)	(0.0363)	(0.0417)	(0.00899)	(0.0365)	(0.0429)
融资约束	0.0989 ***	-0.0633	-0.263 **	-0.0773 ***	0.115	0.442 ***
	(0.0224)	(0.0988)	(0.128)	(0.0253)	(0.102)	(0.131)
企业年龄	-0.00912	0.00398	0.0434 *	0.0486 ***	0.0603 ***	-0.0659 ***
	(0.00571)	(0.0202)	(0.0236)	(0.00657)	(0.0214)	(0.0252)
补贴	0.0198 ***	0.00385	0.0149 **	-0.0229 ***	-0.00947	-0.0100
	(0.00195)	(0.00688)	(0.00739)	(0.00240)	(0.00722)	(0.00789)
常数项	-3.036 ***	-4.095 ***	-2.132 ***	2.027 ***	2.740 ***	1.267 **
	(0.148)	(0.557)	(0.568)	(0.161)	(0.483)	(0.584)
N	108583	5843	3940	108583	5843	3940
pseudoR^2	0.017	0.029	0.018	0.018	0.029	0.030

注：*、**、*** 分别表示在 10%、5%、1%的水平下有显著影响，“（）”中的数字为相应的标准误。

表 4-24 生产率、质量对不同地区企业 Both 和 None 行为的边际效应

项目	(1)	(2)	(3)	(4)	(5)	(6)
	Both	Both	Both	None	None	None
	东部地区	中部地区	西部地区	东部地区	中部地区	西部地区
质量	0.097 *	0.136	0.228	-0.070 *	-0.339 *	0.205

续表

项目	(1)	(2)	(3)	(4)	(5)	(6)
	Both	Both	Both	None	None	None
	东部地区	中部地区	西部地区	东部地区	中部地区	西部地区
生产率	0.427***	0.464***	0.249***	-0.291***	-0.336***	-0.313***
平均工资	-0.007**	0.020	0.012	0.010***	-0.026**	-0.021
融资约束	0.039***	-0.023	-0.097**	-0.021***	0.038	0.148***
年龄	-0.004	0.001	0.016*	0.013***	0.020***	-0.022***
补贴	0.008***	0.001	0.005**	-0.006***	-0.003	-0.003
N	108583	5843	3940	108583	5843	3940
pseudoR^2	0.017	0.029	0.018	0.018	0.029	0.030

注：*、**、***分别表示在10%、5%、1%的水平下有显著影响。

从表4-23和表4-24的结果来看，质量仅对东部地区企业Both行为有显著的提升效应，质量每提高1%，东部地区企业Both行为影响的可能性提高0.097%，但对其他地区企业的影响并不显著。生产率的提高能显著增加不同地区企业Both行为的可能性，对东、中、西部地区Both行为的可能性分别为0.427%，0.464%和0.249%。平均工资的提高能显著降低东部地区企业Both行为的可能性，但对其他地区企业的Both行为没有显著的影响。融资约束的增加能显著提高东部地区企业Both行为的可能性，但对中部地区企业的影响并不显著，而对西部地区的影响与东部地区相反，呈现显著为负的效应，这是由于东部地区经济、技术发展水平较高，融资约束的提高有助于提升创新产出，但对于经济、技术发展相对滞后的西部地区而言，融资难的问题在西部地区更为突出，因此，由于本身经济、技术发展水平不高，再加上融资约束的提高，导致西部地区企业更难获取资金，从而抑制了该地区企业采取Both行为的可能性。企业持续时间的增加对东、中部地区企业Both行为的影响并不显著，但对西部地区企业却有显著为正的效应。补贴的增加能显著提高东、西部地区企业Both行为的可能性，但对中部地区企业的影响并不显著。

质量的提高会显著降低东、中部地区企业None行为的可能性，质量每提高1%，东、中部地区企业None行为的可能性分别降低0.070%和0.339%，但对西部地区企业None行为没有显著的影响。生产率的提高能显著降低不同地区企业None行为的可能性，生产率每提高1%，对东、中、西部地区企业None行为的可能性分别降低0.291%，0.336%和0.313%。平均工资的增加会显著提高东部地区企业None行为的可能性，但平均工资的提高会显著降低中、西部地区企业None行为的可能性。企业持续时间的增加会显著提高东、中部地区企业None行为的可能性，但对西部地区企业则没有显著的影响。这是由于东、中部地区企业经营时间越长，越能了解出口市场的消费者需求，因此，其生产的产品可以很好地贴合出口市场的消费者需求。补贴的增加能显著降低东部地区企业None行业的可能性，而对中、西部地区的影响并不显著。这是由于补贴能减缓东部地区企业融资难的问题，使企业更有可能对产品进行转型、升级，因此能降低企业None行为的概率。

（二）生产率、质量对不同地区企业的Onlyadd和Onlydrop行为的影响

生产率、质量对不同地区企业Onlyadd和Onlydrop行为的影响的回归结果如表4-25和表4-26所示。

表4-25　生产率、质量对不同地区企业Onlyadd和Onlydrop行为的影响

项目	(1)	(2)	(3)	(4)	(5)	(6)
	Onlyadd	Onlyadd	Onlyadd	Onlydrop	Onlydrop	Onlydrop
	东部地区	中部地区	西部地区	东部地区	中部地区	西部地区
质量	-0.475***	0.450	-0.528	0.503***	0.438	-1.088
	(0.149)	(0.673)	(0.826)	(0.162)	(0.649)	(0.780)
生产率	-0.134***	-0.220	0.110	-0.424***	-0.344**	0.107
	(0.0440)	(0.169)	(0.230)	(0.0520)	(0.175)	(0.231)
平均工资	-0.00479	-0.0458	0.0227	-0.0116	0.0709*	0.0157
	(0.00908)	(0.0397)	(0.0469)	(0.00967)	(0.0393)	(0.0463)

续表

项目	(1)	(2)	(3)	(4)	(5)	(6)
	Onlyadd	Onlyadd	Onlyadd	Onlydrop	Onlydrop	Onlydrop
	东部地区	中部地区	西部地区	东部地区	中部地区	西部地区
融资约束	-0.0202	-0.110	-0.302**	-0.0484*	0.0259	0.0674
	(0.0257)	(0.110)	(0.144)	(0.0273)	(0.116)	(0.150)
企业年龄	-0.0916***	-0.109***	-0.0372	0.0635***	0.0256	0.0739***
	(0.00682)	(0.0231)	(0.0286)	(0.00697)	(0.0228)	(0.0275)
补贴	-0.0132***	-0.00870	-0.00692	0.00382	0.0143*	-0.00235
	(0.00234)	(0.00803)	(0.00870)	(0.00243)	(0.00772)	(0.00852)
行业效应	是	是	是	是	是	是
年度效应	是	是	是	是	是	是
常数项	-0.128	-0.209	-0.841	-0.466**	-0.661	-0.883
	(0.167)	(0.487)	(0.657)	(0.191)	(0.496)	(0.663)
N	108583	5843	3934	108583	5843	3940
$pseudoR^2$	0.005	0.011	0.012	0.004	0.004	0.008

注：*、**、*** 分别表示在10%、5%、1%的水平下有显著影响，“（）”中的数字为相应的标准误。

表 4-26 生产率、质量对不同地区企业 Onlyadd 和 Onlydrop 行为的边际效应

项目	(1)	(2)	(3)	(4)	(5)	(6)
	Onlyadd	Onlyadd	Onlyadd	Onlydrop	Onlydrop	Onlydrop
	东部地区	中部地区	西部地区	东部地区	中部地区	西部地区
质量	-0.125***	0.117	-0.135	0.113***	0.109	-0.264
生产率	-0.035***	-0.057	0.028	-0.095***	-0.086**	0.026
平均工资	-0.001	-0.012	0.006	-0.003	0.018*	0.004
融资约束	-0.005	-0.029	-0.077**	-0.011*	0.006	0.016
年龄	-0.024***	-0.028***	-0.010	0.014***	0.006	0.018***
补贴	-0.003***	-0.002	-0.002	0.001	0.004*	-0.001
N	108583	5843	3934	108583	5843	3940
$pseudoR^2$	0.005	0.011	0.012	0.004	0.004	0.008

注：*、**、*** 分别表示在10%、5%、1%的水平下有显著影响。

从表 4-25 和表 4-26 的结果来看，质量每提高 1%，东部地区 Onlyadd 行为的概率降低 0.125%，但质量的提高对中、西部地区企业 Onlyadd 行为没有显著的影响。生产率的提高能降低东部地区 Onlyadd 行为的概率，但对中、西部地区企业则没有显著影响。平均工资的增加对不同地区企业 Onlyadd 行为的影响并不显著。融资约束能显著降低西部地区 Onlyadd 行为的可能性，但对东、中部地区的影响并不显著。企业持续时间的增加对东、中部地区企业 Onlyadd 行为有显著的抑制效应，而对西部地区企业并未有显著的影响。补贴的增加能显著降低东部地区企业 Onlyadd 行为的可能性，但对中、西部地区企业的影响并不显著。

质量的提高对不同地区企业 Onlydrop 行为的影响存在异质性，具体而言，质量每提高 1%，东部地区企业 Onlydrop 行为的可能性提高 0.113%，但对其他两个地区企业 Onlydrop 行为则没有显著的影响。生产率的提升能显著降低东、中部地区企业 Onlydrop 的可能性，但对西部地区企业的影响并不显著。融资约束的提高会显著降低东部地区企业 Onlydrop 行为的可能性，但对其他两个地区则没有显著的影响。平均工资的上涨对中部地区企业 Onlydrop 的行为有显著的促进效应，但对东、西部地区企业的影响并不显著。企业持续时间的增加对东、西部地区企业 Onlydrop 行为有显著的提高效应，但对中部地区企业的效应并不显著。补贴的增加能显著提高中部地区企业 Onlydrop 的可能性，但对其他地区企业的影响并不显著。

四、不同品牌企业的估计结果

在国际市场上，中国企业的国际竞争力相对较弱。在中国的出口企业中，不同品牌的企业，其生产率、质量对其产品定价的影响也存在差异。为了研究这一差异，根据企业无形资产的差异，将企业划分为高品牌企业、普通企业与低品牌企业。

（一）生产率、质量对不同品牌企业的 Both 和 None 行为的影响

表 4-27 和表 4-28 为生产率、质量对不同品牌企业 Both 和 None 行为的

影响。

表 4-27　生产率、质量对不同品牌企业 Both 和 None 行为的影响

项目	(1)	(2)	(3)	(4)	(5)	(6)
	Both	Both	Both	None	None	None
	普通品牌	低品牌	高品牌	普通品牌	低品牌	高品牌
质量	0.828	0.0944	0.422**	-0.646	-0.215	-0.298
	(0.788)	(0.170)	(0.187)	(0.909)	(0.197)	(0.222)
生产率	0.604*	1.030***	1.180***	-1.073***	-1.110***	-0.966***
	(0.313)	(0.0541)	(0.0570)	(0.359)	(0.0595)	(0.0652)
平均工资	0.113*	-0.00229	-0.0357***	-0.0395	0.0210*	0.0384***
	(0.0596)	(0.00999)	(0.0118)	(0.0700)	(0.0112)	(0.0136)
融资约束	0.00456	0.128***	0.00729	0.262	-0.0498	-0.0725*
	(0.147)	(0.0276)	(0.0358)	(0.164)	(0.0304)	(0.0408)
企业年龄	-0.0735*	-0.00415	-0.00610	0.101**	0.0460***	0.0380***
	(0.0399)	(0.00716)	(0.00819)	(0.0462)	(0.00806)	(0.00947)
补贴	0.0189	0.0194***	0.0161***	-0.0468***	-0.0197***	-0.0198***
	(0.0139)	(0.00274)	(0.00249)	(0.0175)	(0.00325)	(0.00300)
行业效应	是	是	是	是	是	是
年度效应	是	是	是	是	是	是
常数项	-2.238***	-2.849***	-3.285***	1.937**	2.180***	1.803***
	(0.867)	(0.215)	(0.205)	(0.966)	(0.225)	(0.226)
N	2457	65873	50028	2457	65873	50023
pseudoR^2	0.027	0.019	0.021	0.036	0.021	0.022

注：*、**、*** 分别表示在 10%、5%、1%的水平下有显著影响，“（）”中的数字为相应的标准误。

表 4-28　生产率、质量对不同品牌企业 Both 和 None 行为的边际效应

项目	(1)	(2)	(3)	(4)	(5)	(6)
	Both	Both	Both	None	None	None
	普通品牌	低品牌	高品牌	普通品牌	低品牌	高品牌
质量	0.320	0.037	0.164**	-0.171	-0.062	-0.079

续表

项目	(1)	(2)	(3)	(4)	(5)	(6)
	Both	Both	Both	None	None	None
	普通品牌	低品牌	高品牌	普通品牌	低品牌	高品牌
生产率	0.234 *	0.399 ***	0.460 ***	-0.285 ***	-0.320 ***	-0.258 ***
平均工资	0.044 *	-0.001	-0.014 ***	-0.010	0.006 *	0.010 ***
融资约束	0.002	0.050 ***	0.003	0.069	-0.014	-0.019 *
年龄	-0.028 *	-0.002	-0.002	0.027 **	0.013 ***	0.010 ***
补贴	0.007	0.008 ***	0.006 ***	-0.012 ***	-0.006 ***	-0.005 ***
N	2457	65873	50028	2457	65873	50023
pseudoR^2	0.027	0.019	0.021	0.036	0.021	0.022

注：*、**、*** 分别表示在 10%、5%、1%的水平下有显著影响。

从表 4-27 和表 4-28 的结果来看，质量的提升对高品牌企业 Both 行为有显著的提高效应，质量每提高 1%，高品牌企业 Both 行为的可能性提高 0.164%，但对其他品牌企业的影响并不显著。生产率的提高能显著提升不同品牌企业 Both 行为的概率。平均工资的上涨能显著提高普通品牌企业 Both 行为的可能性，而对高品牌企业 Both 行为有显著的抑制效应，但对低品牌企业的影响并不显著。融资约束的增加会提高低品牌企业 Both 行为的可能性，但对高、普通品牌企业的影响并不显著。企业持续时间的增加能显著降低普通品牌企业 Both 行为的可能性。补贴的增加能提高低、高品牌企业 Both 行为的可能性，但对普通品牌企业的影响并不显著。

质量的提高对所有不同品牌企业 None 行为的影响均不显著。生产率、补贴的提高会降低不同品牌企业 None 行为的概率。平均工资的上涨会显著提高低、高品牌企业 None 行为的可能性，但对普通品牌企业的影响并不显著。融资约束的提高会显著降低高品牌企业 None 行为的可能性，但对其他两类企业的影响并不显著。企业持续时间的增加能显著提高不同品牌企业 None 行为的概率。

（二）生产率、质量对不同品牌企业的 Onlyadd 和 Onlydrop 行为的影响

生产率、质量对不同品牌企业的 Onlyadd 和 Onlydrop 行为的影响的回归结果如表 4-29 和表 4-30 所示。

表 4-29 生产率、质量对不同品牌企业 Onlyadd 和 Onlydrop 行为的影响

项目	(1)	(2)	(3)	(4)	(5)	(6)
	Onlyadd	Onlyadd	Onlyadd	Onlydrop	Onlydrop	Onlydrop
	普通品牌	低品牌	高品牌	普通品牌	低品牌	高品牌
质量	-1.103	-0.406**	-0.404*	0.999	0.645***	0.157
	(0.842)	(0.198)	(0.215)	(1.008)	(0.215)	(0.228)
生产率	0.299	0.0497	-0.420***	-0.119	-0.375***	-0.430***
	(0.358)	(0.0566)	(0.0652)	(0.398)	(0.0670)	(0.0700)
平均工资	-0.0991	-0.00900	0.00649	-0.0207	-0.0135	0.0102
	(0.0677)	(0.0116)	(0.0136)	(0.0763)	(0.0121)	(0.0144)
融资约束	-0.106	-0.0633**	0.0366	-0.213	-0.0858***	0.0345
	(0.168)	(0.0314)	(0.0412)	(0.184)	(0.0331)	(0.0444)
企业年龄	-0.0854*	-0.0927***	-0.0857***	0.122**	0.0555***	0.0677***
	(0.0457)	(0.00845)	(0.00990)	(0.0496)	(0.00860)	(0.0100)
补贴	-0.0226	-0.0148***	-0.00903***	0.0447***	0.00517	0.00310
	(0.0166)	(0.00326)	(0.00298)	(0.0168)	(0.00334)	(0.00307)
行业效应	是	是	是	是	是	是
年度效应	是	是	是	是	是	是
常数项	-0.405	-0.564**	0.463**	-1.701	-0.756***	-0.277
	(0.947)	(0.237)	(0.233)	(1.149)	(0.281)	(0.254)
N	2455	65873	50014	2450	65873	50028
pseudoR^2	0.014	0.006	0.007	0.019	0.005	0.006

注：*、**、*** 分别表示在 10%、5%、1%的水平下有显著影响，“（）”中的数字为相应的标准误。

表 4-30 生产率、质量对不同品牌企业 Onlyadd 和 Onlydrop 行为的边际效应

项目	(1)	(2)	(3)	(4)	(5)	(6)
	Onlyadd	Onlyadd	Onlyadd	Onlydrop	Onlydrop	Onlydrop
	普通品牌	低品牌	高品牌	普通品牌	低品牌	高品牌
质量	-0.295	-0.107**	-0.105*	0.206	0.149***	0.035
生产率	0.080	0.013	-0.110***	-0.025	-0.087***	-0.095***
平均工资	-0.027	-0.002	0.002	-0.004	-0.003	0.002
融资约束	-0.028	-0.017**	0.010	-0.044	-0.020***	0.008
年龄	-0.023*	-0.024***	-0.022***	0.025**	0.013***	0.015***
补贴	-0.006	-0.004***	-0.002***	0.009***	0.001	0.001
N	2455	65873	50014	2450	65873	50028
pseudoR^2	0.014	0.006	0.007	0.019	0.005	0.006

注：*、**、*** 分别表示在 10%、5%、1%的水平下有显著影响。

从表 4-29 和表 4-30 的结果来看，质量每提高 1%，高、低品牌企业 Onlyadd 行为的可能性分别降低 0.105% 和 0.107%，但对普通品牌企业 Onlyadd 行为没有显著的影响。企业生产率对高品牌企业的 Onlyadd 行为有显著的负面影响，生产率每提高 1%，高品牌企业 Onlyadd 行为的可能性降低 0.110%，但对其他品牌企业的影响并不显著。

五、不同行业企业的估计结果

为了研究质量、生产率对不同垄断行业企业出口决策的影响，采用刘啟仁和黄健忠（2016）的做法：根据赫芬达尔指数，将企业划分为垄断行业企业和竞争行业企业。将赫芬达尔指数大于中值的定义为垄断行业，其他为竞争行业。

（一）生产率、质量对不同行业企业的 Both 和 None 行为的影响

生产率、质量对不同行业企业的 Both 和 None 行为的影响如表 4-31 和表 4-32 所示。

表 4-31 生产率、质量对不同行业企业的 Both 和 None 行为的影响

项目	(1)	(2)	(3)	(4)
	Both	Both	None	None
	竞争行业企业	垄断行业企业	竞争行业企业	垄断行业企业
质量	0.163	0.115	-0.159	-0.214
	(0.142)	(0.264)	(0.173)	(0.280)
生产率	1.205***	0.970***	-1.258***	-0.666***
	(0.0434)	(0.0858)	(0.0493)	(0.0893)
平均工资	-0.0109	0.0781***	0.0194**	-0.0312*
	(0.00841)	(0.0176)	(0.00969)	(0.0186)
融资约束	0.0950***	0.0142	-0.0384	-0.0930*
	(0.0237)	(0.0521)	(0.0269)	(0.0546)
企业年龄	-0.000141	-0.0139	0.0417***	0.0334**
	(0.00593)	(0.0124)	(0.00689)	(0.0130)
补贴	0.0206***	0.0174***	-0.0215***	-0.0252***
	(0.00207)	(0.00387)	(0.00254)	(0.00428)
行业效应	是	是	是	是
年度效应	是	是	是	是
常数项	-3.249***	-3.295***	2.401***	1.711***
	(0.164)	(0.337)	(0.180)	(0.330)
N	97720	20646	97720	20643
pseudoR^2	0.021	0.026	0.023	0.027

注：*、**、*** 分别表示在 10%、5%、1%的水平下有显著影响，“( )” 中的数字为相应的标准误。

表 4-32 生产率、质量对不同行业企业 Both 和 None 行为的边际效应

项目	(1)	(2)	(3)	(4)
	Both	Both	None	None
	竞争行业企业	垄断行业企业	竞争行业企业	垄断行业企业
质量	0.064	0.042	-0.042	-0.069
生产率	0.470***	0.357***	-0.336***	-0.215***
平均工资	-0.004	0.029***	0.005**	-0.010*

续表

项目	(1)	(2)	(3)	(4)
	Both	Both	None	None
	竞争行业企业	垄断行业企业	竞争行业企业	垄断行业企业
融资约束	0.037***	0.005	-0.010	-0.030*
年龄	-0.000	-0.005	0.011***	0.011**
补贴	0.008***	0.006***	-0.006***	-0.008***
N	97720	20646	97720	20643
pseudoR^2	0.021	0.026	0.023	0.027

注：*、**、*** 分别表示在10%、5%、1%的水平下有显著影响。

从表4-31和表4-32的结果来看，质量、企业持续时间对所有不同行业企业Both行为的影响并不显著。而生产率、补贴的提高对竞争行业和垄断行业企业Both行为均有显著的促进效应。平均工资的上升对垄断行业企业的Both行为有显著的正面影响，但对竞争行业企业的影响并不显著。融资约束的提高能显著提升竞争行业企业Both行为的可能性，对垄断行业企业的影响并不显著。

质量对所有企业None行为的影响并不显著。生产率、补贴的提高对所有企业None行为有显著的负面效应。而平均工资的上升对竞争行业企业None行为有显著的正面影响，但对垄断行业企业的影响显著为负。融资约束的提高能显著降低垄断行业企业None行为的可能性，但对竞争行业企业的影响并不显著。企业持续时间的增加能显著提高不同行业企业None行为的可能性。

（二）生产率、质量对不同行业企业的Onlyadd和Onlydrop行为的影响

生产率、质量对不同行业企业的Onlyadd和Onlydrop行为的影响如表4-33和表4-34所示。

表 4-33 生产率、质量对不同行业企业的 Onlyadd 和 Onlydrop 行为的影响

项目	(1)	(2)	(3)	(4)
	Onlyadd	Onlyadd	Onlydrop	Onlydrop
	竞争行业企业	垄断行业企业	竞争行业企业	垄断行业企业
质量	-0.367**	-0.481	0.340*	0.863***
	(0.164)	(0.293)	(0.177)	(0.321)
生产率	-0.133***	-0.220**	-0.420***	-0.366***
	(0.0466)	(0.0950)	(0.0552)	(0.102)
平均工资	-0.00296	-0.0418**	-0.00159	-0.0321
	(0.00974)	(0.0196)	(0.0103)	(0.0208)
融资约束	-0.0474*	0.0421	-0.0647**	0.0555
	(0.0274)	(0.0564)	(0.0290)	(0.0609)
企业年龄	-0.0923***	-0.0877***	0.0563***	0.0807***
	(0.00710)	(0.0143)	(0.00721)	(0.0146)
补贴	-0.0153***	-0.00392	0.00276	0.00877*
	(0.00248)	(0.00447)	(0.00256)	(0.00460)
行业效应	是	是	是	是
年度效应	是	是	是	是
常数项	-0.180	0.255	-0.346*	-1.125**
	(0.183)	(0.364)	(0.207)	(0.444)
N	97704	20643	97720	20646
pseudoR^2	0.006	0.008	0.005	0.007

注：*、**、*** 分别表示在 10%、5%、1%的水平下有显著影响，“（）”中的数字为相应的标准误。

表 4-34 生产率、质量对不同行业企业 Onlyadd 和 Onlydrop 行为的边际效应

项目	(1)	(2)	(3)	(4)
	Onlyadd	Onlyadd	Onlydrop	Onlydrop
	竞争行业企业	垄断行业企业	竞争行业企业	垄断行业企业
质量	-0.095**	-0.133	0.076*	0.203***
生产率	-0.034***	-0.061**	-0.095***	-0.086***
平均工资	-0.001	-0.012**	-0.000	-0.008

续表

项目	(1)	(2)	(3)	(4)
	Onlyadd	Onlyadd	Onlydrop	Onlydrop
	竞争行业企业	垄断行业企业	竞争行业企业	垄断行业企业
融资约束	-0.012*	0.012	-0.015**	0.013
年龄	-0.024***	-0.024***	0.013***	0.019***
补贴	-0.004***	-0.001	0.001	0.002*
N	97704	20643	97720	20646
pseudoR^2	0.006	0.008	0.005	0.007

注：*、**、***分别表示在10%、5%、1%的水平下有显著影响。

从表4-33和表4-34的回归结果来看，质量每提高1%，竞争行业企业Onlyadd的可能性降低0.095%，但对垄断行业企业的影响并不显著。生产率每提高1%，竞争行业和垄断行业企业Onlyadd的可能性分别降低0.034%和0.061%。而质量每提高1%，竞争行业和垄断行业企业Onlydrop的可能性分别提高0.076%和0.203%。生产率每提高1%，竞争行业和垄断行业企业Onlydrop的可能性分别降低0.095%和0.086%。

六、不同年龄企业的估计结果

已有的研究认为，企业经营持续时间不同，其资金、技术、规模等均存在差异，进而会影响企业的出口决策。为了研究质量、生产率对不同经营持续时间企业影响的异质性，根据企业经营持续时间，将企业划分为低龄企业、中龄企业和高龄企业三类。

（一）生产率、质量对不同年龄企业的Both和None行为的影响

生产率、质量对不同年龄企业的Both和None行为的影响如表4-35和表4-36所示。

表 4-35 生产率、质量对不同年龄企业的 Both 和 None 行为的影响

项目	(1)	(2)	(3)	(4)	(5)	(6)
	Both	Both	Both	None	None	None
	低龄企业	中龄企业	高龄企业	低龄企业	中龄企业	高龄企业
质量	0.189	0.0505	0.490**	0.0551	0.0631	-0.791***
	(0.334)	(0.178)	(0.204)	(0.397)	(0.211)	(0.234)
生产率	0.670***	1.113***	1.235***	-0.589***	-1.074***	-1.210***
	(0.116)	(0.0543)	(0.0596)	(0.120)	(0.0618)	(0.0666)
平均工资	0.0189	-0.0155	-0.0317**	0.00729	0.0163	0.0551***
	(0.0198)	(0.0107)	(0.0127)	(0.0223)	(0.0121)	(0.0144)
融资约束	0.0309	0.104***	0.105***	-0.0912	-0.0568	-0.0320
	(0.0579)	(0.0312)	(0.0353)	(0.0646)	(0.0350)	(0.0394)
企业年龄	0.0583***	-0.00856	-0.0561***	-0.00233	0.0325*	0.0428***
	(0.0202)	(0.0157)	(0.0133)	(0.0231)	(0.0179)	(0.0149)
补贴	0.0144**	0.0206***	0.0183***	-0.0227***	-0.0208***	-0.0205***
	(0.00576)	(0.00266)	(0.00278)	(0.00695)	(0.00321)	(0.00331)
行业效应	是	是	是	是	是	是
年度效应	是	是	是	是	是	是
常数项	-1.856***	-3.249***	-3.167***	0.549	2.190***	2.418***
	(0.406)	(0.218)	(0.231)	(0.448)	(0.229)	(0.250)
N	16824	58524	43014	16828	58520	43014
pseudoR^2	0.022	0.020	0.022	0.026	0.023	0.023

注：*、**、*** 分别表示在 10%、5%、1%的水平下有显著影响，“（）”中的数字为相应的标准误。

表 4-36 生产率、质量对不同年龄企业 Both 和 None 行为的边际效应

项目	(1)	(2)	(3)	(4)	(5)	(6)
	Both	Both	Both	None	None	None
	低龄企业	中龄企业	高龄企业	低龄企业	中龄企业	高龄企业
质量	0.073	0.020	0.190**	0.015	0.017	-0.226***
生产率	0.258***	0.433***	0.479***	-0.161***	-0.295***	-0.345***
平均工资	0.007	-0.006	-0.012**	0.002	0.004	0.016***

续表

项目	(1)	(2)	(3)	(4)	(5)	(6)
	Both	Both	Both	None	None	None
	低龄企业	中龄企业	高龄企业	低龄企业	中龄企业	高龄企业
融资约束	0.012	0.040***	0.041***	-0.025	-0.016	-0.009
年龄	0.023***	-0.003	-0.022***	-0.001	0.009*	0.012***
补贴	0.006**	0.008***	0.007***	-0.006***	-0.006***	-0.006***
N	16824	58524	43014	16828	58520	43014
pseudoR^2	0.022	0.020	0.022	0.026	0.023	0.023

注：*、**、*** 分别表示在10%、5%、1%的水平下有显著影响。

从表4-35和表4-36的回归结果来看，质量每提高1%，高龄企业Both行为的可能性提高0.190%，但对其他两类企业的影响并不显著。而质量的提升会显著降低高龄企业None行为的概率，质量每提高1%，高龄企业None行为的可能性降低0.226%，但对中、低龄企业有并不显著的正面影响。生产率的提高会显著提升不同年龄企业Both行为的可能性，生产率每提高1%，高、中、低龄企业Both行为的可能性分别提高0.479%、0.433%和0.258%。但生产率的提高对None行为的影响却完全相反，均呈现显著为负的影响。

（二）生产率、质量对不同年龄企业的Onlyadd和Onlydrop行为的影响

生产率、质量对不同年龄企业的Onlyadd和Onlydrop行为的影响如表4-37和表4-38所示。

表4-37　生产率、质量对不同年龄企业的Onlyadd和Onlydrop行为的影响

项目	(1)	(2)	(3)	(4)	(5)	(6)
	Onlyadd	Onlyadd	Onlyadd	Onlydrop	Onlydrop	Onlydrop
	低龄企业	中龄企业	高龄企业	低龄企业	中龄企业	高龄企业
质量	-0.685*	-0.316	-0.346	0.690	0.235	0.634**
	(0.361)	(0.206)	(0.241)	(0.456)	(0.215)	(0.255)

续表

项目	(1)	(2)	(3)	(4)	(5)	(6)
	Onlyadd	Onlyadd	Onlyadd	Onlydrop	Onlydrop	Onlydrop
	低龄企业	中龄企业	高龄企业	低龄企业	中龄企业	高龄企业
生产率	-0.0989	-0.200***	-0.113	-0.163	-0.402***	-0.474***
	(0.0984)	(0.0621)	(0.0691)	(0.108)	(0.0659)	(0.0715)
平均工资	-0.0368*	0.00630	0.000838	0.00439	0.000799	-0.0154
	(0.0213)	(0.0125)	(0.0149)	(0.0244)	(0.0131)	(0.0152)
融资约束	0.0958	-0.0508	-0.111***	-0.0863	-0.0505	-0.0171
	(0.0629)	(0.0357)	(0.0416)	(0.0724)	(0.0377)	(0.0427)
企业年龄	-0.112***	-0.0845***	0.00547	0.0497**	0.0687***	0.0360**
	(0.0240)	(0.0185)	(0.0158)	(0.0241)	(0.0189)	(0.0160)
补贴	-0.00452	-0.0159***	-0.0128***	0.00458	0.00478	0.00474
	(0.00644)	(0.00317)	(0.00338)	(0.00718)	(0.00329)	(0.00338)
行业效应	是	是	是	是	是	是
年度效应	是	是	是	是	是	是
常数项	-0.0865	-0.0625	-0.469*	-1.198**	-0.394	-0.404
	(0.407)	(0.243)	(0.267)	(0.496)	(0.268)	(0.288)
N	16828	58511	43012	16824	58524	43012
pseudoR^2	0.011	0.004	0.004	0.008	0.005	0.004

注：*、**、*** 分别表示在10%、5%、1%的水平下有显著影响，“( )”中的数字为相应的标准误。

表 4-38　生产率、质量对不同年龄企业 Onlyadd 和 Onlydrop 行为的边际效应

项目	(1)	(2)	(3)	(4)	(5)	(6)
	Onlyadd	Onlyadd	Onlyadd	Onlydrop	Onlydrop	Onlydrop
	低龄企业	中龄企业	高龄企业	低龄企业	中龄企业	高龄企业
质量	-0.204*	-0.083	-0.085	0.143	0.053	0.149**
生产率	-0.029	-0.052***	-0.028	-0.034	-0.091***	-0.111***
平均工资	-0.011*	0.002	0.000	0.001	0.000	-0.004
融资约束	0.029	-0.013	-0.027***	-0.018	-0.011	-0.004
年龄	-0.033***	-0.022***	0.001	0.010**	0.016***	0.008**

续表

项目	(1)	(2)	(3)	(4)	(5)	(6)
	Onlyadd	Onlyadd	Onlyadd	Onlydrop	Onlydrop	Onlydrop
	低龄企业	中龄企业	高龄企业	低龄企业	中龄企业	高龄企业
补贴	-0.001	-0.004***	-0.003***	0.001	0.001	0.001
N	16828	58511	43012	16824	58524	43012
pseudoR^2	0.011	0.004	0.004	0.008	0.005	0.004

注：*、**、***分别表示在10%、5%、1%的水平下有显著影响。

从表4-37和表4-38的结果来看，产品质量的提高会显著降低低龄企业Onlyadd行为的可能性，质量每提高1%，低龄企业Onlyadd行为的可能性降低0.204%，但质量的提高对中、高龄企业Onlyadd行为没有显著影响。生产率的提高会显著降低中龄企业Onlyadd行为的可能性，但对高、低龄企业Onlyadd行为的影响并不显著。

质量的提升会显著增加高龄企业Onlydrop行为的可能性，质量每提高1%，高龄企业Onlydrop行为的概率提高0.149%，但质量的增加对其他两类企业Onlydrop行为没有显著的影响。生产率的提高会显著降低中、高龄企业Onlydrop行为的概率，但对低龄企业影响并不显著。

本章小结

本章采用企业层面数据分析了生产率、质量对企业产品转换行为的影响，构建了企业层面的质量指标。主要研究结论有以下四个方面。

第一，质量和生产率是企业是否进行产品转换的主要决定因素。质量越高，企业增加更能迎合消费者需求的产品、减少不能满足消费者需求的产品的概率越高。这说明，质量的提高会增加企业产品的转换、改造、升级，有助于增强企业出口决策的灵活性。企业生产率代表企业匹配需求的能力，匹配需求的能力越高，企业增加对企业未来业绩有提升作用的产品、减少不符合消费者需求的产品的概率越高。

第二，企业平均工资的提高会显著增加企业不进行产品转换的可能性。这是因为新增产品会提高企业的经营成本，而只有利润足够高的企业才能承担高成本。

第三，企业经营持续时间越长，其产品越能迎合消费者需求，越不会进行产品转换。这与易靖韬、傅佳莎和蒙双（2017）的研究结论一致。

第四，融资约束越高，企业的技术创新产出更多。生产性补贴会促使企业增加符合质量需求的产品，减少不利于企业长远发展的产品，说明政府实施的生产性补贴政策有助于提升中国企业的产品优化升级。

第五，通过分析企业质量对产品转换行为影响的异质性时发现，质量对不同企业产品转换行为的影响差异较大。因此，政府在制定促进贸易发展的政策时，要根据其政策目的，采取有针对性的措施，而不能一刀切。

本章为理解生产率、质量对企业产品转换行为提供了新视角和新经验证据。当前中国经济处于内需不足，中国出口企业的原有低成本竞争优势逐渐被东南亚、印度等国家代替，中国企业迫切需要提升产品质量，以培养新的竞争优势。因此，企业应将质量与生产率相结合，来调整、优化产品结构，从而提高资源配置效率，提升产品竞争力。这不仅有助于推动中国供给侧结构性改革的顺利进行，而且对于提升中国企业的国际竞争力具有十分重要的意义。

第五章　生产率、质量对企业产品组合行为的影响

随着中国对外贸易的快速发展，企业技术水平和产品的竞争力都得到了很大的提升。2016年，全球贸易量同比增长1.3%，创下自2009年以来的新低。而中国出口额同比减少8%，减幅远高于美国的3%。美国的贸易总额也于2016年超越中国，重新成为世界第一。这些数据说明，出口目的地对中国产品的需求相对放缓，甚至可能出现负增长。对外贸易是拉动中国经济快速发展的最大动力，中国出口的放缓毫无疑问会引致中国经济增长的下滑。

出口目的地对中国企业产品的需求在下滑，固然有国际经济下滑、贸易保护主义抬头等原因，但主要原因还在于中国出口的产品不能迎合出口目的地消费者的需求。改革开放以来，中国出口取得的成就举世瞩目，中国出口产品质量也受到越来越多的关注，尤其是在推行供给侧结构性改革的背景下更是如此。需求和供给是驱动企业产品质量升级的力量，企业自身的创新、技术进步、管理能力的提升也会促进企业产品质量升级，而出口市场对产品质量的需求更不可忽视。

不同收入国家，其产品偏好会存在异质性（Mayer，Melitz和Ottaviano，2016）。因此，对于不同出口目的地，企业产品组合决策也会存在异质性。生产率在同质产品市场中占主导地位①，而质量更有可能在产品差异化程度较高

① 在质量差异较小的部门，企业通过提高生产率降低出口价格，从而满足市场需求，即在质量差异较小的部门，生产率对企业出口决策更为重要。

的市场中占主导地位[①]（Ian 等，2015；Aw 和 Lee，2017 等）。Martin 和 Mejean（2014）、Aw 和 Lee（2017）的研究表明，出口市场的成功不再只属于那些基于成本竞争的企业，更属于那些在多个国外市场生产满足消费者多层次需求的高附加值产品的企业。因此，如何提高质量，生产迎合消费者需求的产品，成为当前中国出口企业亟需解决的主要问题之一。质量及生产率的高低能反映企业匹配出口市场消费需求的能力，进而能反映企业出口市场的竞争力。因此，考察质量和生产率对企业在出口目的地出口行为的影响具有十分重要的意义。

一般而言，企业会通过产品组合来应对出口目的地市场消费者不断变化的需求。企业具有一个核心能力（Eckel 和 Neary，2010；Bernard，Redding 和 Schott，2011 等），并根据其核心能力进行生产、出口决策，更好地满足出口目的地消费者需求，进而获取利润最大化。同时，对具有不同消费者偏好的目的地市场，其出口决策也会有所差异，而根据出口目的地的消费偏好来调整产品组合就是其“依市决策”的主要表现之一。Mayer，Melitz 和 Ottaviano（2014）以及 Mayer，Melitz 和 Ottaviano（2016）的研究表明，企业通过出口产品组合的调整提升了企业的资源配置效率，提高了企业的生产率，最终提高了企业的市场表现与市场竞争力。

现有的研究认为，影响企业产品组合的因素主要有贸易冲击（Mayer，Melitz 和 Ottaviano，2016；汪颖博，2017）、需求投资（Eckel ，2015）、贸易自由化（亢梅玲，李涛和袁亦宁，2017）、企业产品特性（Bernard、Redding 和 Schott，2010a；Amador 和 Opromolla，2012；Görg，Kneller 和 Muraközy，2012；Goldberg 等，2010；Manova 和 Yu，2017）、贸易竞争（Mayer，Melitz 和 Ottaviano，2014）等，而这些将促使多数企业将资源转向更有效率、表现更好的产品，从而改变企业产品组合。

---

① 在质量差异大的部门，企业提高出口产品质量以满足出口市场需求，即在质量差异较大的部门，质量对企业出口决策更为重要。

此外，亢梅玲、李涛和袁亦宁（2017）研究发现，双边贸易自由化进程会影响中国多产品出口企业的产品组合。

近几年，研究已经开始探索更加细分的企业异质性水平，而这一探究是基于多产品企业的理论模型（Bernard，Redding 和 Schott，2011；Eckel 等，2015；Mayer，Melitz 和 Ottaviano，2014；Arkolakis 等，2015），从而形成了内生产品范围和出口决策的一般均衡贸易模型，并利用它们来研究随着时间的推移，对国家和地区以及企业产品范围的影响。这些文献发现，出口商往往将出口销售偏向其表现最好的产品（Bernard，Redding 和 Schott，2011；Mayer，Melitz 和 Ottaviano，2014）和高度差异化的产品（Eckel 等，2015）。Hottman 等（2016）建立了基于需求和价格方程的结构模型来估计企业产品吸引力和边际成本。他们的研究结果表明，企业产品吸引力和产品范围的变化至少解释了公司销售变化的 4/5。还有一些学者从需求（质量）角度研究了对企业出口决策的影响，如 Martin 和 Mejean（2014）使用 CES 需求函数构建按部门和目的地国家估计的法国出口商平均产品需求指数①，指出通过降低成本的渠道在国际市场上并不一定能取得成功。Aw 和 Lee（2014）的研究结果表明，需求（质量）和生产率决定了企业目的地的选择。Ian 等（2015）、Hottman 等（2016）建立了结构模型，根据需求和价格方程估算企业产品吸引力和边际成本，研究发现，产品吸引力在企业规模变化中起着重要作用。Eckel 等（2015）分析了企业产品需求和生产率对多产品生产商产量的贡献。但他们不是直接估计需求和生产率指标，而是检验产品价格与商品被归类为同质或异质之间的关系。而 Gervais（2015）的研究结果表明，质量是影响企业出口量及出口抉择的重要因素。然而，生产率和质量对企业出口行为的影响存在异质性。当企业在进行出口抉择时，出口质量的重要性要明显高于生产率。Aw 和 Lee（2017）研究了需求（质量）、生产率对企业出口范围以及

① Martin 和 Mejean（2014）的企业产品需求指数是指根据部门、目的地求出的法国企业平均质量。

出口参与的影响。需求和生产率是企业出口选择和出口水平的重要决定因素，在控制企业生产率后，估计的需求变化解释了企业价格、收入、出口状况的大部分变化（Gervais，2015）。李方静（2014）的理论研究表明，高生产率值往往通过加大研发投入来产出更高需求的产品，并将其出口到高收入国家；而其实证研究结果显示，企业质量、生产率对低收入国家的出口份额呈显著负相关关系。

Manova 和 Yu（2017）经研究发现，优质产品是企业的核心竞争力，其价格较高，因此具有更高的销售额。在提供较少产品的市场中，公司专注于其核心品种，并通过放弃低质的外围产品而将销售转向其优质产品。企业扩大或缩小其产品范围会影响他们的产品组合（扩展边际）。

已有的这些文献，从企业产品组合的影响因素、质量对企业的出口参与、目的地选择以及出口增长等方面展开研究，这些研究为我们理解生产率、质量对企业出口决策的影响以及影响企业产品组合的因素提供了理论基础及深刻的见解。这些研究从生产率、质量与企业的出口决策，或者从影响企业产品组合的角度展开，但忽视了生产率、质量对企业产品组合的影响，即研究生产率、质量对企业产品组合的影响时并未进行深入的探讨。同时，在分析生产率、质量对企业出口决策的影响时，主要以建立企业层面的质量指标为主。由于不同出口目的地市场的消费者需求存在异质性，因此，企业层面的指标不能用于分析企业在不同目的地的出口决策的异质性。此外，在现有研究中，多数是针对发达国家的情况进行分析的，对发展中国家的研究较少。而将发展中大国的中国作为研究对象，无疑从生产率、质量角度为研究国际贸易提供了新的经验证据。

第一节 数据与计量模型设定

一、数据说明与数据处理

为了研究生产率、质量对企业产品组合行为的影响，本章使用了五个数据库：中国工业企业数据库、中国海关数据库、世界银行数据库、CEPII 数据库及 BACI 数据库。

（一）中国工业企业数据库

本章使用的制造业企业数据主要来自中国工业企业数据库。由于中国工业企业数据库存在指标异常等问题，因此借鉴了 Brandt（2012）和聂辉华等（2012）的方法，删除了企业增加值或产值为负的样本。还参照 Brandt（2012）、Cai 和 Liu（2009）以及余淼杰等（2015）的做法，删除了从业人员低于 8 人的企业。

（二）中国海关数据库

本章所使用的中国出口企业数据来自由中国海关总署收集、建立的中国海关数据库，该数据库涉及中国出口企业的进出口贸易的交易数据。涉及的变量包括企业名称，每个 HS8 分位产品的出口额、出口数量，贸易伙伴国，贸易方式，企业归属地，企业所有制等信息。对该数据库的处理，借鉴了施炳展和邵文波（2014）等的处理方法，删除缺失样本，如删除无贸易伙伴国名称、企业名称缺失、产品编码缺失以及无产品贸易额和数量等的样本。

（三）世界银行数据库

本章使用的实际汇率数据来自世界银行数据库，并将其根据年份与中国海关数据库中的贸易伙伴国进行匹配，从而得出企业目的地的实际汇率数据。

（四）CEPII 数据库

本章使用 CEPII 数据库中的距离数据，并将其与中国海关数据库中的贸易伙伴进行匹配，从而得到企业的距离数据。

（五）BACI 数据库

BACI 数据库是 HS6 位的，海关数据库是 HS8 位的，将 BACI 数据库与海关数据库进行匹配，从而得到 HS6 位的贸易数据。

为了保证研究的质量，本章只保留了中国海关数据库中的出口数据。由于 2000—2006 年的中国海关数据存在 HS1996 和 HS2002 两个不同版本，将 2002 年及以后的数据均转换为 HS1996，并将海关数据库与世界银行数据库、CEPII 数据库以及 BACI 数据库进行匹配，最后将得到的数据按照企业名称与中国工业企业数据库进行匹配，从而得到最终的样本。

二、计量模型设定

本章的研究目的是考察生产率、质量对企业世界市场产品组合以及目的地市场产品组合的影响。为了从实证角度检验生产率、质量与企业出口产品组合行为之间的关系，我们建立的回归模型，如下所示。

（一）企业世界市场出口偏度模型

$$\ln wskew_{ft} = \beta_0 + \beta_1 \ln quality_{ft} + \beta_2\, tfp_{ft} + \beta_2 \ln tfp_{ft} + \beta_3 \ln tradeshock_{ft} + \beta_4 \ln reer_{ft} + \beta_5 \ln wage_{ft} + \beta_6 \ln dist_{ft} + \beta_7 \ln age_{ft} + \beta_8 \ln subsidy_{ft} + \varepsilon_{ft} \tag{5-1}$$

其中，$\ln wskew_{ft}$为企业世界市场的出口偏度，$\ln quality_{ft}$为企业质量指数，tfp_{ft}为企业的生产率，$\ln tradeshock_{ft}$为企业层面的贸易冲击，$\ln reer_{ft}$为企业层面的实际汇率，$\ln wage_{ft}$为企业的年平均工资，$\ln dist_{ft}$为企业层面的距离，$\ln age_{ft}$为企业的年龄，$\ln subsidy_{ft}$为企业从国家获得的生产性补贴，ε_{ft}为随机误差项。

（二）企业目的地市场出口偏度模型

$$\ln lskew_{fdt} = \beta_0 + \beta_1 \ln quality_{fdt} + \beta_2 \ln tfp_{ft} + \beta_3 \ln tradeshock_{fdt} + \beta_4 \ln reer_{fdt}$$

$$+\beta_5 \ln wage_{ft} + \beta_6 \ln dist_{fdt} + \beta_7 \ln age_{ft} + \beta_8 \ln subsidy_{ft} + \varepsilon_{fdt} \quad (5-2)$$

其中，$\ln lskew_{fdt}$为企业目的地市场的出口偏度。模型中，下标f、d和t分别为企业、出口目的地和年份，$\ln quality_{fdt}$为企业目的地质量的对数，$\ln tfp_{ft}$为企业生产率，$\ln tradeshock_{fdt}$为企业出口目的地的贸易冲击，$\ln reer_{fdt}$为企业目的地的实际汇率，$\ln wage_{ft}$为企业的年平均工资，$\ln dist_{fdt}$为与目的地国的距离，$\ln age_{ft}$为企业的年龄，$\ln subsidy_{ft}$为企业从国家获得的生产性补贴，ε_{fdt}为随机误差项。

三、变量测度

（一）被解释变量

目前测度产品组合的指标主要采用 Mayer、Melitz 和 Ottaviano（2014）以及 Mayer、Melitz 和 Ottaviano（2016）等的方法。本章参照 Mayer、Melitz 和 Ottaviano（2014）以及亢梅玲、李涛、袁亦宁（2017）的做法，构建企业出口偏度指标。

1. 企业世界市场的出口偏度

企业世界市场出口偏度的测度，根据产品在世界市场的出口额对企业产品进行排名，企业产品在世界市场出口额最高的产品排名第一，而随着排名的增加，企业产品在世界市场的竞争优势下降。根据产品的对应排名，计算出排名相邻的两个产品的比值，即排名第一与排名第二的产品之间的出口额的比值（ln*wskew*01）；排名第二与第三的产品之间的出口额比值（ln*wskew*02），并用这两个比值来度量企业产品组合。

2. 企业目的地市场的出口偏度

与构建企业世界市场出口偏度的做法一致，企业出口目的地市场的出口偏度根据企业产品在目的地市场的出口额的大小进行排序，并根据产品的对应排名计算出排名相邻的两个产品的比值，即排名第一与排名第二的产品之间的出口额的比值（ln*lskew*01）；排名第二与第三的产品之间的出口额比值

(ln*lskew*02)，并用这两个比值来度量企业目的地的产品组合。

（二）解释变量

1. 企业目的地产品质量指数

由于企业产品以及企业目的地产品的质量指数不能由数据直接简单计算得出，因此，本章在沿袭 Khandelwal 等（2013）方法的基础上，采用 Broda 和 Weinstein（2006）估计的 HS3 位替代弹性数据，同时沿袭 Tang 和 Zhang（2012）以及樊海潮和郭光远（2015）的方法，将替代弹性计算到 HS2 位上去，进而求得企业目的地产品层面质量指数。在求出企业目的地产品层面的质量指数后，借鉴 Aw 和 Lee（2017）的方法，通过对企业目的地产品层面的质量指数（λ_{fidt}）的权重加总来构建企业目的地层面的质量指数。企业 f 在 t 年在目的地国 d 的企业—目的地层面质量指数为 $\lambda_{fdt} = \sum_{f} s_{fidt}\lambda_{fidt}$，其中，$s_{fidt}$ 是 t 年企业产品 i 在目的地国 d 的出口占企业 f 在目的地国 d 全部销售的份额。

2. 企业全要素生产率的测度

生产率差异是企业异质性的一个重要来源。企业全要素生产率是另一个核心变量。与前文一致，本章采用 LP 方法来估算企业生产率。

3. 贸易冲击

贸易冲击数据来自 BACI 数据库。为了避免产生内生性问题，目的地特定产品进口需求扣除了进口国从中国的进口额，即目的地国 HS6 位产品的全部进口额减去从中国进口的 HS6 位产品的进口额。最后参照前文的做法，将企业目的地 HS6 位产品的进口需求加总到企业层面及企业目的地层面。

4. 实际汇率

本章在此处采用的是戴觅和施炳展（2013）的方法，构建企业、企业目的地层面的实际有效汇率。①

① 本章企业层面实际有效汇率的构建参考了戴觅和施炳展（2013）的方法。

5. 平均工资

一般而言，企业平均工资越高，越能吸引高技术、高能力的人才为企业服务，进而提高企业的竞争力。企业平均工资水平对企业的出口决策有正向效应（Roberts 和 Tybout，1997；Bernard 和 Jensen，2004）。本章采用企业应付工资与企业从业人员之比来表示。

6. 距离

距离数据来自 CEPII 数据库，并参照前文第三章的做法，将企业距离加总到企业层面以及企业目的地层面。

7. 年龄

中国工业企业数据库中有企业的设立年份数据，年龄变量由当年年份减去企业设立年份来度量。

8. 补贴

通常来说，生产成本是企业进行决策的主要指标，政府对企业进行补贴有助于降低企业的成本，进而影响企业的出口决策。在中国工业企业数据库中有补贴变量，本章的补贴指标是由数据中的企业补贴指标除以企业的工业增加值而得。

回归中变量的处理参考钱学锋等（2011）的做法，即在研究企业—目的地出口行为时，所有变量以 $\ln(var+1)$ 形式进入方程，这样做是为了防止一些变量在取对数后会改变原有的符号而影响回归结果。

四、描述性统计

（一）企业世界市场出口偏度

企业出口偏度主要变量的描述性统计如表 5-1 所示。

表 5-1　企业世界市场出口偏度主要变量描述性统计

变量	数目	平均值	标准差	最小值	中位数	最大值
ln*wskew*01	139717	2. 241	1. 725	0. 693	1. 618	14. 97
ln*wskew*02	105706	1. 675	1. 226	0. 693	1. 223	12. 30
质量	191423	-0. 524	0. 0910	-4. 173	-0. 512	-0. 0486
生产率	191423	9. 570	1. 216	-1. 030	9. 445	17. 17
贸易冲击	191419	19. 75	2. 215	-0. 274	19. 90	26. 57
实际汇率	191423	5. 749	2. 775	0	5. 985	13. 53
平均工资	191421	2. 660	0. 563	0	2. 619	8. 847
距离	191423	10. 46	1. 554	6. 863	10. 57	16. 27
年龄	191307	2. 011	0. 715	0	2. 079	7. 604
补贴	191317	1. 045	2. 158	0	0	13. 95

表 5-1 给出了企业世界市场出口偏度与主要解释变量的描述性统计结果。2000—2006 年出口企业世界市场的 ln*wskew*01 与 ln*wskew*02 的对数平均值分别为 2. 241、1. 675，标准差分别为 1. 725、1. 226。其中 ln*wskew*01 的最小值与最大值分别为 0. 693、14. 97，ln*wskew*02 的最小值与最大值分别为 0. 693、12. 30，这说明企业世界市场出口偏度存在较大的差异。企业质量的对数平均值为 - 0. 524，标准差为 0. 0910；企业生产率平均值为 9. 570，标准差为 1. 216。

（二）企业目的地市场出口偏度

企业目的地市场出口偏度主要变量的描述性统计如表 5-2 所示。

表 5-2　企业目的地市场出口偏度主要变量描述性统计

变量	数目	平均值	标准差	最小值	中位数	最大值
ln*lskew*01	475245	2. 092	1. 530	0. 693	1. 557	14. 67
ln*lskew*02	318119	1. 621	1. 116	0. 693	1. 219	13. 49
质量	1122000	0. 460	0. 0358	0. 00627	0. 467	0. 673
生产率	1122000	9. 947	1. 283	-1. 030	9. 841	17. 17
贸易冲击	1122000	17. 34	2. 452	-0. 274	17. 39	25. 82

续表

变量	数目	平均值	标准差	最小值	中位数	最大值
实际汇率	866577	2.706	2.288	0.325	2.027	9.236
平均工资	1122000	2.695	0.537	0	2.651	8.847
距离	1122000	8.709	0.740	6.863	8.960	9.868
年龄	1122000	2.053	0.687	0	2.079	7.604
补贴	1122000	1.415	2.450	0	0	13.95

表5-2给出了企业目的地市场出口偏度与主要解释变量的描述性统计结果。2000—2006年中国出口企业在目的地市场的ln*lskew*01与ln*lskew*02的对数平均值分别为2.092、1.621，而标准差分别为1.530、1.116；ln*lskew*01的最大值和最小值分别为14.67、1.557；ln*lskew*02的最大值和最小值分别为13.49、0.693，表明企业的目的地市场出口偏度差距较大。企业出口目的地市场的质量最大值为0.673，最小值为0.00627，这说明中国企业出口目的地市场的质量差距较大。企业生产率的最大值为17.17，最小值为-1.030，标准差为1.283。

（三）企业在不同收入目的地的出口偏度

企业在中高收入国家出口偏度的主要变量的描述性统计如表5-3所示。

表5-3　在中高收入国家出口偏度的主要变量描述性统计

变量	数目	平均值	标准差	最小值	中位数	最大值
ln*lskew*01	441201	2.097	1.539	0.693	1.558	14.67
ln*lskew*02	285680	1.627	1.126	0.693	1.220	13.49
质量	1020000	0.461	0.0358	0.0131	0.467	0.673
生产率	1020000	9.916	1.276	-1.030	9.809	17.17
贸易冲击	1020000	17.54	2.393	-0.274	17.59	25.82
实际汇率	763849	2.476	2.086	0.325	1.569	7.965
平均工资	1020000	2.690	0.536	0	2.648	8.847
距离	1020000	8.697	0.756	6.863	8.966	9.861
年龄	1019000	2.046	0.683	0	2.079	7.604

续表

变量	数目	平均值	标准差	最小值	中位数	最大值
补贴	1019000	1. 382	2. 420	0	0	13. 95

企业在中低收入国家出口偏度的主要变量的描述性统计如表 5-4 所示。

表 5-4　在中低收入国家出口偏度的主要变量描述性统计

变量	数目	平均值	标准差	最小值	中位数	最大值
ln*lskew*01	34039	2. 023	1. 403	0. 693	1. 547	13. 20
ln*lskew*02	32364	1. 566	1. 022	0. 693	1. 206	9. 223
质量	102712	0. 458	0. 0356	0. 00627	0. 465	0. 534
生产率	102712	10. 26	1. 306	3. 187	10. 19	17. 05
贸易冲击	102712	15. 40	2. 173	-0. 101	15. 48	23. 01
实际汇率	102712	4. 419	2. 908	0. 693	3. 835	9. 236
平均工资	102712	2. 739	0. 543	0	2. 680	8. 252
距离	102712	8. 830	0. 543	8. 239	8. 561	9. 868
年龄	102676	2. 120	0. 727	0	2. 079	7. 601
补贴	102664	1. 745	2. 713	0	0	13. 95

从表 5-3 和表 5-4 可以看出，中国企业出口中高收入国家的产品质量和中低收入国家的产品质量最大值和最小值分别为 0. 673、0. 0131 和 0. 534、0. 00627，这说明中国企业出口中高收入国家的产品质量相对较高。

第二节　实证研究结果

通过将中国海关数据库、中国工业企业数据库、CEPII 数据库、WDI 数据库以及中国出口退税数据库进行合并，得到回归样本，并运用得到的样本来考察生产率、质量对企业产品组合的影响。回归结果如表 5-5、表 5-6 所示。

一、企业的世界市场出口偏度

生产率、质量对企业世界市场出口偏度影响的回归结果如表 5-5 所示。

表 5-5 生产率、质量对企业世界市场出口偏度的影响

项目	(1)	(2)	(3)	(4)	(5)	(6)
	ln*wskew*01	ln*wskew*01	ln*wskew*01	ln*wskew*02	ln*wskew*02	ln*wskew*02
质量	0. 886 ***	0. 921 ***	0. 924 ***	0. 519 ***	0. 521 ***	0. 521 ***
	(0. 0555)	(0. 0552)	(0. 0552)	(0. 0475)	(0. 0472)	(0. 0472)
生产率	1. 146 ***	1. 280 ***	1. 329 ***	0. 952 ***	1. 095 ***	1. 127 ***
	(0. 0416)	(0. 0438)	(0. 0453)	(0. 0342)	(0. 0363)	(0. 0376)
贸易冲击	-0. 0578 ***	-0. 0125 ***	-0. 0135 ***	-0. 0316 ***	0. 0114 ***	0. 0109 ***
	(0. 00250)	(0. 00306)	(0. 00307)	(0. 00222)	(0. 00268)	(0. 00269)
实际汇率		-0. 0210 ***	-0. 0211 ***		-0. 0118 ***	-0. 0117 ***
		(0. 00194)	(0. 00194)		(0. 00165)	(0. 00165)
平均工资		0. 112 ***	0. 110 ***		0. 0832 ***	0. 0828 ***
		(0. 00868)	(0. 00869)		(0. 00718)	(0. 00718)
距离		-0. 116 ***	-0. 117 ***		-0. 118 ***	-0. 118 ***
		(0. 00451)	(0. 00453)		(0. 00391)	(0. 00393)
年龄			-0. 0731 ***			-0. 0277 ***
			(0. 00669)			(0. 00555)
补贴			0. 0120 ***			0. 00176
			(0. 00217)			(0. 00175)
常数项	1. 176 ***	1. 055 ***	1. 113 ***	0. 350 ***	0. 300 ***	0. 292 ***
	(0. 105)	(0. 106)	(0. 108)	(0. 0873)	(0. 0877)	(0. 0896)
N	139717	139716	139562	105706	105705	105593
R^2	0. 009	0. 018	0. 019	0. 009	0. 022	0. 022

注：*、**、*** 分别表示在 10%、5%、1%的水平下有显著影响，“( )”中的数字为相应的标准误。

从表 5-5 可以看出，质量、生产率对企业出口偏度的影响在 1%水平下显著为正，即企业出口的产品质量越高，企业的出口越偏向其质量较高的核心产品。质量对 ln*wskew* 01 的影响是 ln*wskew* 02 的近两倍，表明质量对企业离核心产品越远的产品的影响越小。由此进一步证明了 Gervais（2015）的结论，即质量因素是企业出口选择以及出口量的重要决定因素，忽略质量的作用将会影响企业的市场竞争力甚至企业的生存发展。生产率对企业出口偏度的影响在 1%水平下显著为正，但生产率的影响显著高于企业质量的影响，说明在企业的全球出口偏度决策中，生产率的作用比质量的作用更为重要。贸易冲击对排名第一的产品的出口偏度的影响显著为负，但对排名第二的产品的出口偏度的影响显著为正。距离对企业出口偏度的影响显著为负，说明企业离出口目的地越远，往往越不会销售其更具有竞争力的产品，相反，企业会在距离越近的目的地出口其更具有竞争力的产品组合。平均工资对企业出口偏度的影响有显著的正向效应，说明企业平均工资水平越高，越倾向于将资源配置在核心产品上，从而提高了核心产品的销售额比重。实际汇率、企业年龄对企业出口偏度的影响显著为负，说明实际汇率越高、企业年龄越大，企业越会生产适应消费者需求的产品，以应对汇率冲击，提高企业的国际竞争力，从而降低企业的出口倾斜效应。补贴对企业出口偏度的影响显著为正，且对 ln*wskew* 01 的影响显著高于对 ln*wskew* 02 的影响，表明企业获得的生产率补贴越高，其将资源配置在核心产品上的概率越大。

二、企业目的地市场的出口偏度

生产率、质量对目的地市场出口偏度的影响的回归结果如表 5-6 所示。

表 5-6　生产率、质量对企业目的地市场出口偏度的影响

项目	(1)	(2)	(3)	(4)	(5)	(6)
	ln*lskew*01	ln*lskew*01	ln*lskew*01	ln*lskew*02	ln*lskew*02	ln*lskew*02
质量	1.720***	1.566***	1.564***	1.126***	1.126***	1.122***
	(0.0642)	(0.0766)	(0.0766)	(0.0671)	(0.0805)	(0.0805)
生产率	1.043***	0.842***	0.905***	0.833***	0.723***	0.791***
	(0.0189)	(0.0224)	(0.0234)	(0.0189)	(0.0222)	(0.0233)

续表

项目	(1)	(2)	(3)	(4)	(5)	(6)
	ln*lskew*01	ln*lskew*01	ln*lskew*01	ln*lskew*02	ln*lskew*02	ln*lskew*02
贸易冲击	0.0239***	0.0222***	0.0215***	0.0118***	0.0117***	0.0108***
	(0.00104)	(0.00118)	(0.00118)	(0.00113)	(0.00127)	(0.00127)
实际汇率		-0.00545***	-0.00543***		-0.00542***	-0.00514***
		(0.00142)	(0.00142)		(0.00150)	(0.00150)
平均工资		0.109***	0.110***		0.0571***	0.0585***
		(0.00489)	(0.00489)		(0.00491)	(0.00491)
距离		-0.0114***	-0.0111***		-0.0120***	-0.0103***
		(0.00373)	(0.00374)		(0.00383)	(0.00384)
年龄			-0.0250***			-0.0140***
			(0.00383)			(0.00391)
补贴			-0.00592***			-0.00980***
			(0.00105)			(0.00106)
常数项	-1.639***	-1.246***	-1.330***	-1.107***	-0.887***	-1.005***
	(0.0557)	(0.0713)	(0.0723)	(0.0568)	(0.0720)	(0.0730)
N	466592	366168	365839	251951	201358	201198
R^2	0.010	0.010	0.011	0.010	0.010	0.010

注：*、**、*** 分别表示在10%、5%、1%的水平下有显著影响，“（）”中的数字为相应的标准误。

从表5-6的结果来看，质量、生产率的增加会显著提高企业目的地市场的出口偏度。具体来说，质量每提高1%，企业ln*lskew*01的系数提高1.564%，而ln*lskew*02的系数提高1.122%。质量对ln*lskew*01的影响要高于对ln*lskew*02的影响，这说明质量对企业出口偏度的影响随着与核心产品距离的增加而减小，且质量的系数明显高于生产率的系数，说明质量对企业目的地市场出口偏度的影响要高于生产率对其的影响。贸易冲击、平均工资的增加会显著提高企业目的地的出口偏度。与目的地市场的距离对企业目的地市场的出口偏度有显著的抑制效应，这验证了Mayer、Melitz和Ottaviano（2014）的研究结论，但与亢梅玲、李涛、袁亦宁（2017）的结论相反。实际汇率、企业年龄对企业目的地市场的出口偏度有显著的负面影响。补贴对企业目的地市场出口偏度的影响显著为负，这是由于补贴的提高使企业经营成本降低，因此，企业可将资金用于产品开发、拓展、升级换代或扩大与核心产品相关的产品的出口，进而降低了企业目的地市场的出口偏度。

表 5-5 和表 5-6 的结果验证了在第二章提出的性质 3，即企业的出口销售偏向其生产率、质量更高的核心产品，这不仅体现在企业的出口偏度上，更体现在企业出口目的地的出口偏度上。

第三节　稳健性检验

为了检验实证结果的稳健性与可信性，本章将改变计量方法、关键变量的测度方法等，对实证结果进行检验。首先，使用固定效应（FE）模型来检验结果是否稳健；其次，运用改变质量的测度方法来进行检验；最后，利用改变产品组合的测度方法来进行检验。

一、改变计量方法

在前文中，企业产品出口参与模型用的是 OLS 估计，并未控制年度和地区固定效应。为检验 OLS 结果的稳健性，企业出口偏度使用固定效应（FE）模型进行检验。

（一）企业世界市场出口偏度

表 5-7 呈现的是使用固定效应模型估计的质量，对企业世界市场出口偏度的影响。

表 5-7 生产率、质量对企业世界市场出口偏度的影响（FE）

项目	(1)	(2)	(3)	(4)	(5)	(6)
	ln*wskew*01	ln*wskew*01	ln*wskew*01	ln*wskew*02	ln*wskew*02	ln*wskew*02
质量	0.947***	0.940***	0.944***	0.527***	0.496***	0.498***
	(0.0574)	(0.0573)	(0.0573)	(0.0497)	(0.0495)	(0.0495)
生产率	0.999***	1.197***	1.254***	0.758***	0.966***	1.005***
	(0.0423)	(0.0445)	(0.0458)	(0.0353)	(0.0372)	(0.0384)
贸易冲击	-0.110***	-0.0651***	-0.0658***	-0.0781***	-0.0327***	-0.0332***
	(0.00266)	(0.00329)	(0.00329)	(0.00241)	(0.00292)	(0.00292)
实际汇率		-0.0133***	-0.0132***		-0.00791***	-0.00776***
		(0.00190)	(0.00190)		(0.00163)	(0.00163)
平均工资		0.0553***	0.0539***		0.0426***	0.0423***
		(0.00891)	(0.00891)		(0.00742)	(0.00743)
距离		-0.101***	-0.102***		-0.108***	-0.108***
		(0.00465)	(0.00466)		(0.00405)	(0.00407)
年龄			-0.0772***			-0.0311***
			(0.00655)			(0.00547)
补贴			0.0107***			0.000611
			(0.00213)			(0.00173)
年度效应	是	是	是	是	是	是
行业效应	是	是	是	是	是	是
N	139717	139716	139562	105705	105704	105592
R^2	0.070	0.075	0.076	0.056	0.064	0.064

注：*、**、*** 分别表示在 10%、5%、1%的水平下有显著影响，“（）”中的数字为相应的标准误。

从表 5-7 的回归结果来看，质量的提高在 1%水平下显著增加了企业的出口销售偏度，即企业的质量指数越高，企业的销售越偏向其核心产品。质量对排名第一的产品的销售偏度的影响明显大于排名第二的产品，这说明质量对企业出口偏度的影响随着企业产品出口额排名的增大而逐渐降低。生产率对企业出口偏度的影响在 1%水平下显著为正，表明生产率越高，企业的出口偏度越高。贸易冲击、实际汇率、距离、企业年龄等均会显著降低企业的出口偏度。补贴的增加会显著提高企业的出口偏度。所有解释变量对企业

lnwskew 01 的影响均高于对 lnwskew 02 的影响，表明包含质量、生产率在内的所有解释变量对企业出口偏度的影响会随着产品排名的加大而变小。各变量对企业出口偏度的影响与前文的基本回归结果一致，说明基本回归结果不受估计方法的影响，其结果是稳健的。

（二）企业企业目的地市场出口偏度

表 5-8 呈现的是使用固定效应模型估计的质量指标对企业目的地市场出口偏度的影响。

表 5-8　生产率、质量对企业目的地市场出口偏度的影响（FE）

项目	(1)	(2)	(3)	(4)	(5)	(6)
	lnlskew01	lnlskew01	lnlskew01	lnlskew02	lnlskew02	lnlskew02
质量	1.776***	1.987***	1.988***	1.014***	1.247***	1.248***
	(0.0669)	(0.0799)	(0.0799)	(0.0701)	(0.0840)	(0.0840)
生产率	0.646***	0.546***	0.620***	0.465***	0.418***	0.486***
	(0.0198)	(0.0230)	(0.0240)	(0.0200)	(0.0231)	(0.0240)
贸易冲击	0.00882***	0.00660***	0.00600***	-0.00384***	-0.00505***	-0.00581***
	(0.00107)	(0.00121)	(0.00122)	(0.00117)	(0.00131)	(0.00131)
实际汇率		-0.0130***	-0.0130***		-0.0120***	-0.0118***
		(0.00140)	(0.00140)		(0.00149)	(0.00149)
平均工资		0.0569***	0.0576***		0.0265***	0.0276***
		(0.00509)	(0.00509)		(0.00512)	(0.00513)
距离		-0.0539***	-0.0535***		-0.0460***	-0.0445***
		(0.00373)	(0.00374)		(0.00385)	(0.00386)
年龄			-0.0267***			-0.0143***
			(0.00380)			(0.00388)
补贴			-0.00776***			-0.0101***
			(0.00105)			(0.00106)
年度效应	是	是	是	是	是	是
行业效应	是	是	是	是	是	是
N	466592	366168	365839	251951	201358	201198
R^2	0.040	0.043	0.043	0.037	0.039	0.040

注：*、**、*** 分别表示在 10%、5%、1%的水平下有显著影响，“( )”中的数字为相应的标准误。

表 5-8 的结果表明，质量、生产率、平均工资在 1%水平下显著提高企业目的地市场的出口偏度，质量对 ln*lskew*01 的影响明显高于对 ln*lskew*02 的影响，且质量对企业目的地出口偏度的影响显著高于生产率对其的影响。实际汇率、距离、年龄、补贴等对企业目的地出口偏度有显著的抑制效应。这些主要变量对企业目的地出口偏度的影响的结果均与基本回归结果一致，表明前文的回归结果是稳健可靠的。

二、改变质量的测度方法

为了进一步检验回归结果的稳健性，本部分改变了质量和产品组合的衡量指标。首先，改变了质量的测度方法，参照 Amiti 等（2013）、樊海潮和郭光远（2015）的做法，在需求函数回归时，假设 $\sigma = 5$，对需求函数进行估计，并处理残差将其作为质量指数的代理。其次，使用 $\sigma = 5$ 估计的质量指数，来检验生产率、质量对企业出口偏度行为影响的基本回归结果的稳健性。表 5-9 和表 5-10 分别为替代弹性取值为 5 时估计的质量对企业产品转换与出口偏度影响的回归结果。

（一）企业世界市场出口偏度

改变质量测度方法后，生产率、质量对企业世界市场出口偏度的影响的回归结果如表 5-9 所示。

表 5-9　生产率、质量对企业世界市场出口偏度的影响（$\sigma = 5$）

项目	(1)	(2)	(3)	(4)	(5)	(6)
	ln*wskew*01	ln*wskew*01	ln*wskew*01	ln*wskew*02	ln*wskew*02	ln*wskew*02
质量	1.477***	1.366***	1.363***	0.834***	0.700***	0.701***
	(0.0465)	(0.0467)	(0.0467)	(0.0395)	(0.0397)	(0.0397)
生产率	0.888***	1.026***	1.066***	0.833***	0.987***	1.011***
	(0.0402)	(0.0424)	(0.0438)	(0.0331)	(0.0351)	(0.0364)
贸易冲击	−0.0613***	−0.0263***	−0.0271***	−0.0317***	0.00297	0.00264
	(0.00235)	(0.00285)	(0.00285)	(0.00207)	(0.00247)	(0.00247)

续表

项目	(1)	(2)	(3)	(4)	(5)	(6)
	lnwskew01	lnwskew01	lnwskew01	lnwskew02	lnwskew02	lnwskew02
实际汇率		-0.0144***	-0.0144***		-0.00783***	-0.00783***
		(0.00184)	(0.00184)		(0.00155)	(0.00155)
平均工资		0.0912***	0.0899***		0.0730***	0.0727***
		(0.00832)	(0.00832)		(0.00684)	(0.00684)
距离		-0.0908***	-0.0922***		-0.0973***	-0.0978***
		(0.00423)	(0.00424)		(0.00362)	(0.00363)
年龄			-0.0656***			-0.0247***
			(0.00633)			(0.00523)
补贴			0.0121***			0.00311*
			(0.00207)			(0.00166)
常数项	2.384***	2.133***	2.191***	0.922***	0.715***	0.719***
	(0.107)	(0.108)	(0.110)	(0.0897)	(0.0903)	(0.0920)
N	151236	151235	151064	116673	116672	116549
R^2	0.013	0.019	0.020	0.011	0.021	0.021

注：*、**、*** 分别表示在10%、5%、1%的水平下有显著影响，“（）”中的数字为相应的标准误。

表5-9的回归结果表明，质量、生产率在1%水平下会显著提高企业的出口偏度，这与基本回归结果一致。质量对lnwskew 01的影响要显著高于生产率对其的影响，但生产率对lnwskew 02的影响要高于质量对其的影响。质量的系数显著高于生产率的系数。贸易冲击的提高对lnwskew 01有显著的降低作用，但对lnwskew 02有显著提升效应。实际汇率、距离、年龄对企业出口偏度有显著的抑制效应，但平均工资和补贴对企业出口偏度有显著的促进效应。这些结果与基本回归结果一致，表明基本回归的结论并不受关键指标估计方法的影响，进一步证明了基本回归结果是稳健可信的。

（二）企业目的地市场出口偏度

改变质量测度方法后，生产率、质量对企业目的地市场出口偏度影响的回归结果如表5-10所示。

表 5-10 生产率、质量对企业目的地市场出口偏度的影响（$\sigma=5$）

项目	(1)	(2)	(3)	(4)	(5)	(6)
	ln*lskew*01	ln*lskew*01	ln*lskew*01	ln*lskew*02	ln*lskew*02	ln*lskew*02
质量	6. 344 ***	6. 011 ***	6. 003 ***	3. 302 ***	3. 158 ***	3. 142 ***
	(0. 0595)	(0. 0653)	(0. 0654)	(0. 0641)	(0. 0700)	(0. 0700)
生产率	0. 819 ***	0. 687 ***	0. 735 ***	0. 652 ***	0. 578 ***	0. 630 ***
	(0. 0162)	(0. 0187)	(0. 0197)	(0. 0165)	(0. 0190)	(0. 0200)
贸易冲击	0. 0206 ***	0. 0188 ***	0. 0184 ***	0. 0113 ***	0. 0103 ***	0. 00961 ***
	(0. 000837)	(0. 000943)	(0. 000946)	(0. 000923)	(0. 00103)	(0. 00103)
实际汇率		-0. 00734 ***	-0. 00729 ***		-0. 00781 ***	-0. 00762 ***
		(0. 00112)	(0. 00112)		(0. 00120)	(0. 00120)
平均工资		0. 0835 ***	0. 0844 ***		0. 0402 ***	0. 0415 ***
		(0. 00411)	(0. 00411)		(0. 00419)	(0. 00419)
距离		-0. 0148 ***	-0. 0145 ***		-0. 0166 ***	-0. 0153 ***
		(0. 00322)	(0. 00323)		(0. 00332)	(0. 00333)
年龄			-0. 0155 ***			-0. 00833 **
			(0. 00319)			(0. 00331)
补贴			-0. 00486 ***			-0. 00780 ***
			(0. 000862)			(0. 000884)
常数项	-2. 829 ***	-2. 432 ***	-2. 503 ***	-1. 500 ***	-1. 198 ***	-1. 290 ***
	(0. 0443)	(0. 0569)	(0. 0578)	(0. 0456)	(0. 0581)	(0. 0589)
N	602838	489624	489199	318119	261408	261212
R^2	0. 028	0. 028	0. 028	0. 017	0. 017	0. 017

注：*、**、*** 分别表示在 10%、5%、1%的水平下有显著影响，“（）”中的数字为相应的标准误。

从表 5-10 的结果来看，质量对企业目的地市场出口偏度的影响依然在 1%水平下显著为正，质量对 ln*lskew*01 的影响要显著高于对 ln*lskew*02 的影响，且质量对企业目的地市场 ln*lskew*01 的系数要显著高于 ln*lskew*02 的系数。生产率、贸易冲击、平均工资对企业目的地出口偏度有显著的提升效应，而实际汇率、距离、年龄、补贴对企业目的地市场的出口偏度有显著的抑制效应。这些结果均与前文的结果一致，表明前文的基本回归结果是稳健可信的。

三、改变产品组合的测度方法

为了检验回归结果的稳健性，改变产品组合的测度方法，以检验生产率、质量对企业产品组合的影响是否受产品组合不同估计方法的影响。产品组合的测度分别采用“明星核”（Superstar-Core）① 产品和泰尔指数来测度。

（一）“明星核”产品测度方法

为了检验生产率、质量对企业出口偏度的影响，本章将企业出口销售额排名在前 10 分位的产品定义为排名第一的产品，将排名在第 80 分位的产品定义为排名第二的产品，将排名在第 70 分位的产品定义为排名第三的产品，并根据前文出口偏度的计算，将排名第一与排名第二的产品的比值分别定义为 ln*wskew* 01 和 ln*lskew*01，将排名第二与排名第三的产品的比值定义为 ln*wskew* 02 和 ln*lskew*02，并采用“明星核”产品来测度企业出口偏度。

1. 企业世界市场出口偏度

重新对出口偏度进行测度后，生产率、质量对企业世界市场出口偏度的影响如表 5-11 所示。

表 5-11 生产率、质量对企业世界市场出口偏度的影响

项目	(1)	(2)	(3)	(4)	(5)	(6)
	ln*wskew*01	ln*wskew*01	ln*wskew*01	ln*wskew*02	ln*wskew*02	ln*wskew*02
质量	0.424***	0.434***	0.432***	0.291***	0.278***	0.276***
	(0.0649)	(0.0648)	(0.0648)	(0.0444)	(0.0444)	(0.0444)
生产率	1.638***	1.402***	1.462***	0.766***	0.736***	0.762***
	(0.0436)	(0.0467)	(0.0481)	(0.0295)	(0.0316)	(0.0326)
贸易冲击	0.0867***	0.0777***	0.0767***	0.0327***	0.0423***	0.0416***
	(0.00308)	(0.00382)	(0.00383)	(0.00211)	(0.00265)	(0.00266)

① Arnarson（2016）的研究认为，对于大型的多产品企业而言，其核心并非仅包含一个产品，而是由一组产品构建，并将这些产品定义为“Superstar-Core”。

续表

项目	(1)	(2)	(3)	(4)	(5)	(6)
	ln*wskew*01	ln*wskew*01	ln*wskew*01	ln*wskew*02	ln*wskew*02	ln*wskew*02
实际汇率		0. 0198 ***	0. 0204 ***		0. 00325 **	0. 00345 **
		(0. 00224)	(0. 00224)		(0. 00153)	(0. 00154)
平均工资		0. 101 ***	0. 101 ***		0. 0525 ***	0. 0534 ***
		(0. 00926)	(0. 00926)		(0. 00628)	(0. 00628)
距离		0. 00943 *	0. 00948 *		-0. 0303 ***	-0. 0295 ***
		(0. 00552)	(0. 00555)		(0. 00382)	(0. 00385)
年龄			-0. 0444 ***			-0. 0143 ***
			(0. 00723)			(0. 00491)
补贴			-0. 00129			-0. 00236
			(0. 00217)			(0. 00146)
常数项	-3. 534 ***	-3. 302 ***	-3. 337 ***	-1. 087 ***	-1. 036 ***	-1. 065 ***
	(0. 110)	(0. 111)	(0. 113)	(0. 0741)	(0. 0748)	(0. 0762)
N	54586	54585	54534	45653	45652	45612
R^2	0. 057	0. 061	0. 061	0. 030	0. 033	0. 033

注：*、**、*** 分别表示在 10%、5%、1%的水平下有显著影响，“（）”中的数字为相应的标准误。

从表 5-11 可以看出，在改变了关键企业出口偏度的测度后，质量、生产率对企业出口偏度的影响依然在 1%水平下显著为正，质量对核心产品的影响显著大于对排名第二的产品的影响，与基本回归结果一致，表明质量的提升会显著促使企业的销售向核心产品倾斜。这些结论表明，质量对企业出口偏度的基本回归结果不受企业出口偏度测度方法的影响。

2. 企业目的地市场出口偏度

改变产品组合测度后，生产率、质量对企业目的地市场出口偏度的影响如表 5-12 所示。

表 5-12 生产率、质量对企业目的地市场出口偏度的影响

项目	(1)	(2)	(3)	(4)	(5)	(6)
	ln*lskew*01	ln*lskew*01	ln*lskew*01	ln*lskew*02	ln*lskew*02	ln*lskew*02
质量	1. 266 ***	0. 843 ***	0. 830 ***	0. 630 ***	0. 632 ***	0. 621 ***
	(0. 113)	(0. 135)	(0. 135)	(0. 0843)	(0. 101)	(0. 101)
生产率	1. 096 ***	1. 069 ***	1. 120 ***	0. 600 ***	0. 551 ***	0. 583 ***
	(0. 0288)	(0. 0332)	(0. 0344)	(0. 0207)	(0. 0238)	(0. 0247)
贸易冲击	0. 0986 ***	0. 108 ***	0. 107 ***	0. 0384 ***	0. 0409 ***	0. 0402 ***
	(0. 00197)	(0. 00217)	(0. 00218)	(0. 00146)	(0. 00161)	(0. 00162)
实际汇率		0. 0122 ***	0. 0122 ***		0. 000112	0. 000278
		(0. 00249)	(0. 00249)		(0. 00183)	(0. 00183)
平均工资		0. 0464 ***	0. 0482 ***		0. 0480 ***	0. 0492 ***
		(0. 00751)	(0. 00752)		(0. 00542)	(0. 00542)
距离		-0. 0719 ***	-0. 0714 ***		-0. 0313 ***	-0. 0300 ***
		(0. 00617)	(0. 00622)		(0. 00453)	(0. 00457)
年龄			-0. 0267 ***			-0. 0106 **
			(0. 00606)			(0. 00438)
补贴			-0. 00536 ***			-0. 00474 ***
			(0. 00166)			(0. 00120)
常数项	-3. 469 ***	-2. 929 ***	-2. 972 ***	-1. 307 ***	-1. 108 ***	-1. 152 ***
	(0. 0885)	(0. 109)	(0. 110)	(0. 0641)	(0. 0783)	(0. 0794)
N	77407	65375	65327	58718	50246	50213
R^2	0. 060	0. 066	0. 067	0. 033	0. 036	0. 037

注：*、**、*** 分别表示在 10%、5%、1%的水平下有显著影响，“（）”中的数字为相应的标准误。

从表 5-12 的结果来看，质量在 1%水平下会显著提高企业目的地市场的出口偏度，且对 ln*lskew*01 的影响要高于对 ln*lskew*02 的影响。生产率、贸易冲击、平均工资对企业目的地市场出口偏度的影响均显著为正，而距离、年龄、补贴对其的影响显著为负。实际汇率对 ln*lskew*01 有显著的正面影响，但对 ln*lskew*02 的影响并不显著。这些结果与前文的基本回归结果基本一致，表明前文的实证回归结果是稳健可信的。

（二）泰尔指数测度方法

为了检验前文实证结果的稳健性，参照 Mayer、Melitz 和 Ottaviano（2016）的方法，采用泰尔指数来测度企业产品组合。

1. 企业世界市场出口偏度

运用泰尔指数来测度产品组合后，生产率、质量对企业世界市场出口偏度的影响的回归结果如表 5-13 所示。

表 5-13 生产率、质量对企业世界市场出口偏度的影响

项目	(1)	(2)	(3)	(4)	(5)	(6)
	ln*wskew*01	ln*wskew*01	ln*wskew*01	ln*wskew*02	ln*wskew*02	ln*wskew*02
质量	0.886***	0.921***	0.924***	0.519***	0.521***	0.521***
	(0.0555)	(0.0552)	(0.0552)	(0.0475)	(0.0472)	(0.0472)
生产率	1.146***	1.280***	1.329***	0.952***	1.095***	1.127***
	(0.0416)	(0.0438)	(0.0453)	(0.0342)	(0.0363)	(0.0376)
贸易冲击	-0.0578***	-0.0125***	-0.0135***	-0.0316***	0.0114***	0.0109***
	(0.00250)	(0.00306)	(0.00307)	(0.00222)	(0.00268)	(0.00269)
实际汇率		-0.0210***	-0.0211***		-0.0118***	-0.0117***
		(0.00194)	(0.00194)		(0.00165)	(0.00165)
平均工资		0.112***	0.110***		0.0832***	0.0828***
		(0.00868)	(0.00869)		(0.00718)	(0.00718)
距离		-0.116***	-0.117***		-0.118***	-0.118***
		(0.00451)	(0.00453)		(0.00391)	(0.00393)
年龄			-0.0731***			-0.0277***
			(0.00669)			(0.00555)
补贴			0.0120***			0.00176
			(0.00217)			(0.00175)
常数项	1.176***	1.055***	1.113***	0.350***	0.300***	0.292***
	(0.105)	(0.106)	(0.108)	(0.0873)	(0.0877)	(0.0896)
N	139717	139716	139562	105706	105705	105593
R^2	0.009	0.018	0.019	0.009	0.022	0.022

注：*、**、*** 分别表示在 10%、5%、1%的水平下有显著影响，“（）”中的数字为相应的标准误。

从表 5-13 的结果可以看到，质量、生产率、贸易冲击、平均工资对企业出口偏度的影响均在 1%水平下显著为正。实际汇率 、距离 、年龄对企业出口偏度的影响显著为负。这些结果与前文回归结果基本一致，表明实证结果是稳健可信的。

2. 企业目的地市场出口偏度

运用泰尔指数来测度产品组合后，质量对企业目的地市场出口偏度的影响的回归结果如表 5-14 所示。

表 5-14　生产率、质量对企业目的地市场出口偏度的影响

项目	(1)	(2)	(3)	(4)	(5)	(6)
	ln*lskew*01	ln*lskew*01	ln*lskew*01	ln*lskew*02	ln*lskew*02	ln*lskew*02
质量	1.720***	1.566***	1.564***	1.126***	1.126***	1.122***
	(0.0642)	(0.0766)	(0.0766)	(0.0671)	(0.0805)	(0.0805)
生产率	1.043***	0.842***	0.905***	0.833***	0.723***	0.791***
	(0.0189)	(0.0224)	(0.0234)	(0.0189)	(0.0222)	(0.0233)
贸易冲击	0.0239***	0.0222***	0.0215***	0.0118***	0.0117***	0.0108***
	(0.00104)	(0.00118)	(0.00118)	(0.00113)	(0.00127)	(0.00127)
实际汇率		−0.00545***	−0.00543***		−0.00542***	−0.00514***
		(0.00142)	(0.00142)		(0.00150)	(0.00150)
平均工资		0.109***	0.110***		0.0571***	0.0585***
		(0.00489)	(0.00489)		(0.00491)	(0.00491)
距离		−0.0114***	−0.0111***		−0.0120***	−0.0103***
		(0.00373)	(0.00374)		(0.00383)	(0.00384)
年龄			−0.0250***			−0.0140***
			(0.00383)			(0.00391)
补贴			−0.00592***			−0.00980***
			(0.00105)			(0.00106)
常数项	−1.639***	−1.246***	−1.330***	−1.107***	−0.887***	−1.005***
	(0.0557)	(0.0713)	(0.0723)	(0.0568)	(0.0720)	(0.0730)
N	466592	366168	365839	251951	201358	201198
R^2	0.010	0.010	0.011	0.010	0.010	0.010

注：*、**、*** 分别表示在 10%、5%、1%的水平下有显著影响，“（）”中的数字为相应的标准误。

表 5-14 的结果表明，生产率、质量对企业目的地市场出口偏度的影响在 1%水平下显著为正，且对 ln*lskew*01 的影响显著高于对 ln*lskew*02 的影响。这与基本回归结果基本一致，进一步证明前文实证结果是稳健可靠的。

第四节　影响的异质性

异质性企业贸易理论认为，企业因其技术水平、规模、所有制、所在地区、品牌、行业等差异，会对企业产品转换行为产生一定的影响。为了考察前文基本回归结果的异质性，本节分别从以下几个方面检验了生产率、质量引致的出口企业转换行为的变化的差异。

一、不同技术水平企业的估计结果

为了考察生产率、质量对不同技术水平企业产品组合的影响，根据生产率水平，将企业划分为高技术水平企业、中技术水平企业以及低技术水平企业三类。

（一）企业世界市场出口偏度

生产率、质量对不同技术水平企业出口偏度的影响如表 5-15 所示。

表 5-15　生产率、质量对企业世界市场出口偏度的影响（不同技术水平）

项目	(1)	(2)	(3)	(4)	(5)	(6)
	ln*wskew*01	ln*wskew*01	ln*wskew*01	ln*wskew*02	ln*wskew*02	ln*wskew*02
	低技术	中技术	高技术	低技术	中技术	高技术
质量	0.610***	1.116***	0.861***	0.0457	0.601***	0.755***
	(0.100)	(0.0789)	(0.115)	(0.0875)	(0.0662)	(0.0983)
生产率	0.603***	1.464***	0.979***	0.670***	1.169***	0.991***
	(0.161)	(0.150)	(0.162)	(0.153)	(0.121)	(0.132)

续表

项目	(1)	(2)	(3)	(4)	(5)	(6)
	lnwskew01	lnwskew01	lnwskew01	lnwskew02	lnwskew02	lnwskew02
	低技术	中技术	高技术	低技术	中技术	高技术
贸易冲击	-0.0285***	-0.0307***	0.0301***	0.0122**	0.00461	0.0205***
	(0.00578)	(0.00431)	(0.00650)	(0.00508)	(0.00373)	(0.00569)
实际汇率	-0.0349***	-0.0139***	-0.0139***	-0.0220***	-0.00851***	-0.00376
	(0.00348)	(0.00269)	(0.00448)	(0.00293)	(0.00225)	(0.00389)
平均工资	0.0514***	0.0976***	0.162***	0.0491***	0.0587***	0.134***
	(0.0167)	(0.0126)	(0.0171)	(0.0137)	(0.0103)	(0.0143)
距离	-0.0800***	-0.102***	-0.185***	-0.0920***	-0.115***	-0.150***
	(0.00835)	(0.00637)	(0.0100)	(0.00726)	(0.00545)	(0.00877)
年龄	-0.0273**	-0.0448***	-0.149***	-0.0347***	-0.0105	-0.0503***
	(0.0124)	(0.00966)	(0.0136)	(0.0103)	(0.00793)	(0.0113)
补贴	0.0233***	0.0186***	0.00805**	0.00493	0.00340	0.00101
	(0.00623)	(0.00337)	(0.00342)	(0.00502)	(0.00270)	(0.00281)
常数项	2.587***	1.019***	1.799***	0.913***	0.330	0.772**
	(0.367)	(0.354)	(0.394)	(0.345)	(0.286)	(0.321)
N	32624	70057	36881	23469	52894	29230
R^2	0.013	0.015	0.025	0.013	0.016	0.024

注：*、**、*** 分别表示在10%、5%、1%的水平下有显著影响，“（）”中的数字为相应的标准误。

从表5-15的结果来看，质量的提升引致企业将其销售更偏向核心产品，但对不同技术水平企业，销售偏度的影响存在异质性。对 ln*wskew* 01 而言，质量对中等技术水平企业的影响要显著高于其他两类企业，对高技术水平企业次之，而对低技术水平企业影响最小。对 ln*wskew* 02 来说，质量对不同技术水平企业的影响由大到小排序依次为：高技术水平企业、中等技术水平企业、低技术水平企业。生产率、平均工资、补贴对不同技术水平企业的出口偏度有显著的提升效应。实际汇率、距离、年龄会显著降低企业的出口偏度。贸易冲击对中、低技术企业的 ln*wskew* 01 有显著的抑制效应，但对高技术企业却有相反的效应；贸易冲击对所有企业的 ln*wskew* 02 均有显著的提高效应。

（二）企业目的地市场出口偏度

生产率、质量对不同技术水平企业目的地市场出口偏度的影响如表 5-16 所示。

表 5-16 生产率、质量对企业目的地市场出口偏度的影响（不同技术水平）

项目	(1)	(2)	(3)	(4)	(5)	(6)
	ln*lskew*01	ln*lskew*01	ln*lskew*01	ln*lskew*02	ln*lskew*02	ln*lskew*02
	低技术	中技术	高技术	低技术	中技术	高技术
质量	1.825***	1.737***	0.444***	0.844***	1.144***	0.853***
	(0.141)	(0.106)	(0.144)	(0.147)	(0.109)	(0.147)
生产率	0.214**	0.585***	1.355***	0.479***	0.661***	1.194***
	(0.0885)	(0.0807)	(0.0833)	(0.0926)	(0.0805)	(0.0810)
贸易冲击	0.000484	0.0122***	0.0377***	-0.00581**	0.00851***	0.0161***
	(0.00221)	(0.00164)	(0.00243)	(0.00238)	(0.00174)	(0.00255)
实际汇率	-0.00457	-0.00678***	-0.00749***	-0.00377	-0.00556***	-0.00666**
	(0.00286)	(0.00198)	(0.00275)	(0.00300)	(0.00210)	(0.00288)
平均工资	0.0434***	0.107***	0.166***	0.0269***	0.0594***	0.0669***
	(0.00926)	(0.00709)	(0.00939)	(0.00908)	(0.00709)	(0.00934)
距离	0.0376***	-0.0142***	-0.0281***	0.0272***	-0.00950*	-0.0242***
	(0.00720)	(0.00520)	(0.00764)	(0.00749)	(0.00533)	(0.00769)
年龄	-0.0109	0.0133**	-0.0916***	-0.0245***	0.0200***	-0.0577***
	(0.00698)	(0.00545)	(0.00775)	(0.00697)	(0.00553)	(0.00790)
补贴	-0.00349	-0.000523	-0.0101***	-0.00819***	-0.00664***	-0.0115***
	(0.00304)	(0.00158)	(0.00168)	(0.00305)	(0.00159)	(0.00169)
常数项	0.230	-0.543***	-2.080***	-0.0574	-0.764***	-1.797***
	(0.219)	(0.203)	(0.222)	(0.227)	(0.204)	(0.217)
N	89667	180759	102949	49575	99417	58672
R^2	0.003	0.004	0.015	0.003	0.004	0.011

注：*、**、*** 分别表示在 10%、5%、1%的水平下有显著影响，“（）”中的数字为相应的标准误。

从表 5-16 的结果来看，质量对企业目的地市场出口偏度的影响显著为正，在质量对 ln*lskew*01 的影响中，对不同技术水平企业的影响从大到小排列依次为：低技术水平企业、中等技术水平企业、高技术水平企业，且对低技术水平的正向影响是高技术水平企业的 4 倍多；而在质量对 ln*lskew*02 的影响中，对中等技术水平企业的影响最大，高技术水平企业其次，对低技术水平企业的影响最小。生产率对企业出口偏度的影响最大的是高技术水平企业，其次为中等技术水平企业，对低技术水平企业的影响最弱。贸易冲击对低技术水平企业 ln*lskew*01 的影响并不显著，但对 ln*lskew*02 的影响显著为负，而对中、高技术水平企业出口偏度的影响均有显著的促进效应。实际汇率对企业出口偏度的影响为负，但对低技术水平企业出口偏度的负面效应并不显著。平均工资的增加对所有企业的出口偏度均有显著的提升效应。距离对中、高技术水平企业出口偏度的影响显著为负，但对低技术水平企业出口偏度却呈现显著为正的影响。年龄对中等技术水平企业的出口偏度有显著正面影响，对高技术水平企业的影响显著为负，而对低技术水平企业 ln*lskew*01 的影响并不显著，但对 ln*lskew*02 的影响显著为负。补贴仅对高技术水平企业的 ln*lskew*01 有显著的抑制效应，对其他两类企业的影响并不显著，但对所有不同技术水平企业的 ln*lskew*02 有显著的正向效应。

二、不同规模企业的估计结果

为了考察生产率、质量对不同规模企业产品组合的影响，按照企业销售额，将企业分为大型企业、中型企业和小型企业。

（一）企业世界市场出口偏度

表 5-17 呈现的是生产率、质量对不同规模企业世界市场出口偏度的影响。

表 5-17　生产率、质量对企业世界市场出口偏度的影响（不同规模）

项目	(1)	(2)	(3)	(4)	(5)	(6)
	ln*wskew*01	ln*wskew*01	ln*wskew*01	ln*wskew*02	ln*wskew*02	ln*wskew*02
	小型企业	中型企业	大型企业	小型企业	中型企业	大型企业
质量	0.516***	1.120***	0.918***	0.0216	0.612***	0.730***
	(0.101)	(0.0785)	(0.115)	(0.0891)	(0.0656)	(0.0981)
生产率	0.573***	1.152***	0.865***	0.571***	0.955***	0.921***
	(0.155)	(0.141)	(0.158)	(0.146)	(0.114)	(0.129)
贸易冲击	−0.0236***	−0.0322***	0.0273***	0.0103**	0.00503	0.0203***
	(0.00573)	(0.00431)	(0.00652)	(0.00506)	(0.00373)	(0.00570)
实际汇率	−0.0353***	−0.0140***	−0.0132***	−0.0234***	−0.00857***	−0.00223
	(0.00344)	(0.00269)	(0.00452)	(0.00291)	(0.00224)	(0.00393)
平均工资	0.0555***	0.0922***	0.165***	0.0490***	0.0588***	0.133***
	(0.0165)	(0.0126)	(0.0172)	(0.0137)	(0.0102)	(0.0144)
距离	−0.0861***	−0.0982***	−0.187***	−0.0927***	−0.114***	−0.150***
	(0.00831)	(0.00636)	(0.0101)	(0.00726)	(0.00543)	(0.00881)
年龄	−0.0328***	−0.0400***	−0.154***	−0.0344***	−0.00871	−0.0553***
	(0.0124)	(0.00970)	(0.0136)	(0.0102)	(0.00795)	(0.0114)
补贴	0.0242***	0.0186***	0.00796**	0.00649	0.00420	0.000195
	(0.00619)	(0.00338)	(0.00343)	(0.00501)	(0.00270)	(0.00282)
常数项	2.569***	1.743***	2.196***	1.168***	0.821***	0.959***
	(0.355)	(0.336)	(0.388)	(0.333)	(0.271)	(0.316)
N	32521	70089	36952	23349	52983	29261
R^2	0.013	0.014	0.025	0.014	0.016	0.023

注：*、**、*** 分别表示在 10%、5%、1%的水平下有显著影响，“（）”中的数字为相应的标准误。

从表 5-17 可以看出，生产率、质量对所有不同规模企业出口偏度的影响均在 1%水平下显著为正，但影响存在异质性，其中，对 ln*wskew* 01 的影响中，对中型企业的正面影响最大，大型企业次之，对小型企业的影响最小。而对 ln*wskew* 02 的影响中，对大型企业的正向效应最大，其次为中型企业，对小型企业的影响最小。平均工资、补贴对所有不同规模企业出口偏度的影响均在 1%水平下显著为正。实际汇率、距离、年龄对企业出口偏度有显著的抑制效应。在贸易冲击对 ln*wskew* 01 的影响中，对中、小型企业的出口偏度的影响显著为负，而对大型企业出口偏度的影响却显著为正，但对所有不同规模企业 ln*wskew* 02 的影响均呈现显著的正向效应。

（二）企业目的地市场出口偏度

表 5-18 呈现的是生产率、质量对不同规模企业目的地市场出口偏度影响的回归结果。

表 5-18 生产率、质量对企业目的地市场出口偏度的影响（不同规模）

项目	(1)	(2)	(3)	(4)	(5)	(6)
	ln*lskew*01	ln*lskew*01	ln*lskew*01	ln*lskew*02	ln*lskew*02	ln*lskew*02
	小型企业	中型企业	大型企业	小型企业	中型企业	大型企业
质量	1.756***	1.700***	0.513***	0.763***	1.083***	0.969***
	(0.142)	(0.105)	(0.145)	(0.148)	(0.108)	(0.148)
生产率	0.136	0.440***	1.258***	0.388***	0.438***	1.085***
	(0.0862)	(0.0765)	(0.0814)	(0.0898)	(0.0762)	(0.0793)
贸易冲击	0.00185	0.0109***	0.0385***	−0.00570**	0.00819***	0.0162***
	(0.00221)	(0.00163)	(0.00242)	(0.00237)	(0.00174)	(0.00254)
实际汇率	−0.00489*	−0.00703***	−0.00686**	−0.00305	−0.00496**	−0.00743***
	(0.00286)	(0.00198)	(0.00275)	(0.00298)	(0.00210)	(0.00288)
平均工资	0.0449***	0.100***	0.172***	0.0214**	0.0610***	0.0682***
	(0.00929)	(0.00710)	(0.00933)	(0.00906)	(0.00709)	(0.00932)
距离	0.0317***	−0.0107**	−0.0283***	0.0287***	−0.00577	−0.0293***
	(0.00723)	(0.00519)	(0.00763)	(0.00749)	(0.00532)	(0.00768)
年龄	−0.00883	0.0123**	−0.0933***	−0.0223***	0.0213***	−0.0620***
	(0.00699)	(0.00548)	(0.00771)	(0.00693)	(0.00556)	(0.00788)
补贴	−0.00195	0.0000190	−0.0107***	−0.00815***	−0.00671***	−0.0114***
	(0.00304)	(0.00158)	(0.00168)	(0.00304)	(0.00159)	(0.00169)
常数项	0.448**	−0.168	−1.886***	0.173	−0.239	−1.518***
	(0.215)	(0.195)	(0.219)	(0.222)	(0.195)	(0.214)
N	88668	181232	103475	48791	99785	59088
R^2	0.003	0.004	0.015	0.002	0.003	0.010

注：*、**、*** 分别表示在 10%、5%、1%的水平下有显著影响，“（）”中的数字为相应的标准误。

从表5-18可以看出，质量对不同规模企业出口偏度的影响在1%水平下显著为正，但对不同规模企业的影响存在异质性。具体来说，质量对小型企业ln*lskew*01的影响最大，中型企业次之，小型企业的系数是大型企业的3.4倍。而质量对中型企业ln*lskew*02的影响最大，大型企业次之，对小型企业的影响最小。生产率、平均工资对大型企业出口偏度的影响最大，对小型企业的影响最小。贸易冲击的上升会显著提高大、中型企业目的地市场的出口偏度，对小型企业ln*lskew*01的影响并不显著，但对ln*lskew*02的影响显著为负。实际汇率对大、中型企业出口偏度以及小型企业ln*lskew*01的影响显著为负，对小型企业ln*lskew*02的影响并不显著。距离对大、中型企业目的地市场的出口偏度有显著的抑制效应，对小型企业出口偏度的影响则完全相反。年龄对不同规模企业的出口偏度有显著的负面效应。补贴对不同规模企业的ln*lskew*02有显著的负面影响，仅对大型企业的ln*lskew*01的影响显著为负，但对其他两类企业In*lskew* 01的影响并不显著。

三、不同所有制企业的估计结果

中国企业的经营绩效与所有制类型息息相关。为了研究生产率、质量对不同所有制企业产品组合影响的异质性，根据工业企业数据库中的企业注册类型，将企业分为外资企业、民营企业和国有企业三类。一般而言，外资企业的生产技术水平较高，国有企业获取政府补贴的程度比其他类型的企业要大，因此，在不同所有制的企业中，生产率、质量对企业产品组合的影响也会存在差异。

（一）企业世界市场出口偏度

表5-19呈现的是生产率、质量对不同所有制企业世界市场出口偏度的影响。

表 5-19　生产率、质量对企业世界市场出口偏度的影响（不同所有制）

项目	(1)	(2)	(3)	(4)	(5)	(6)
	ln*wskew*01	ln*wskew*01	ln*wskew*01	ln*wskew*02	ln*wskew*02	ln*wskew*02
	国有企业	民营企业	外资企业	国有企业	民营企业	外资企业
质量	0.473*	0.486***	1.001***	0.941***	0.320***	0.585***
	(0.274)	(0.120)	(0.0692)	(0.265)	(0.100)	(0.0582)
生产率	0.349*	0.915***	1.780***	0.893***	0.924***	1.285***
	(0.178)	(0.111)	(0.0575)	(0.168)	(0.0988)	(0.0464)
贸易冲击	0.0151	-0.00643	-0.0345***	0.0137	0.00427	0.00645*
	(0.0131)	(0.00678)	(0.00398)	(0.0132)	(0.00602)	(0.00341)
实际汇率	-0.0188**	-0.00192	-0.0259***	-0.0162**	-0.00519	-0.0114***
	(0.00813)	(0.00401)	(0.00251)	(0.00807)	(0.00346)	(0.00208)
平均工资	0.0869**	0.0795***	0.0876***	0.113***	0.0600***	0.0664***
	(0.0362)	(0.0247)	(0.0106)	(0.0336)	(0.0207)	(0.00861)
距离	-0.0826***	-0.0984***	-0.117***	-0.113***	-0.0854***	-0.122***
	(0.0208)	(0.0109)	(0.00560)	(0.0208)	(0.00975)	(0.00475)
年龄	-0.00680	-0.0162	-0.0680***	-0.0539**	-0.0115	-0.0216***
	(0.0240)	(0.0159)	(0.00972)	(0.0224)	(0.0133)	(0.00788)
补贴	0.00925	0.0142***	0.0262***	0.00163	0.00988***	0.00511**
	(0.00672)	(0.00465)	(0.00317)	(0.00623)	(0.00376)	(0.00249)
常数项	1.984***	1.317***	0.633***	0.937**	0.377	0.135
	(0.455)	(0.272)	(0.133)	(0.442)	(0.239)	(0.108)
N	5738	23991	94459	4079	17282	73201
R^2	0.008	0.010	0.025	0.024	0.012	0.025

注：*、**、*** 分别表示在 10%、5%、1%的水平下有显著影响，“（）”中的数字为相应的标准误。

从表 5-19 可以看出，质量对不同所有制企业出口偏度的影响均在 1%水平下显著为正。其中，在对 ln*wskew* 01 的影响中，质量对外资企业核心产品的影响最大，民营企业次之，国有企业最小。而质量对 ln*wskew* 02 的影响则有所不同，对国有企业的影响最大，外资企业的影响次之，民营企业最小。生产率、平均工资、补贴对企业出口偏度的影响显著为正。实际汇率、距离、年龄对企业出口偏度的影响显著为负。在贸易冲击对 ln*wskew* 01 的影响中，对国有企业的影响呈现出显著的负面效应，但对外资企业和民营企业的影响则呈现显著的正面效应；而贸易冲击对外资企业 ln*wskew* 02 的影响有显著的正面效应，但对国有企业和民营企业的影响并不显著。

（二）企业目的地市场出口偏度

生产率、质量对不同所有制企业目的地市场的出口偏度的影响如表 5-20 所示。

表 5-20　生产率、质量对企业目的地市场出口偏度的影响（不同所有制）

项目	(1)	(2)	(3)	(4)	(5)	(6)
	ln*lskew*01	ln*lskew*01	ln*lskew*01	ln*lskew*02	ln*lskew*02	ln*lskew*02
	国有企业	民营企业	外资企业	国有企业	民营企业	外资企业
质量	1. 227 ***	-0. 0517	1. 867 ***	1. 506 ***	-0. 0839	1. 218 ***
	(0. 382)	(0. 141)	(0. 0953)	(0. 411)	(0. 152)	(0. 0958)
生产率	0. 530 ***	0. 811 ***	1. 066 ***	0. 561 ***	0. 544 ***	0. 922 ***
	(0. 106)	(0. 0612)	(0. 0284)	(0. 108)	(0. 0663)	(0. 0275)
贸易冲击	0. 0234 ***	0. 0177 ***	0. 0164 ***	0. 0170 ***	0. 00837 ***	0. 00721 ***
	(0. 00562)	(0. 00269)	(0. 00144)	(0. 00606)	(0. 00303)	(0. 00150)
实际汇率	0. 00773	-0. 00921 ***	-0. 00677 ***	0. 00442	-0. 00767 **	-0. 00441 **
	(0. 00624)	(0. 00298)	(0. 00183)	(0. 00674)	(0. 00328)	(0. 00189)
平均工资	0. 148 ***	0. 0555 ***	0. 112 ***	0. 116 ***	0. 0259 *	0. 0387 ***
	(0. 0208)	(0. 0141)	(0. 00588)	(0. 0215)	(0. 0148)	(0. 00576)
距离	0. 0272	-0. 0174 **	-0. 00716	0. 0140	-0. 00322	-0. 00761
	(0. 0172)	(0. 00834)	(0. 00469)	(0. 0180)	(0. 00894)	(0. 00472)
年龄	0. 0168	-0. 0126	-0. 0199 ***	0. 0140	-0. 0132	0. 00154
	(0. 0140)	(0. 00927)	(0. 00542)	(0. 0145)	(0. 00979)	(0. 00533)
补贴	-0. 00249	0. 00898 ***	-0. 00652 ***	-0. 0120 ***	0. 00986 ***	-0. 00992 ***
	(0. 00395)	(0. 00225)	(0. 00148)	(0. 00416)	(0. 00235)	(0. 00145)
常数项	-0. 956 ***	-0. 203	-1. 774 ***	-1. 276 ***	0. 143	-1. 277 ***
	(0. 356)	(0. 182)	(0. 0866)	(0. 372)	(0. 198)	(0. 0847)
N	13777	62205	254800	7199	30973	147975
R^2	0. 010	0. 006	0. 013	0. 013	0. 005	0. 012

注：*、**、*** 分别表示在 10%、5%、1%的水平下有显著影响，“（）”中的数字为相应的标准误。

从表 5-20 的结果来看，质量对国有企业和外资企业的出口偏度有显著的促进效应，但对民营企业的影响并不显著。生产率、贸易冲击和平均工资的增加能显著提高不同所有制企业目的地市场的出口偏度。实际汇率对民营企业和外资企业出口偏度有显著的抑制效应，而对国有企业出口偏度的影响并不显著。距离仅对民营企业 ln*lskew*01 有显著的负面影响，对其他企业的影响并不显著。年龄仅对外资企业的 ln*lskew*01 有显著的负面效应。补贴对国有企业 ln*lskew*01 的影响并不显著，但对国有企业的 ln*lskew*02 有显著的抑制作用；补贴对民营企业的出口偏度有提升作用，对国有企业的出口偏度则有显著的降低作用。

四、不同地区企业的估计结果

由于中国经济区域发展极为不平衡，生产率、质量对不同地区企业产品转换的影响会因所处地区经济发展不同而有所差异。为了考察生产率、质量对不同地区企业产品转换行为的异质性影响，根据盛斌和牛蕊（2009）的分类方法，将企业划分为东部企业、中部企业和西部企业。

（一）企业世界市场出口偏度

生产率、质量对不同地区企业世界市场出口偏度影响的回归结果如表 5-21所示。

表 5-21　生产率、质量对企业世界市场出口偏度的影响（不同地区）

项目	(1)	(2)	(3)	(4)	(5)	(6)
	ln*wskew*01	ln*wskew*01	ln*wskew*01	ln*wskew*02	ln*wskew*02	ln*wskew*02
	东部地区	中部地区	西部地区	东部地区	中部地区	西部地区
质量	1.019***	−0.456*	0.407	0.504***	0.373	1.515***
	(0.0576)	(0.262)	(0.290)	(0.0484)	(0.273)	(0.332)
生产率	1.376***	0.592***	0.868***	1.151***	0.795***	0.482*
	(0.0474)	(0.206)	(0.264)	(0.0391)	(0.181)	(0.250)

续表

项目	(1)	(2)	(3)	(4)	(5)	(6)
	ln*wskew*01	ln*wskew*01	ln*wskew*01	ln*wskew*02	ln*wskew*02	ln*wskew*02
	东部地区	中部地区	西部地区	东部地区	中部地区	西部地区
贸易冲击	-0.0156***	-0.00837	0.0412**	0.0110***	0.0286**	-0.00639
	(0.00321)	(0.0141)	(0.0162)	(0.00279)	(0.0136)	(0.0164)
实际汇率	-0.0211***	-0.00933	-0.0259**	-0.0113***	-0.0149*	-0.0150
	(0.00202)	(0.00881)	(0.0109)	(0.00171)	(0.00815)	(0.0109)
平均工资	0.112***	0.183***	0.0606	0.0805***	0.200***	0.107**
	(0.00910)	(0.0420)	(0.0519)	(0.00746)	(0.0379)	(0.0486)
距离	-0.118***	-0.0687***	-0.146***	-0.119***	-0.102***	-0.0784***
	(0.00469)	(0.0228)	(0.0283)	(0.00404)	(0.0220)	(0.0287)
年龄	-0.0713***	-0.0513*	-0.128***	-0.0275***	-0.0335	-0.0384
	(0.00710)	(0.0271)	(0.0311)	(0.00585)	(0.0242)	(0.0291)
补贴	0.0115***	0.0111	0.0233**	0.000204	0.00975	0.0156*
	(0.00232)	(0.00877)	(0.00942)	(0.00185)	(0.00761)	(0.00867)
常数项	1.094***	1.294***	1.421**	0.240***	0.260	2.274***
	(0.113)	(0.499)	(0.622)	(0.0926)	(0.454)	(0.610)
N	129616	6120	3826	99093	3989	2511
R^2	0.020	0.010	0.020	0.022	0.025	0.020

注：*、**、*** 分别表示在10%、5%、1%的水平下有显著影响，“（）”中的数字为相应的标准误。

从表5-21的结果来看，质量对中部地区ln*wskew* 01的影响显著为负，但对东、西部地区企业出口偏度有显著的正向效应，且对东部地区的正向效应高于对西部地区。质量对所有不同地区企业ln*wskew* 02的影响显著为正，影响效应由小到大排列依次为：东部地区、中部地区和西部地区。生产率、平均工资对所有不同地区企业出口偏度的影响均为负。贸易冲击对东、中部地区ln*wskew* 01的影响显著为负，但对西部地区企业ln*wskew* 01的影响却显著为正。贸易冲击对东、中部地区ln*wskew* 02的影响呈现显著的正向效应，但对西部地区的影响并不显著。

（二）企业目的地市场出口偏度

生产率、质量对不同地区企业目的地市场出口偏度影响的回归结果如表5-22所示。

表 5-22 生产率、质量对企业目的地市场的出口偏度（不同地区）

项目	(1)	(2)	(3)	(4)	(5)	(6)
	ln*lskew*01	ln*lskew*01	ln*lskew*01	ln*lskew*02	ln*lskew*02	ln*lskew*02
	东部地区	中部地区	西部地区	东部地区	中部地区	西部地区
质量	1.154***	-0.654	-0.543	0.634***	0.986*	-0.994*
	(0.0924)	(0.494)	(0.532)	(0.0940)	(0.534)	(0.577)
生产率	0.893***	0.796***	1.320***	0.713***	1.242***	0.481*
	(0.0329)	(0.190)	(0.241)	(0.0325)	(0.203)	(0.260)
贸易冲击	0.0167***	0.0304***	0.0495***	0.00700***	0.00866	0.0241*
	(0.00161)	(0.00893)	(0.0108)	(0.00172)	(0.0104)	(0.0128)
实际汇率	-0.00220	-0.00555	0.0287**	-0.00762***	-0.00992	0.0177
	(0.00195)	(0.0103)	(0.0135)	(0.00205)	(0.0117)	(0.0152)
平均工资	0.109***	0.229***	0.140***	0.0531***	0.0902**	0.00533
	(0.00767)	(0.0393)	(0.0517)	(0.00762)	(0.0434)	(0.0533)
距离	-0.0141***	-0.0206	0.0532	-0.0197***	-0.0171	0.0439
	(0.00513)	(0.0283)	(0.0368)	(0.00522)	(0.0309)	(0.0410)
年龄	-0.0149***	-0.0117	-0.128***	-0.00885	-0.00198	-0.0400
	(0.00542)	(0.0261)	(0.0317)	(0.00546)	(0.0286)	(0.0356)
补贴	-0.00403***	-0.00309	0.0215**	-0.00562***	-0.0161**	0.0163*
	(0.00142)	(0.00715)	(0.00883)	(0.00143)	(0.00783)	(0.00981)
常数项	-1.056***	-0.356	-2.284***	-0.451***	-1.965***	0.176
	(0.0977)	(0.563)	(0.709)	(0.0970)	(0.622)	(0.779)
N	186138	6988	4006	103613	3315	1852
R^2	0.009	0.014	0.030	0.008	0.020	0.013

注：*、**、*** 分别表示在 10%、5%、1%的水平下有显著影响，“（）”中的数字为相应的标准误。

从表 5-22 呈现的结果来看，质量对东部地区企业出口偏度有显著的提升效应，但对中、西部地区的影响却存在较大的异质性，具体而言，质量对中、西部地区企业 ln*lskew*01 的影响并不显著，而在对 ln*lskew*02 的影响中，对中部地区企业的出口偏度有显著的正向效应，但对西部地区企业却有显著的负面效应。生产率、平均工资对企业出口偏度有显著的正向影响。贸易冲击对中部地区企业 ln*lskew*02 的影响并不显著，对其余地区企业均呈现显著的正向效应。

五、不同品牌企业的估计结果

在国际市场上，中国企业的国际竞争力相对较弱。在中国的出口企业中，不同品牌的企业，其生产率、质量对其产品组合的影响也存在差异，为了研究这一差异，根据企业无形资产的差异，将企业划分为高品牌企业、普通企业与低品牌企业。

（一）企业世界市场出口偏度

生产率、质量对不同品牌企业世界市场出口偏度的影响如表 5-23 所示。

表 5-23　生产率、质量对企业世界市场出口偏度的影响（不同品牌）

项目	(1)	(2)	(3)	(4)	(5)	(6)
	ln*wskew*01	ln*wskew*01	ln*wskew*01	ln*wskew*02	ln*wskew*02	ln*wskew*02
	高品牌	普通品牌	低品牌	高品牌	普通品牌	低品牌
质量	0.813***	0.143	1.073***	0.562***	0.387*	0.519***
	(0.0871)	(0.287)	(0.0737)	(0.0754)	(0.235)	(0.0624)
生产率	1.288***	1.657***	1.277***	1.175***	1.613***	0.979***
	(0.0731)	(0.334)	(0.0600)	(0.0618)	(0.274)	(0.0490)
贸易冲击	-0.0241***	-0.0132	-0.00682*	0.00168	-0.00629	0.0167***
	(0.00497)	(0.0195)	(0.00397)	(0.00445)	(0.0173)	(0.00341)
实际汇率	-0.0162***	-0.0378***	-0.0241***	-0.0107***	-0.0166	-0.0124***
	(0.00316)	(0.0121)	(0.00250)	(0.00277)	(0.0101)	(0.00208)
平均工资	0.134***	0.105*	0.0834***	0.101***	-0.0130	0.0612***
	(0.0143)	(0.0616)	(0.0112)	(0.0121)	(0.0503)	(0.00902)
距离	-0.128***	-0.134***	-0.108***	-0.128***	-0.108***	-0.111***
	(0.00742)	(0.0272)	(0.00584)	(0.00658)	(0.0234)	(0.00496)

续表

项目	(1)	(2)	(3)	(4)	(5)	(6)
	lnwskew01	lnwskew01	lnwskew01	lnwskew02	lnwskew02	lnwskew02
	高品牌	普通品牌	低品牌	高品牌	普通品牌	低品牌
年龄	-0.0829***	0.0310	-0.0720***	-0.0387***	-0.0122	-0.0228***
	(0.0110)	(0.0446)	(0.00856)	(0.00935)	(0.0363)	(0.00695)
补贴	0.00537*	0.0131	0.0179***	-0.00119	0.00404	0.00221
	(0.00306)	(0.0149)	(0.00322)	(0.00254)	(0.0119)	(0.00254)
常数项	1.467***	0.0694	1.136***	0.513***	-0.378	0.458***
	(0.173)	(0.790)	(0.145)	(0.146)	(0.644)	(0.119)
N	57559	3334	78669	43849	2555	59189
R^2	0.021	0.024	0.018	0.024	0.025	0.019

注：*、**、*** 分别表示在 10%、5%、1%的水平下有显著影响，“( )”中的数字为相应的标准误。

从表 5-23 的结果来看，质量对不同品牌企业出口偏度的影响存在异质性，具体而言，质量对普通品牌企业 ln*wskew* 01 的影响并不显著，但对高品牌和低品牌企业 ln*wskew* 01 的影响均显著为正；而质量对不同品牌企业 ln*wskew* 02 的影响均显著为正，对高品牌企业的影响最大，低品牌企业次之，普通品牌企业的影响最小。生产率对不同品牌企业出口偏度有显著的促进效应。贸易冲击对不同品牌企业出口偏度的影响存在较大差异，具体表现在：贸易冲击对 ln*wskew* 01 的影响均呈现负面效应，对普通品牌呈现的负面效应并不显著，但对高品牌和低品牌企业却有显著的负面影响；在贸易冲击对 ln*wskew* 02 的影响中，对高品牌和普通品牌企业呈现的是并不显著的正向效应，但对低品牌企业的影响却显著为正。实际汇率除了对普通品牌企业 ln*wskew* 02 的影响并不显著外，对高品牌和低品牌企业均呈现显著为负的影响；而对所有品牌企业 ln*wskew* 01 的影响均显著为负。平均工资对普通品牌企业 ln*wskew* 02 的影响并不显著，但对其余品牌企业的出口偏度的影响均显著为正。距离对所有品牌企业的出口偏度均有显著的负面效应。年龄对普通品牌企业的出口偏度的影响并不显著，但对高品牌和低品牌企业均有显著的抑制效应。补贴仅对高品牌和低品牌企业的 ln*wskew* 01 有显著的正面效应。

（二）企业目的地市场出口偏度

生产率、质量对不同品牌企业目的地市场出口偏度影响的回归结果如表5-24所示。

表 5-24 生产率、质量对企业目的地市场出口偏度的影响（不同品牌）

项目	(1)	(2)	(3)	(4)	(5)	(6)
	ln*lskew*01	ln*lskew*01	ln*lskew*01	ln*lskew*02	ln*lskew*02	ln*lskew*02
	高品牌	普通品牌	低品牌	高品牌	普通品牌	低品牌
质量	1.040***	0.524	1.753***	0.840***	0.695	1.214***
	(0.106)	(0.419)	(0.105)	(0.112)	(0.450)	(0.107)
生产率	0.906***	1.051***	0.864***	0.802***	0.652***	0.699***
	(0.0358)	(0.174)	(0.0318)	(0.0362)	(0.172)	(0.0307)
贸易冲击	0.0207***	0.0148**	0.0173***	0.0111***	-0.0136*	0.00858***
	(0.00176)	(0.00744)	(0.00158)	(0.00191)	(0.00791)	(0.00165)
实际汇率	-0.00781***	-0.0112	-0.00645***	-0.00953***	-0.0318***	-0.00196
	(0.00209)	(0.00926)	(0.00194)	(0.00225)	(0.0100)	(0.00200
平均工资	0.168***	0.121***	0.0734***	0.0770***	0.0101	0.0406***
	(0.00762)	(0.0350)	(0.00636)	(0.00777)	(0.0345)	(0.00617)
距离	-0.0252***	0.00436	0.00302	-0.0236***	-0.0343	0.00401
	(0.00565)	(0.0243)	(0.00500)	(0.00589)	(0.0253)	(0.00501)
年龄	-0.0346***	0.0318	-0.0176***	-0.0217***	0.0345	-0.0104**
	(0.00593)	(0.0251)	(0.00501)	(0.00617)	(0.0253)	(0.00495)
补贴	-0.00927***	-0.00930	-0.00365**	-0.00972***	-0.0163**	-0.0115***
	(0.00142)	(0.00756)	(0.00161)	(0.00146)	(0.00755)	(0.00158)
常数项	-1.062***	-1.307***	-1.302***	-0.798***	0.314	-0.900***
	(0.109)	(0.504)	(0.0976)	(0.112)	(0.504)	(0.0954)
N	170842	8655	193878	94081	4844	108739
R^2	0.012	0.009	0.009	0.010	0.007	0.009

注：*、**、*** 分别表示在10%、5%、1%的水平下有显著影响，“（）”中的数字为相应的标准误。

从表5-24的结果来看，质量的提高会显著提升高品牌和低品牌企业目的地市场的出口偏度，而对普通品牌企业出口偏度的影响并不显著。生产率、平均工资的增加会显著提高不同品牌企业的出口偏度。贸易冲击对普通品牌企业的 ln*lskew*02 有显著的抑制效应，而对其余品牌企业的影响却显著为正。

六、不同行业企业的估计结果

为了研究生产率、质量对不同行业企业产品组合行为的影响，借鉴刘啟仁和黄健忠（2016）的做法，即根据赫芬达尔指数，将企业划分为垄断行业企业和竞争行业企业。将赫芬达尔指数大于中值的定义为垄断行业，其他为竞争行业。

（一）企业世界市场出口偏度

生产率、质量对不同行业企业世界市场出口偏度的影响如表 5-25 所示。

表 5-25　生产率、质量对企业世界市场出口偏度的影响（不同行业）

项目	(1)	(2)	(3)	(4)
	ln*wskew*01	ln*wskew*01	ln*wskew*02	ln*wskew*02
	竞争行业企业	垄断行业企业	竞争行业企业	垄断行业企业
质量	2.753***	0.663***	1.295***	0.467***
	(0.106)	(0.0657)	(0.0847)	(0.0581)
生产率	1.168***	1.194***	1.036***	1.010***
	(0.0705)	(0.0586)	(0.0547)	(0.0509)
贸易冲击	0.0000475	-0.0314***	0.0309***	-0.0116***
	(0.00470)	(0.00399)	(0.00387)	(0.00365)
实际汇率	-0.0352***	-0.0101***	-0.0263***	-0.000985
	(0.00289)	(0.00255)	(0.00231)	(0.00227)
平均工资	0.0314**	0.0637***	0.0273***	0.0519***
	(0.0131)	(0.0116)	(0.0103)	(0.00997)
距离	-0.128***	-0.110***	-0.140***	-0.109***
	(0.00682)	(0.00594)	(0.00556)	(0.00539)
年龄	-0.0445***	-0.0935***	-0.0168**	-0.0386***
	(0.00975)	(0.00891)	(0.00760)	(0.00774)

续表

项目	(1)	(2)	(3)	(4)
	lnwskew01	lnwskew01	lnwskew02	lnwskew02
	竞争行业企业	垄断行业企业	竞争行业企业	垄断行业企业
补贴	0.0151***	0.00746***	0.00102	-0.000316
	(0.00350)	(0.00274)	(0.00267)	(0.00228)
常数项	2.272***	1.833***	0.808***	1.057***
	(0.175)	(0.139)	(0.136)	(0.121)
N	53765	85797	43441	62152
R^2	0.030	0.016	0.032	0.018

注：*、**、*** 分别表示在10%、5%、1%的水平下有显著影响，“（）”中的数字为相应的标准误。

从表5-25的结果来看，质量对不同行业企业出口偏度的影响均有显著的提升效应，但对竞争行业出口偏度的影响要显著高于对垄断行业的影响。生产率、平均工资对不同行业出口偏度的影响显著为正。贸易冲击对垄断行业企业出口偏度有显著的负面效应，对竞争行业 ln*wskew* 01 的影响并不显著，但对 ln*wskew* 02 却有显著的提升效应。实际汇率对垄断行业 ln*wskew* 02 的影响并不显著，对竞争行业则呈现显著的负面影响。距离、年龄对不同行业企业出口偏度的影响均为负。补贴对不同行业 ln*wskew* 01 的影响均为正，但对 ln*wskew* 02 的影响并不显著。

（二）企业目的地市场出口偏度

生产率、质量对不同行业的企业目的地市场出口偏度影响的回归结果如表5-26所示。

表5-26　生产率、质量对企业目的地市场出口偏度的影响（不同行业）

项目	(1)	(2)	(3)	(4)
	lnlskew01	lnlskew01	lnlskew02	lnlskew02
	竞争行业企业	垄断行业企业	竞争行业企业	垄断行业企业
质量	1.865***	0.168	1.163***	0.736***
	(0.0843)	(0.153)	(0.0859)	(0.167)

续表

项目	(1)	(2)	(3)	(4)
	ln*lskew*01	ln*lskew*01	ln*lskew*02	ln*lskew*02
	竞争行业企业	垄断行业企业	竞争行业企业	垄断行业企业
生产率	0.902***	0.891***	0.768***	0.747***
	(0.0255)	(0.0554)	(0.0250)	(0.0576)
贸易冲击	0.0168***	0.0239***	0.00950***	0.00268
	(0.00126)	(0.00295)	(0.00133)	(0.00336)
实际汇率	-0.00736***	-0.00798**	-0.00779***	-0.00130
	(0.00153)	(0.00347)	(0.00160)	(0.00386)
平均工资	0.113***	0.0726***	0.0533***	0.0217*
	(0.00539)	(0.0116)	(0.00530)	(0.0122)
距离	-0.00295	-0.0469***	-0.00509	-0.0422***
	(0.00402)	(0.00946)	(0.00406)	(0.0102)
年龄	-0.0263***	-0.00357	-0.0126***	-0.00947
	(0.00412)	(0.00957)	(0.00412)	(0.0104)
补贴	-0.00711***	-0.00646***	-0.00977***	-0.0122***
	(0.00116)	(0.00241)	(0.00115)	(0.00254)
常数项	-1.469***	-0.201	-0.994***	-0.105
	(0.0785)	(0.170)	(0.0776)	(0.181)
N	309223	64152	174655	33009
R^2	0.010	0.009	0.010	0.008

注：*、**、*** 分别表示在10%、5%、1%的水平下有显著影响，“（）”中的数字为相应的标准误。

表5-26的结果说明，质量对不同行业的企业目的地市场出口偏度的影响存在异质性。质量对不同行业企业出口偏度的影响均为正，但对垄断行业企业的ln*lskew*01呈现并不显著的正向影响，且质量对垄断行业企业出口偏度的影响显著低于竞争行业企业。生产率、贸易冲击、平均工资对不同行业企业的目的地出口偏度有显著的正向影响。

本章小结

本章通过构建企业层面、企业目的地层面的质量指数，分别考察了生产率、质量对企业世界市场出口偏度以及企业目的地市场出口偏度的影响，并运用不同的估计方法，改变质量和产品组合的测度方法等，检验了基本回归结果的稳健性，并从企业技术水平、企业规模、企业所有制、企业所在地区、企业品牌、所在行业等方面考察了质量对企业产品组合影响的异质性。

研究结果表明：第一，质量对企业世界市场和企业目的地市场出口偏度的影响显著为正，企业出口产品质量越高，企业的出口越偏向其质量高的核心产品。进一步证明了 Gervais（2015）的结论，即质量因素是企业出口选择以及出口量的重要决定因素。第二，生产率对企业出口偏度的影响在 1%水平下显著为正。贸易冲击对企业世界市场出口偏度和目的地市场出口偏度的影响均显著为正。这一结论验证了本书第二章提出的性质 3。第三，距离对企业出口偏度的影响显著为负，说明企业离出口目的地越远，往往越不会销售其更具有竞争力的产品，相反，会在距离越近的目的地出口其更具有竞争力的产品组合。第四，平均工资对企业出口偏度的影响有显著的正向效应，说明企业平均工资水平越高，越倾向于将资源配置在其核心产品上，从而核心产品的销售额比重越高。第五，实际汇率、企业年龄对企业出口偏度的影响显著为负，说明实际汇率越高、企业年龄越大，企业越会生产不断变化的、满足消费者需求的产品，以应对汇率冲击，提高企业的国际竞争力，从而降低企业的出口倾斜效应。第六，补贴对企业世界市场的出口偏度的影响显著为正，且对 ln*wskew* 01 的影响显著高于对 ln*wskew* 02 的影响。但补贴对企业目的地市场出口偏度的影响显著为负，即补贴的增加会提高企业的世界市场出口偏度，但会降低企业目的地市场的出口偏度。

第六章　结论、对策建议与研究展望

第一节　本书的主要结论

本书的研究目的在于探讨生产率、质量对企业出口行为的影响。首先，研究了生产率、质量对企业出口参与行为的影响；其次，探讨了生产率、质量对企业产品转换行为的影响；最后，考察了生产率、质量对企业产品组合行为的影响。

一、生产率、质量对企业出口参与行为影响的结论

第三章构建了企业层面的质量指标，并将质量与生产率相结合，研究对企业出口参与的影响。研究结论如下。

第一，质量和生产率对企业出口参与有显著的正面影响。质量每提高 1%，企业出口参与的可能性提高 0.2%，说明高质量生产者更有可能进入出口市场。生产率每提高 1%，企业参与出口的可能性提高 1.9%，这与 Iacovone 和 Javorcik（2010）、Arkolakis 等（2015）以及 Mayer、Melitz 和 Ottaviano（2014）等的实证结果一致，即生产率较高的企业，出口可能性更高。

第二，资本对企业出口参与的影响显著为正，即资本每增加 1%，企业出口参与的可能性提高 0.006%。说明企业资本规模越大，其弥补在国外市场上销售的额外成本、抵御外来冲击的能力越强。

第三，人均 GDP 的提高能显著提升企业出口参与的可能性。补贴的增加

能显著提升企业出口参与的可能性，即补贴每增加 1%，企业出口参与的可能性提高 0.003%。出口退税政策对企业出口参与的影响虽为正，但并不显著，说明我国鼓励企业出口的这项财税政策并未取得预期效果。

第四，品牌对企业出口参与的影响显著为正，表明品牌影响力的提升有助于提高企业的出口参与。在中国出口企业中，半数以上的企业为低品牌企业或无品牌企业。当前中国企业的品牌建设还较差，高品牌企业缺失，而品牌产品缺乏也是导致中国企业在国际市场上缺乏竞争力的主要原因之一。在当前国内国际经济下滑、国内需求不足、外需疲软的情况下，政府采取何种措施来加强企业投资，从而提高其产品、品牌软实力以及企业的国际竞争力，是当前中国企业亟待解决的主要问题之一。

二、生产率、质量对企业产品转换行为影响的结论

第四章运用第三章建立的企业层面的质量指标，实证分析了生产率、质量对企业产品转换行为的影响。主要研究结论如下。

第一，生产率、质量是影响企业是否调整产品线的重要因素。企业的生产率和质量水平越高，其出口决策的灵活性越大，匹配国外消费者需求的能力越强。因此，生产率、质量高的企业，更有可能将资源向符合消费者需求的产品倾斜，并增加对该产品改造、升级或直接进行产品转换的概率。

第二，企业平均工资越高、经营持续时间越长，企业进行产品转换的可能性越小。企业平均工资越高，其运营成本也越高，因此，企业会将资源配置在核心产品上，淘汰利润水平低或不能更好满足消费者需求的产品。而企业经营持续时间越长，对消费者偏好及期望了解越多，其生产的产品也越迎合消费者的需求。因此，企业经营持续时间越长，其进行产品转换的可能性越小。

第三，融资约束越高，企业进行产品转换的概率越大。融资约束是阻碍企业积极扩张的因素之一。而适当的融资约束将会对企业忽视市场需求而盲

目扩张的行为产生制约。由于资本的有限性，企业在加大技术创新力度、增加新产品的同时，必须淘汰边际成本高、收益低的产品。因此，融资约束对企业产品转换行为有显著的正向影响。生产性补贴的增加有助于提高企业进行产品转换的可能性。这是因为生产性补贴的增加，降低了企业的经营成本；企业将更多的资金用于生产符合消费者需求的产品，放弃不能满足消费者需求的产品。这也表明，我国实行的生产性补贴政策有助于我国企业的产品优化升级，更有利于我国供给侧结构性改革的推进。

第四，生产率和质量对不同类型企业产品转换行为的影响存在异质性。生产率、质量对不同技术水平、不同地区、不同行业、不同规模的企业的影响存在较大差异。同时，我国地区经济发展不平衡，不同行业的发展趋势与前景存在较大差异，因此，我国在重新调整和制定政策时，对不同行业、不同地区的企业可采取差异化政策，以更好地调动微观主体的积极性。

三、生产率、质量对企业产品组合行为影响的结论

第五章通过构建企业层面、企业目的地层面的质量指数，分别考察质量对企业世界市场出口偏度以及目的地市场出口偏度的影响。运用不同的估计方法，即改变质量和产品组合的测度方法等，检验了基本回归结果的稳健性，并从企业技术水平、企业所有制、企业规模、企业所处地区、企业品牌、所在行业等方面考察了质量对企业产品组合影响的异质性。主要研究结论如下。

第一，生产率和质量对企业世界市场和目的地市场出口偏度的影响均显著为正。这些结果表明，企业生产率和质量越高，企业出口偏向其核心产品的可能性越大。

第二，贸易冲击无论是对企业世界市场偏度还是目的地市场出口偏度均有显著的正向影响。但距离对企业出口偏度却呈现负向效应。企业距离出口目的地越远，企业将其具有核心竞争力的产品销往这些地区的概率越低。实际汇率和企业年龄对企业出口偏度也有显著的负面影响。企业年龄越大，其

掌握目的地市场消费者偏好的可能性越高，其调整出口产品可能性的概率越大。为应对汇率冲击，企业将会根据市场消费需求的变化不断调整其产品组合，进而降低企业的出口偏度。

第三，平均工资对企业出口偏度的影响显著为正。企业工资水平越高，其经营成本也越高，这会促使企业将资源配置到更具市场竞争力的核心产品上，通过提高企业利润来应对高额的经营成本。

第四，生产性补贴对企业世界市场偏度的影响显著为正，但对企业目的地市场的出口偏度的影响为负。生产性补贴的增加有助于提高企业世界市场的偏度，而不利于提高企业目的地市场的出口偏度。因此，国家在制定补贴政策时，可根据经济发展的不同阶段来制定相应的补贴政策。

第二节　对策建议

长期以来，中国出口企业存在出口商品比较单一，出口市场相对集中，出口商品替代性较强等问题。而近年来，世界经济持续波动，海外市场持续低迷，国内需求不足，中国的出口拉动型经济正面临巨大的考验，中国制造业低质量产品过剩而高质量产品稀缺（李世刚、李晓萍和江飞涛，2018）是导致中国产品在国际市场上竞争力低的主要原因之一，再加上中国企业在国外市场的过度竞争，更是使中国的出口贸易举步维艰，导致中国经济增长速度明显减缓。

当前中国经济处于内需乏力，外需不足的关键时期，中国出口企业原有的低成本竞争优势逐渐被东南亚地区和印度等国家代替，中国企业迫切需要培养新的竞争优势。党的十九大报告指出：“深化供给侧结构性改革，建设现代化经济体系，必须把发展经济的着力点放在实体经济上，把提高供给体系质量作为主攻方向，显著增强我国经济质量优势。”而李克强总理在2016年政府工作报告中也指出：“要以供给侧结构性改革来提高供给体系的质量和效率，努力改善产品和服务供给，提升消费品品质。”可见，当前中国供给侧结构性改革的重点是如何提升企业产品质量。对外贸易是中国经济增长的主要引擎，因此，提升中国出口企业产品质量是提升中国企业的贸易利得、加快转变中国出口贸易结构、促进中国出口贸易更加持续健康发展的关键。供给侧结构性改革的目的，就是要提高供给质量，用改革来对中国的产业结构进行调整。中国的供给体系与需求存在严重错位，导致要素配置扭曲。而供给侧结构性改革就是要改变“供需错位”现状，扩大有效供给，提高供给体系应对需求变化的能力。根据当前中国的实际情况，结合本书的研究结论，我们可以得出以下的政策建议。

第一，质量、生产率对企业出口参与的影响显著为正，说明忽视质量的作用将会高估生产率对企业出口决策的贡献，表明产品质量和生产率对中国企业的出口成功和产品扩张都具有重要意义。因此，企业忽视市场对其产品质量的需求是不可取的。在当前的经济环境下，通过削减成本、提高生产率的方式，在国际市场上越来越难竞争，因为随着人口红利的丧失，中国的劳动力成本优势逐渐被东南亚等国家代替，中国企业在国际市场上的低价竞争优势已经丧失，只有构建新的竞争优势才能在国际市场立足。首先，这一结论对中国企业如何面对来自越南、柬埔寨等东南亚邻国的较低工资的激烈竞争、构建新的竞争优势，具有重要的意义。正如 Sutton（2007）所强调的，虽然低工资国家的出口可能取代中国生产率较高的企业的出口，但这些国家的较低工资却无法弥补其在质量上的不足。即使在工资水平低的国家，原材料的成本也不可能低于最低产品质量所需的成本。本书的结论加强了 Sutton（2007）的理论，指出了更高的质量是中国一些企业在出口市场取得成功而另外一些企业失败的一个主要原因。更高的产品质量使企业在出口市场上更成功，即使其生产率等于或低于其他企业。因此，企业要加大研发力度，积极学习、引进国内外先进技术，通过研发新技术、提高技术水平、采用先进设备和管理经验等提高出口产品质量。企业可以通过提升自身的技术能力加强产品创新，或者适当调整产品组合，使其成为企业在国际市场中竞争和发展的关键驱动力。

Aw 和 Lee（2017）的理论和经验结果表明，在企业的出口决策中，质量在产品差异化程度高、质量改进弹性较低的市场中产生的影响较大，而生产率则在产品差异化程度较低、质量改进成本弹性较高的市场中产生的影响更大。研究表明，质量是企业建立新的竞争优势的关键来源。因此，如果企业想要成功扩大出口市场，就要加强产品质量，使其在产品差异化高的市场上产生更大的影响。企业通过扩大产品范围，对产品进行转换，增加产品差异化程度，而这些对产品创新的投资，可能会促使质量的改善。相反，这些积极冲击可能抵消成本上涨（降低工资），抑制企业生产率的不利影响。同时，出口企业可将资源合理配置到核心产品上，适当拓展出口产品的多样性，改变企业出口产品单一的现状，从而提高企业满足多层面消费者需求的能力，并根据出口市场前瞻性需求来配置资源，使企业产品更能满足出口市场消费需求。改变出口战略要采取综合、最优、多元化出口战略。

第二，需调整国家对企业的生产性补贴以及出口退税政策。生产性补贴对企业出口参与有显著的正向影响，但对不同企业的影响具有异质性。出口退税政策对中国企业出口参与没有显著的促进作用，甚至会降低企业出口参与的可能性，说明我国鼓励企业出口的这项财税政策并未取得预期效果。

关于政府补贴对企业创新活动的影响的研究存在三种不同的观点。有学者认为，政府补贴有助于降低企业研发成本和研发风险（Lach，2002；Lee，2011，Czarnitzki 和 Toole，2007；王俊，2010；白俊红，2011；郭晓丹和何文韬，2011；邹洋等，2016）。而另外一种观点则认为，政府补贴抑制了企业研发（Guellec 和 Bruno，2003；郑绪涛，2009；安同良，周绍东和皮建才，2009）。宋林和乔小乐（2017）的研究结果表明，政府对国有企业的补贴水平高于 0.738%时，会降低企业的研发。而当非国有企业的补贴水平低于 3.149%时，仍会降低企业的研发。同时发现，企业的规模越大，政府补贴越会促进企业的研发投入，这说明只有当政府补贴趋于有效区间时，才能起到促进研发的作用，否则，就会出现政府补贴过高导致的对企业研发投入的挤出效应，而政府补贴过低则未能激励企业进行研发投入，从而引致企业研发不足。因此，政府补贴应针对不同行业采取差异化的补贴政策，对目前获得补贴较高的行业（企业），不能单纯依靠政府补贴来促进其研发；而对投资高、创新不确定、风险高的新兴行业，政府可加大补贴力度。要适当降低国有企业的补贴水平，以防止资源错配问题。同时，要注意将补贴力度与企业规模相结合，这样才能更科学有效地促进企业进行研发，否则，补贴不仅不能促进企业研发，反而会导致资源错误配置。因此，要及时调整促进、鼓励企业出口的政策，否则不仅起不到鼓励、促进作用，反而助长了寻租行为，导致资源的错配。但我们也应看到，补贴政策有助于中国企业产品结构的转换、优化升级。因此，只有实施有针对性的补贴政策，才能发挥其作用。

第三，企业品牌对出口参与的影响显著为正，说明企业品牌的提升有助于提高企业的出口参与。当前中国企业的品牌价值并不高，提升品牌知名度与品牌价值正是中国企业需要努力的方向。中国企业品牌价值过低，低品牌或者无品牌企业的数量超过了样本企业的一半以上，这说明中国企业品牌现状令人担忧。品牌的缺失导致企业在国际市场上的定价能力比较弱，因此，迫切需要提高企业品牌，以扩大企业的贸易利得。中国企业的品牌建设还较差，这也导致当前中国高品牌企业较少，而产品品牌缺乏是中国企业在国际市场上缺乏竞争力的主要原因。因此，企业要加大创新投资力度，提升产品质量，改变长期以来中国产品的质低价廉的形象。同时，企业要加大产品的创新力度，发挥产品优势，建立自己的品牌。调整企业的产品结构，加快企业产品优化升级的力度。企业要利用自身的优势加大企业产品的推广，通过广告等使企业品牌深入人心。创建企业组织文化，注重企业品牌建设，要追求企业的长远价值，培养企业品牌和产品声誉，提高企业的国际竞争力。要建立应对外部环境不确定性和需求冲击的预警机制，并根据变化的外部环境，结合自身资源和能力，适时调整、优化产品，不断推进产品的转型升级。

第四，根据目的地市场竞争对企业出口行为的影响的结论，企业在进行出口目的地市场的选择时，首先要选择对企业出口有显著正向影响的国家

(地区)。企业对出口行为进行决策时，要充分考虑目的地市场的收入水平差异，并根据企业出口目的地市场的平均收入情况进行适当的、相应的调整。当出口目的地市场的人均收入水平提高时，企业出口产品组合、出口产品质量等都应做相应的调整。企业要及时了解目的地市场的消费需求及其变化趋势，结合自身的实际情况和优势，及时对产品进行转换、调整或转型升级，以更好地匹配目的地市场的需求。同时，要提高出口产品的质量，增加新产品出口，以保证企业出口的稳定发展。

有关本地市场效应的研究认为，一国在某种产品上的超额需求最终会导致该国成为该种产品的净出口国，而该国在这一产品上也具有竞争优势。由于中国企业品牌的缺失，高品牌企业较少，导致每年大量的中国消费者到国外去购买高品牌、高质量的产品。随着人民生活水平的提高，对高品牌、高质量产品的需求还将不断扩大。而根据本地市场效应，中国市场的这一需求会引致中国成为高质量产品的出口国。因此，出口企业在积极开拓国外市场，努力匹配目的地市场需求的同时，更要重视国内需求。当企业面临外部需求冲击时，仍可以在国内市场立足。

第五，质量和生产率对企业产品转换的影响显著为正；质量和生产率是企业是否进行产品转换的主要决定因素。质量、生产率对企业产品线有修剪效应。质量、生产率的提高会显著提升企业出口决策选择的灵活性，更有利于企业长远目标的实现。因此，企业应根据自身的实际情况调整产品线，不能盲目扩张，根据不同时期的企业经营战略进行决策。

第六，融资约束对企业不同产品转换的影响有差异。融资约束越高，企业的技术创新产出越多。融资约束在促进企业增加产品的同时，减少边际成本高的产品，即适当的融资约束有助于约束一些企业忽视需求、盲目扩大生产。

总之，由于质量和生产率是企业出口决策的主要因素，因此，企业在进行出口行为决策时，首先要充分认清企业的产品质量和生产率水平；其次要充分考虑企业的所在地区、生产规模、所处行业等；最后要充分考虑企业出口市场特征，如市场规模、人均收入情况等。只有在充分考虑企业自身条件与外部因素的情况下，才能做好出口决策。

第三节 未来研究展望

本书在异质性贸易模型中引入质量参数，以质量和生产率双重异质性作为切入点，研究质量、生产率对企业出口行为的影响。然而，在双重异质性对企业出口影响的研究中，还存在许多尚未深入探讨的领域。这也是本研究存在的不足。鉴于此，本书提出一些未来的研究方向，也是笔者今后继续努力探索研究的方向。

第一，产品质量的测算方法。企业的质量不能由相关数据直接简单计算得到。目前关于质量指数的估算中，主要有 Crozet 等（2012）、Hallak 和 Sivadasan（2010）、Khandelwal 等（2013）、施炳展（2013）、Feenstra 和 Romalis（2014）、余淼杰和张睿（2017）等提出的方法。在这些贸易质量测算方法中，Crozet 等（2012）的方法精巧，可信度高，但难以普及，种类间难以比较；Khandelwal（2010）、Hallak 和 Sivadasan（2010）、Feenstra 和 Romalis（2014）以及余淼杰和张睿（2017）的方法复杂，不易普及；Khandelwal 等（2013）和施炳展（2013）的方法相对简单，但存在缺陷。而有些文献中将 sigma 取值在 1~2，也存在一定的主观性。目前较为准确的方法是按照 Broda 和 Weinstein（2006）估计中国企业种类间的替代弹性来估算中国企业出口质量。因此，本书在沿袭 Khandelwal 等（2013）方法的基础上，采用 Broda 和 Weinstein（2006）的方法估计行业间价格弹性数据，从而估计中国企业的质量。但是随着全球经济的发展，需求的不断变化使各国产品的替代弹性也在发生改变，导致这一方法也存在一定的不足。因此，开发简单易行的产品质量测算方法，并开展相关的分析，是未来研究的一个主要领域。

第二，模型的关键参数因出口目的地而异。例如，不同产品、不同目的地具有不同的质量指数。因此企业会根据目的地的质量和偏好来调整其质量指数。同样地，企业提高质量的成本弹性会因出口目的地不同而存在差异。这可以解释企业出口网络和序贯出口模式。通过考虑在企业和出口目的地之间成本弹性的变化（不同），我们可以探索企业如何在出口市场上扩张。特别是，我们可以深入了解多产品企业是采取集约还是扩展边际的扩张战略。此外，企业有可能在出口到更“容易”的（低成本弹性）目的地之后，确定是否开始进入更“困难”的（较高成本弹性）目的地。最后，通过拓展，将出口决策作为一个动态指标，企业的出口决策是企业进行研发投入或者投资的函数，企业在出口市场的成功与否能够影响企业的产品质量。

第三，将贸易政策，尤其是中国特有的制度因素嵌入双重异质性模型。在现有文献中，主要是将产品质量与贸易政策相结合，或者是将企业生产率与贸易政策相结合，但将贸易政策与双重异质性相结合的研究还较少，也缺乏对中国政策的研究，因此，这也可能是一个具有前景的研究领域。

第四，其他的相关领域。除了上述几个方面外，企业产品质量、生产率对企业对外直接投资的决策产生何种影响？质量对企业绩效产生了何种影响？促使企业进行产品质量升级的内在动机及机制是什么？这些也是未来研究和拓展的方向。

本章小结

首先，本章呈现了本书的主要研究结论：包括质量、生产率对企业出口参与的影响；质量、生产率对企业产品转换行为的影响；质量、生产率对企业产品组合的影响。其次，基于实证研究的主要结论，结合当前中国经济的实际情况，提出了相应的政策建议。最后，针对当前异质性企业研究的热点问题，提出了未来的研究展望。

参考文献

［1］安同良，周绍东，皮建才 . R&D 补贴对中国企业自主创新的激励效应［J］. 经济研究，2009，44（10）：87-98，120.

［2］白俊红 . 中国的政府 R&D 资助有效吗？来自大中型工业企业的经验证据［J］. 经济学（季刊），2011，10（4）：1375-1400.

［3］柴忠东，施家慧 . 新新贸易理论“新”在何处：异质性企业贸易理论剖析［J］. 国际经贸探索，2008（12）：14-18.

［4］陈婷 . 人民币汇率对多产品企业出口的影响［J］. 世界经济研究，2015（1）：48-55，127-128.

［5］陈婷，向训勇 . 人民币汇率与中国出口的二元边际：基于多产品企业的研究视角［J］. 国际贸易问题，2015（8）：168-176.

［6］戴觅，施炳展 . 中国企业层面有效汇率测算：2000—2006［J］. 世界经济，2013，36（5）：52-68.

［7］戴觅，余淼杰，Madhura Maitra. 中国出口企业生产率之谜：加工贸易的作用［J］. 经济学（季刊），2014，13（2）：675-698.

［8］邓可斌，曾海舰 . 中国企业的融资约束：特征现象与成因检验［J］. 经济研究，2014，49（2）：47-60，140.

［9］樊海潮，郭光远 . 出口价格、出口质量与生产率间的关系［J］. 世界经济，2015（2）：58-85.

［10］范建双，虞晓芬，赵磊 . 中国国有、私营和外资工业企业地区间效率差异研究［J］. 数量经济技术经济研究，2015，32（6）：21-38.

［11］符国群 . Interbrand 品牌评估法评介［J］. 外国经济与管理，1999（11）：37-41.

[12] 耿伟，廖显春．要素市场扭曲与企业内资源配置：基于多产品企业核心产品出口比重的研究［J］．财贸经济，2017，38（10）：146-160.

[13] 郭晶，洪诗茜．外部冲击与浙江省出口贸易：基于细分贸易方式和商品类别的实证研究［J］．国际贸易问题，2016（6）：60-65.

[14] 郭晓丹，何文韬．战略性新兴产业政府 R&D 补贴信号效应的动态分析［J］．经济学动态，2011（9）：88-93.

[15] 韩会朝，徐康宁．中国产品出口“质量门槛”假说及其检验［J］．中国工业经济，2014（4）：58-70.

[16] 郝书辰，田金方，陶虎．国有工业企业效率的行业检验［J］．中国工业经济，2012（12）：57-69.

[17] 景维民，莫龙炯．经济转型时期国有经济最优规模研究：基于省际数据的实证分析［J］．经济学家，2017（9）：12-19.

[18] 亢梅玲，李涛，袁亦宁．贸易自由化、产品组合与中国多产品出口企业［J］．国际贸易问题，2017（7）：50-62.

[19] 亢梅玲，田子凤．贸易自由化、产品转换与多产品出口企业［J］．国际贸易问题，2016（8）：52-61.

[20] 李方静．企业生产率、产品质量与出口目的地选择：来自中国制造业企业微观层面证据［J］．当代财经，2014（4）：86-97.

[21] 李坤望，蒋为，宋立刚．中国出口增长为何陷入“低品质陷阱”中［J］．南开学报（哲学社会科学版），2015（2）：160.

[22] 李坤望，王有鑫．FDI 促进了中国出口产品质量升级吗：基于动态面板系统 GMM 方法的研究［J］．世界经济研究，2013（5）：60-66，89.

[23] 李胜旗，佟家栋．产品质量、出口目的地市场与企业加成定价［J］．国际经贸探索，2016（4）：4-17.

[24] 李世刚，李晓萍，江飞涛．收入分配不平衡制约中国制造业产品质量提升［J］．中国工业经济，2018（1）：24-40.

[25] 李兴龙．企业品牌对其出口行为影响的实证研究［D］．大连：大连

理工大学，2014.

［26］刘慧．产品质量升级的出口效应分析：基于企业异质性视角［J］．西安电子科技大学学报（社会科学版），2013，23（3）：14-22.

［27］李艳，刘国歌．出口产品质量如何影响区域经济增长质量：来自广东出口消费品质量调查的证据［J］．宏观质量研究，2017，5（3）：17-26.

［28］刘啟仁，黄建忠．异质出口倾向、学习效应与“低加成率陷阱”［J］．经济研究，2015（12）：143-157.

［29］刘啟仁，黄建忠．产品创新如何影响企业加成率［J］．世界经济，2016（1）：28-53.

［30］刘晓宁，刘磊．贸易自由化对出口产品质量的影响效应：基于中国微观制造业企业的实证研究［J］．国际贸易问题，2015（8）：14-23.

［31］马荣．中国国有企业效率研究：基于全要素生产率增长及分解因素的分析［J］．上海经济研究，2011（2）：20-28.

［32］毛其淋．贸易自由化、异质性与企业动态：对中国制造业企业的经验研究［D］．天津：南开大学，2013.

［33］聂辉华，邹肇芸．中国应从“人口红利”转向“制度红利”［J］．国际经济评论，2012（6）：7，124-135.

［34］彭国华，夏帆．中国多产品出口企业的二元边际及核心产品研究［J］．世界经济，2013，36（2）：42-63.

［35］千慧雄．出口与技术创新结构：基于高技术产业的面板分析［J］．国际贸易问题，2014（9）：13-23.

［36］邱斌，刘修岩，赵伟．出口学习抑或自选择：基于中国制造业微观企业的倍差匹配检验［J］．世界经济，2012，35（4）：23-40.

［37］邱斌，闫志俊．异质性出口固定成本、生产率与企业出口决策［J］．经济研究，2015，50（9）：142-155.

［38］钱学锋，王备．中间投入品进口、产品转换与企业要素禀赋结构升级［J］．经济研究，2017（1）：58-71.

［39］钱学锋，王胜，陈勇兵．中国的多产品出口企业及其产品范围：事实与解释［J］．管理世界，2013（1）：9-27，66.

［40］盛斌，牛蕊．贸易、劳动力需求弹性与就业风险：中国工业的经验研究［J］．世界经济，2009（6）：3-15.

［41］施炳展．中国靠什么成为世界第一出口大国［J］．统计研究，2011，28（5）：27-34.

［42］施炳展．补贴对中国企业出口行为的影响：基于配对倍差法的经验分析［J］．财经研究，2012，38（5）：70-80.

［43］施炳展．中国企业出口产品质量异质性：测度与事实［J］．经济学（季刊），2014，13（1）：263-284.

［44］施炳展，王有鑫，李坤望．中国出口产品品质测度及其决定因素［J］．世界经济，2013，36（9）：69-93.

［45］施炳展，邵文波．中国企业出口产品质量测算及其决定因素：培育出口竞争新优势的微观视角［J］．管理世界，2014（9）：90-106.

［46］施炳展，曾祥菲．中国企业进口产品质量测算与事实［J］．世界经济，2015，38（3）：57-77.

［47］宋林，乔小乐．政府补贴对企业研发投入的影响研究：以装备制造业为例［J］．经济问题，2017（11）：20-27.

［48］孙灵燕，李荣林．融资约束限制中国企业出口参与吗［J］．经济学（季刊），2012，11（1）：231-252.

［49］孙小军，张亮，徐小聪，彭婷婷．政府生产性补贴会促进企业成本加成率增加吗［J］．宏观经济研究，2017（3）：56-67，145.

［50］汤二子，孙振．引入产品质量的异质性企业贸易模型及中国经验证据［J］．经济评论，2012a（4）：68-77 .

［51］汤二子，孙振．异质性生产率、产品质量与中国出口企业的“生产率悖论”［J］．世界经济研究，2012b（11）：10-15，87.

［52］陶虎，田金方，郝书辰．基于 DEA 方法的国有企业运行效率时序

分析：兼与私营企业比较［J］．理论学刊，2012（4）：48-52.

［53］王俊．R&D 补贴对企业 R&D 投入及创新产出影响的实证研究［J］．科学学研究，2010，28（9）：1368-1374.

［54］王秀娟．多产品出口企业的贸易成本和核心产品研究［D］．广州：暨南大学，2013.

［55］王永进，施炳展．上游垄断与中国企业产品质量升级［J］．经济研究，2014，49（4）：116-129.

［56］王雅琦，戴觅，徐建炜．汇率、产品质量与出口价格［J］．世界经济，2015，38（5）：17-35.

［57］汪颖博．多产品企业出口行为的影响因素研究［D］．武汉：中南财经政法大学，2017.

［58］魏浩，林薛栋．进口产品质量与中国企业创新［J］．统计研究，2017，34（6）：16-26.

［59］巫强，刘志彪．中国沿海地区出口奇迹的发生机制分析［J］．经济研究，2009，44（6）：83-93.

［60］许和连，王海成．最低工资标准对企业出口产品质量的影响研究［J］．世界经济，2016，39（7）：73-96.

［61］许家云，佟家栋，毛其淋．人民币汇率变动、产品排序与多产品企业的出口行为：以中国制造业企业为例［J］．管理世界，2015a（2）：17-31.

［62］许家云，佟家栋，毛其淋．人民币汇率、产品质量与企业出口行为：中国制造业企业层面的实证研究［J］．金融研究，2015b（3）：1-17.

［63］许明，邓敏．产品质量与中国出口企业加成率［J］．国际贸易问题，2016（10）：26-37.

［64］易靖韬，傅佳莎，蒙双．多产品出口企业、产品转换与资源配置［J］．财贸经济，2017，38（10）：131-145.

［65］易靖韬，蒙双．多产品出口企业、生产率与产品范围研究［J］．管理世界，2017（5）：41-50.

[66] 易靖韬，乌云其其克．中国贸易扩张的二元边际结构及其影响因素研究［J］．国际贸易问题，2013（10）：53-64.

[67] 殷德生．中国入世以来出口产品质量升级的决定因素与变动趋势［J］．财贸经济，2011（11）：31-38.

[68] 殷德生，唐海燕，黄腾飞．国际贸易、企业异质性与产品质量升级［J］．经济研究，2011，46（S2）：136-146.

[69] 余淼杰．对《中国企业“出口—生产率悖论”研究综述》的评论［J］．世界经济，2015，38（5）：180-182.

[70] 余淼杰，张睿．人民币升值对出口质量的提升效应：来自中国的微观证据［J］．管理世界，2017（5）28-40，187.

[71] 张晨，张宇．国有企业是低效率的吗［J］．经济学家，2011（2）：16-25.

[72] 张杰，郑文平，翟福昕．中国出口产品质量得到提升了么［J］．经济研究，2014，49（10）：46-59.

[73] 张杰，翟福昕，周晓艳．政府补贴、市场竞争与出口产品质量［J］．数量经济技术经济研究，2015，32（4）：71-87.

[74] 张明志，季克佳．人民币汇率变动对中国制造业企业出口产品质量的影响［J］．中国工业经济，2018（1）：5-23.

[75] 张维迎，周黎安，顾全林．高新技术企业的成长及其影响因素：分位回归模型的一个应用［J］．管理世界，2005（10）：94-101，112，172.

[76] 赵春明，张群．产品质量提升与出口目的国转变［J］．黑龙江社会科学，2016（5）：60-62.

[77] 赵伟，赵金亮，韩媛媛．异质性、沉没成本与中国企业出口决定：来自中国微观企业的经验证据［J］．世界经济，2011，34（4）：62-79.

[78] 郑绪涛．公共研发政策对私人 R&D 活动的作用：基于中国高科技产业 1995—2006 年的实证分析［J］．中国科技论坛，2009（3）：29-33.

[79] 邹洋，聂明明，郭玲，闫浩．财税政策对企业研发投入的影响分析

[J]. 税务研究，2016 (8)：42-46.

[80] ACKERBERG D，BENKARD C L，BERRY S，et al. Econometric tools for analyzing market outcomes [J]. Handbook of econometrics，2007，6 (7)：4171-4276.

[81] ACKERBERG D A，CAVES K，FRAZER G. Structural Identification of Production Functions [J]. Mimeo，UCLA Department of Economics，2006.

[82] ADALET，M. Multi-product Exporters and Product Turnover Behaviour of New Zealand Exporters [R]. New Zealand Treasury Working Paper，2009.

[83] AGHION P，HARRIS C，VICKERS J. Competition and Growth with Step-by-Step innovation：An example [J]. European Economic Review，1997，41 (3)：771-782.

[84] ALCHIAN A A，ALLEN W R. Exchange and Production：Competition，Coordination and Contro [M]. Brattle Street，Cambridge：Wadsworth Publishing Company，1977.

[85] ALESSANDRIA G，KABOSKI J P. Pricing-to-market and the failure of absolute PPP [J]. American Economic Journal：Macroeconomies，2011，3 (1)：91-127.

[86] ALEXIS A. Local Versus Producer Currency Pricing：Evidence from Disaggregated [J]. International Economic Review，2012，53 (4)：1229-1241.

[87] ALEXIS A. Heterogeneous Firms，Quality and Trade [J]. Journal of International Economics，2015，95 (2)：263-273.

[88] ALVAREZ F，LUCAS J R R E. General Equilibrium Analysis of the Eaton-Kortum Model of International Trade [J]. Journal of Monetary Economics，2007，54 (6)：1726-1768.

[89] ALVAREZ R，ROBERTSON R. Exposure to Foreign Markets Plant-Level Innovation，Evidence from Chile and Mexico [J]. The Journal of International Trade & Economic Development，2004，13 (1)：57-87.

[90] ALVAREZ R, ZAHLER A. Export Mix Changes and Firm Performance: Evidence from Chile [R]. Inter-American Development Bank, 2014.

[91] AMADOR J, OPROMOLLA L D. Product and destination mix in export markets [J]. Review of World Economics, 2013, 149 (1): 23-53.

[92] AMITI M, ITSKHOKI O, KONINGS J. Importers, exporters and exchange rate disconnect [J]. The American Economic Review, 2014, 104 (7): 1942-1978.

[93] AMITI M, KHANDELWAL A K. Import competition and quality upgrading [J]. The Review of Economics and Statistics, 2013, 95 (2): 476-490.

[94] ANTOINE G. Product quality and firm heterogeneity in international trade [J]. Canadian Journal of Economics, 2015, 48 (3): 1152-1174.

[95] ARNAUD C. An Elementary of Comparative Advantage [J]. Econometric, 2009, 77 (4): 1165-1192.

[96] ARKOLAKIS C, COSTINOT A, RODRIGUEZ-CLARE A. New Trade Models, Same Old Gains [J]. The American Economic Review, 2012, 102 (1): 94-130.

[97] ARKOLAKIS C. Market Penetration Costs and the New Consumers Margin in International Trade [J]. Journal of Political Economy, 2010, 118 (6): 1151-1199.

[98] ARKOLAKIS, COSTAS, SHARAT G, MARC-ANDREAS M. The Extensive Margin of Exporting Products: A Firm-level Analysis [R]. NBER Working Paper, 2010 (16641).

[99] ARNARSON B T. The Superstar and the Followers: Intra-Firm Product Complementarity in International Trade [R]. Working Papers, Department of Economics, 2016 (25).

[100] ATKESON A, BURSTEIN A. pricing-to-market Trade costs and international relative prices [J]. The American Economic Review, 2008, 98 (5): 1998-

2031.

[101] BALDWIN R, HARRIGAN, J. Zeros, Quality and Space: Trade Theory and Trade Evidence [J]. American Economic Journal: Microeconomics, 2011, 3 (2): 60-88.

[102] BASTOS P, SILVA J. The quality of a firm's exports: where you export to matters [J]. Journal of International Economics, 2010, 82 (2): 9 9-111.

[103] BASTOS P, SILVA J, VERHOOGEN E. Export destinations and input prices [J]. American Economic Review, 2018, 108 (2): 353-392.

[104] BECKER S O, EGGER P H. Endogenous product versus process innovation and a firm's propensity to export [J]. Empirical Economics, 2013, 44 (1): 329-354.

[105] BEE Y A, YI L. A model of demand, productivity and foreign location decision among Taiwanese firms [J]. Journal of International Economics, 2014, 92 (2): 304-316.

[106] BEE Y A, YI L. Demand, costs and product scope in the export market [J]. European Economic Review, 2017 (100): 28-49.

[107] BELL M, PAVITT K. Technological accumulation and industry growth [J]. Industrial and Corporative Change, 1993, 2 (2): 37-49.

[108] BELL M, PAVITT K. Technological accumulation and industrial growth: contrasts between developed and developing countries [J]. Industrial and Corporative Change, 1993, 2 (2): 157-210.

[109] BELLONE F, MUSSO P, NESTA L, WARZYNSKI F. International Trade and Firm-level Markups when Location and Quality Matter [J]. Journal of Economic Geography, 2014, 16 (1): 67-91.

[110] BERGSTRAND J H. The Heckscher-Ohlin-Samuelson Model, the Linder Hypoth-esis and the Determinants of Bilateral Intra-Industry Trade [J]. The Economic Journal, 1990, 100 (403): 1216-1229.

[111] BERNARD A B, VANBEVEREN I, VANDENBUSSCHE H. Multi-product Exporters, carry-along Trade and the Margins of Trade [R]. Tuck School of Business Working Paper, 2010.

[112] BERNARD A B, EATON J, JENSEN J B, KORTUM S. Plants and productivity in international trade [J]. The American Economic Review, 2003, 93 (4): 1268-1290.

[113] BERNARD A B, JENSEN J B. Exporters, Skill Upgrading and the Wage Gap [J]. Journal of International Economics, 1997, 42 (1): 3-31.

[114] BERNARD A B, JENSEN J B, SCHOTT P K. Transfer Pricing by US-based Multinational Firms [R]. National Bureau of Economic Research, 2006.

[115] BERNARD A B, REDDING S J, SCHOTT P K. Multiple-Product Firms and Product Switching [J]. The American Economic Review, 2010, 100 (1): 70-97.

[116] BERNARD A B, REDDING S J, SHOTT P K. Multiproduct firms and trade liberalization [J]. The Quarterly Journal of Economics, 2011, 126 (3): 1271-1318.

[117] BERTHOU A, FONTAGNÉL. How do multiproduct exporters react to a change in trade costs [J]. The Scandinavian Journal of Economics, 2013, 115 (2): 326-353.

[118] BRAMBILLA I, PORTO G G. High-income Export Destinations, Quality and Wages [J]. Journal of International Economics, 2016, 98 (1): 21-35.

[119] BRAMBILLA I, LEDERMAN D, PORTO G. Exports, export destinations and skills [J]. The American Economic Review, 2012, 102 (7): 3406-3438.

[120] BRANDT L, VAN BIESEBROECK J, ZHANG Y. Creative accounting or creative destruction? Firm-level productivity growth in Chinese manufacturing

[J]. Journal of development economics, 2012, 97 (2): 339-351.

[121] BRATTI M, FELICE G. Exporting and product innovation at the firm level [R]. University Library of Munich, Germany, MPRA Paper, 2009.

[122] BRATTI M, FELICE G. Are Exporters More Likely to Introduce Product Innovations [J]. The World Economy, 2012, 35 (11): 1559-1598.

[123] BRUNO C, ELENA G, MARTINEZ-ROS E. Innovation, exports and productivity [J]. International Journal of Industrial Organization, 2010, 28 (4): 372-376.

[124] BRODA C, WEINSTEIN D E. Product Creation and Destruction: Evidence and Price Implications [J]. The American Economic Review, 2010, 100 (3): 691-723.

[125] BURENSTAM LINDER S. An essay on trade and transformation [M]. Stockholm: Almqvist & Wiksell, 1961.

[126] CAI H, LIU Q. Competition and corporate Tax Avoidance: Evidence from Chinese Industrial Firms [J]. The Economic Journal, 2009 , 119 (3): 764-795.

[127] CALDERA A. Innovation and exporting: evidence from Spanish manufacturing firms [J]. Review of world Economics, 2010, 146 (4): 657-689.

[128] CASSIMAN B, MARTINEZ-ROS E. Product innovation and exports [J]. Evidence from Spanish manufacturing, IESE Business School, Barcelona, 2007 (36) .

[129] CASTELLANI D, ZANFEI A. Internationalisation, Innovation and Productivity: How do Firms Differ in Italy [J]. The World Economy, 2007, 30 (1): 156-176.

[130] CHEN N, JUVENAL L. Quality, Trade and Exchange Rate Pass-through [J]. Journal of International Economics, 2016, 100: 61-80.

[131] CHOI Y C, HUMMELS D, XIANG C. Explaining import quality: The

role of the income distribution [J]. Journal of International Economics, 2009, 77 (2): 265-275.

[132] CHOI Y S, LEE S. Productivity, Markups and Export Intensity: Evidence from Korean Manufacturing [J]. The Korean Econommic Review, 2013, 29 (2): 329-350.

[133] CLERIDES S K, LACH S, TYBOUT J R. Is Learning by Exporting Important: Micro-Dynamic Evidence from Colombia, Mexico and Morocco [J]. The Quarterly Journal of Economics, 1998, 113 (3): 903-947.

[134] COHEN W M, LEVIN R C. Empirical studies of innovation and market structure [J]. Handbook of industrial organization, 1989, 2 (2): 1059-1107.

[135] COHEN W M, LEVINTHAL D A. Absorptive Capacity: A New Perspective on Learning and Innovation [J]. Administrative science quarterly, 1990, 35 (1): 128-152.

[136] CRINO R, EPIFANI P. Productivity, quality and export behavior [J]. The Economic Journal, 2012, 122 (565): 1206-1243.

[137] CROZET M, HEAD K, MAYER T. Quality sorting and trade: firm-level evidence for French wine [J]. The Review of Economics and Statistics, 2012, 79 (2): 609-644.

[138] SIMON F C. Increasing Returns, Product Quality and International Trade [J]. Economica, 2005, 72 (285): 151-169.

[139] DANIELE C, ALESSANDRO O. Export behavior of Italian food firms: Does product quality matter [J]. Food Policy , 2012, 37 (5): 493-503.

[140] DE LOECKER J, GOLDBERG P K, KHANDELWAL A K, PAVCNIK N. Prices, Markups, and Trade Reform [J]. Econometric, 2016, 84 (2): 445-510.

[141] DE LOECKER J, WARZYNSKI F. Markups and Firm-Level Export Status [J]. The American Economic Review, 2012, 102 (6): 2437-2471.

[142] DEMIDOVA S, KEE H L, KRISHNA K. Do trade policy differences induce sorting? Theory and evidence from Bangladeshi apparel exporters [J]. Journal of International Economics, 2012, 87 (2): 247-261.

[143] DE NARDIS S, PAPPALARDO C. Export, Productivity and Product Switching: The Case of Italian Manufacturing Firms [R]. ISAE Working Dissertation, 2009 (109).

[144] DHINGRA S. Trading Away Wide Brands for Cheap Brands [J]. The American Economic Review, 2013, 103 (6): 2554-2584.

[145] DOLLAR D. Outward-oriented developing economies really do grow more rapidly: evidence from 95 LDCs, 1976-1985 [J]. Economic Development and Cultural Change, 1992, 40 (3): 523-544.

[146] DUNNE T, ROBERTS M J, SAMUELSON L. Patterns of firm entry and exit in US manufacturing industries [J]. The Rand Journal of Economics, 1988, 19 (4): 495-515.

[147] EATON J, KORTUM S. Technology, Geography and Trade [J]. Econometrica, 2002, 70 (5): 1741-1779.

[148] ECKEL C, IACOVONE L, JAVORCIK B, NEARY J P. Multi-product firms at home and away: Cost-versus quality-based competence [J]. Journal of International Economics, 2015, 95 (2): 216-232.

[149] EDMOND C, MIDRIGAN V, XU D Y. Competition, Markups and the Gains from International Trade [J]. The American Economic Review, 2015, 105 (10): 3183-3221.

[150] FABRIZIO, KIRA R, NANCY L R, CATHERINE D W. Do Markets Reduce Costs? Assessing the Impact of Regulatory Restructuring on US Electric GenerationEfficiency [J]. The American Economic Review, 2007, 97 (4): 1250-1277.

[151] FAJGELBAUM P, GROSSMAN G M, HELPMAN E. Income Distribu-

tion, Product Quality, and International Trade [J]. Journal of Political Economy, 2011, 119 (4): 721-765.

[152] FEENSTRA R C, MA H. Optimal Choice of Product Scope for Multi-product Firms under Monopolistic Competition. In The Organization of Firms in a Global Economy [R]. NBER Working Paper, 2007.

[153] FEENSTRA R C, ROMALIS J. International Prices and Endogenous Quality [J]. The Quarterly Journal of Economics, 2014, 129 (2): 477-527.

[154] FIELER A C, ESLAVA M, XU D. Trade, Skills and Quality Upgrading: A Theory with Evidence from Colombia [R]. NBER Working Paper, 2014 (19992).

[155] FITZGERALD D, HALLER S. Pricing-to-market: evidence from plant-level prices [J]. The Review of Economic Studies, 2014, 81 (2): 761-786.

[156] FLACH L. Quality upgrading and price heterogeneity: Evidence from Brazilian exporters [J]. Journal of International Economics, 2016, 102: 282-290.

[157] FLAM H, HELPMAN E. Vertical product differentiation and north-south trade [J]. The American Economic Review, 1987, 77 (5): 810-822.

[158] FONTAGNÉ L, GAULIER G, ZIGNAGO S. Specialization across varieties and North-South competition [J]. Economic Policy, 2008, 23: 51-91.

[159] FRANCESCO D C, JACQUES-FRANOIST, HYLKE V. Verti-zontal differentiation in export markets [J]. Journal of International Economics, 2014, 93 (1): 50-66.

[160] FREUND C, PIEROLA M D. Export surges [J]. Journal of Development Economics, 2012, 97 (2): 387-395.

[161] GABAIX X. The granular origins of aggregate fluctuations [J]. Econometrica, 2011, 79 (3): 733-772.

[162] BLALOCK G, GERTLE P J. Learning from exporting revisited in a less developed setting [J]. Journal of Development Economics, 2004, 75 (2):

397-416.

[163] GRIFFITH, RACHEL, RUPERT H, JOHN V R. How Special is the Special Relation ship? Using the Impact of U. S. R&D Spillovers on U. K. Firms as a Test of Technology Sourcing [J]. The American Economic Review, 2006, 96 (5): 1859-1875.

[164] GOLDBERG P K, KNETTER M M. Goods prices and exchange rates: What have we learned [J]. Journal of Economic Literature, 1997, 35 (3): 1243-1272.

[165] GOLDBERG P K, HELLERSTEIN R. A Structural Approach to Explaining Incomplete Exchange-Rate Pass-through and Pricing-to-market [J]. The American Economic Review, 2008, 92 (2): 423-429.

[166] GORG H, HALPERN L, MURAKOZY B. Why do within firm-product export prices differ across markets [R]. CEPR Discussion Paper, 2010.

[167] GROSSMAN G M, HELPMAN E. Innovation and Growth in the Global Economy [M]. Cambridge: MIT Press, 1991.

[168] GROSSMAN G M, HELPMAN E. Trade, Knowledge Spillovers and Growth [J]. European Economic Review, 1991, 35 (2-3): 517-526.

[169] GROSSMAN G M, HELPMAN E. Growth, Trade and Inequality [J]. Econcmetrica, 2018, 86 (1): 37-83.

[170] HAGEMEJER J, POPOWSKI P. The Distribution of Monopolistic Markups in the Polish Economy [J]. Eastern European Economics, 2014, 52 (6): 3-31.

[171] HALLAK J C. Product quality and the direction of trade [J]. Journal of International Economics, 2006, 68 (1): 238-265.

[172] HALLAK J C. A product-quality view of the Linder hypothesis [J]. The Review of Economics and Statistics, 2010, 92 (3): 453-466.

[173] HALLAK J C C, SIVADASAN J. Firms' exporting behavior under

quality constraints [R]. NBER Working Paper, 2009.

[174] HALLAK J C, SCHOTT P K. Estimating cross-country differences in product quality [J]. The Quarterly Journal of Economics, 2011, 126 (1): 417-474.

[175] HARRISON A E. Productivity, Imperfect Competition and Trade Reform: Theory and Evidence [J]. Journal of International Economics, 1994, 36 (1): 53-73.

[176] PETRAKIS E, KUJAL P, HERGUERA I. Trade policies, time consistency, qualityreversals and exit in vertically integrated industries [R]. Working Paper, Universidad Carlos III de Madrid, Departamento de Economía, 2000.

[177] HOEKMAN B, KEE H L, OLARREAGE M. Markups, Entry Regulation and Trade: Does Country Size Matter [R] . CEPR Discussion Papers, 2001.

[178] HOTTMAN C J, REDDING S J, WEINSTEIN D E. Quantifying the sources of firm heterogeneity [J]. The Quarterly Journal of Economics, 2016, 131 (3): 1291-1364.

[179] HUMMELS D, KLENOW P J. The variety and quality of a nation's exports [J]. The American Economic Review, 2005, 95 (3): 704-723.

[180] IACOVONE L, JAVORCIK B S. Multi-Product Exporters: Product Churning, Uncertainty and Export Discoveries [J]. The Economic Journal, 2010, 120 (544): 481-499.

[181] IMPULLITTI G, LICANDRO O. Trade, firm selection and innovation: the competition channel [J]. The Economic Journal, 2018, 128 (608): 189-229.

[182] JAMES R MARKUSEN. Putting per-capita income back into trade theory [J]. Journal of International Economics, 2013, 90 (2): 255-265.

[183] JAIMOVICH E, MERELLA V. Love for quality, comparative advantage, and trade [J]. Journal of International Economics, 2015, 97 (2): 376-391.

[184] JOHNSON R C. Trade and prices with heterogeneous firms [J].

Journal of International Economics, 2012, 86 (1): 43-56.

[185] JOHNSON J P, MYATT D P. Multiproduct Quality Competition: Fighting Brands and Product Line Pruning [J]. The American Economic Review, 2003, 93 (3): 748-774.

[186] JOHNSON J P, MYATT D P. Multiproduct Cournot Oligopoly [J]. Rand Journal of Economics, 2006, 37 (3): 583-601.

[187] SCHUMPETER J. Capitalism, socialism and democracy [M]. New York: routledge, 2013.

[188] KALINA M, ZHIWEI Z. China's Exporters and Importers: Firms, Products, and Trade Partners [R]. NBER Working Papers, 2009.

[189] KALINA M, ZHIHONG Y. Multi-product firms and product quality [J]. Journal of International Economics, 2017, 109: 116-137.

[190] KASAHARA H, LAPHAM B. Productivity and the decision to import and export: Theory and evidence [J]. Journal of International Economics, 2013, 89 (2): 297-316.

[191] KEIKO IOT. Sources of Learning by Exporting Effects: Does Exporting Promote Innovation [R]. RIETI Discussion Papers Series, 2011.

[192] KELLER W. International Trade, Foreign Direct Investment and Technology Spillovers [R]. NBER Working Paper, 2009.

[193] KHANDELWAL A. The long and short (of) quality ladders [J]. The Review of Economic Studies, 2010, 7 (4): 1450-1476.

[194] KHANDELWAL A K, SCHOTT P K, WEI S J. Trade liberalization and embedded institutional reform: evidence from Chinese exporters [J]. The American Economic Review, 2013, 103 (6): 2169-2195.

[195] KILINC U. Export Destination Characteristics and Markups: The Role of Country Size [J]. Economica, 2019, 86 (341): 116-138.

[196] KNELLER R, YU Z. Quality selection, Chinese exports and theories

of heterogeneous firm trade [J]. University of Nottingham, GEP Research Paper, 2008, 44.

[197] KRUGMAN P R. Increasing Returns, Monopolistic Competition and International Trade [J]. Journal of International Economics, 1979, 9 (4): 469-479.

[198] KRUGMAN P R. The move toward free trade zones [J]. Economic Review, 1991, 76 (6): 5-16.

[199] KRUGMAN P R, BALDWIN R E. The Persistence of the U. S. Trade Deficits [J]. Prepared for the Brookings Panel on Economic Activity, 1987 (1): 1-55.

[200] KUGLER, MAURICE, VERHOOGEN, ERIC. Prices, Plant Size and Product Quality [J]. The Review of Economic Studies, 2012, 79 (1): 307-339.

[201] LACHENMAIER S, WößMANN L. Does innovation cause exports? Evidence from exogenous innovation impulses and obstacles using German micro data [J]. Oxford Economic Papers, 2006, 58 (2): 317-350.

[202] LEAMER E E, LEVINSOHN J A. International trade theory: the evidence [R]. NBER Working Paper, 1994.

[203] LEVINSOHN J. Testing the Imports-as-Market-Discipline Hypothesis [J]. The Journal of International Economics, 1993, 35 (2): 1-22.

[204] LEVINSOHN J, PETRIN A. Estimating Production Functions Using Inputs to Control For Unobservables [R]. NBER Working Paper, 2000 (7819) .

[205] LIU Z, MA H. Trade liberalization, market structure, and firm markup: Evidence from China [R]. Working Paper, American Economic Association: Pittsburgh, PA, USA, 2015.

[206] MANOVA K. Credit Constraints, Heterogeneous Firms and International Trade [J]. Review of Economic Studies , 2013, 80 (2): 711-44.

[207] MANOVA K, ZHANG Z. Export Prices Across Firms and Destinations

[J]. The Quarterly Journal of Economics, 2012, 127 (1): 379-436.

[208] MARKUSEN J R. Trade and the Gains from Trade with International Competition [J]. Journal of International Economics, 1981, 11 (4): 531-551.

[209] MARTIN J. Markups, Quality and Transport Costs [J]. European Economic Review, 2012, 56 (4): 777-791.

[210] MARTINEZ-ZARZOSO I, VOLLMER S. Bilateral Trade Flows and Income Distribution Similarity [R]. Working Papers on International Economics and Finance, 2010.

[211] MAYER T, MELITZ M J, OTTAVIANO G I P. Market size, competition and the product mix of exporters [J]. The American Economic Review, 2014, 104 (2): 495-536.

[212] MAYER T, MELITZ M J, OTTAVIANO G I P. Product Mix and Firm Productivity Responses to Trade Competition [R]. NBER Working Paper, 2016.

[213] MELITZ M J. The impact of trade on intra-industry reallocations and aggregate industry productivity [J]. Econometrica, 2003, 71 (6): 1695-1725.

[214] MELITZ M J, OTTAVIANO G I P. Market size, trade and productivity [J]. The Review of Economics and Statistics, 2008, 75 (1): 295-316.

[215] MRÁZOVÁM, NEARY J P. Not so Demanding: demand structure and firm behavior [J]. American Economic Review, 2017, 107 (12): 383 5-3874.

[216] MOXNES A, ULLTVEIT-MOE K H. Product Adjustments: A Firm-level Analysis of the Impact of a Real Exchange Rate Shock [R]. CEPR Discussion Paper, 2010.

[217] OLLEY G S, PAKES A. The Dynamics of Productivity in the Telecommunications Equipment Industry [J]. Econometrica: Journal of the Econometric Society, 1996, 64 (6): 1263-1297.

[218] PHILIPPE A, ANTONIN B, MATTHIEU L, MELITZ M J. The Impact

of Exports on Innovation: Theory and Evidence [R]. Banque de France Working Paper, 2018 (678).

[219] PIETRO F P. Endogenous market structure and the growth and welfare effects of economic integration [J]. Journal of International Economics, 2003, 60 (1): 177-201.

[220] PINELOPI G, AMIT K, NINA P, PETIA T. Trade Liberalization and New Imported Inputs [J]. The American Economic Review, 2009, 99 (2): 494-500.

[221] PIVETEAU P, SMAGGHUE G. Estimating firm product quality using trade data [J]. Journal of International Economics, 2019, 118: 217-232.

[222] POZZI A, SCHIVARDI F. Demand or productivity: What determines firm growth [J]. The Rand Journal of Economics, 2016, 47 (3): 608-630.

[223] ROBERTS M J, JAMES R T. The decision to export in Colombia: an empirical model of entry with sunk costs [J]. The American Economic Review, 1997, 87 (4): 545-564.

[224] ROBERTS M J, XU D Y, FAN X, ZHANG S. A Structural Model of Demand, Cost and Export Market Selection for Chinese Footwear Producers [R]. NBER Working Paper, 2016 (17725) .

[225] ROMER, PAUL M. Endogenous Technical Change [J]. Journal of Political Economy, 1990, 98 (5): 71-102.

[226] RAKESH B, BRIAN F. The Effects of R&D, Foreign Technology Purchase and Domestic and International Spillovers on Productivity in Indian Firms [J]. The Review of Economics and Statistics, 1996, 78 (2): 187-199.

[227] SALOMON R M, SHAVER J M. Learning by Exporting: New Insights from Examining Firm Innovation [J]. Journal of Economics & Management Strategy, 2005, 14 (2): 431-460 .

[228] SALOMON R, SHAVER J M. Export and Domestic Sales: Their Inter-

relationship and Determinants [J]. Strategic Management Journal, 2005, 26 (9): 855-871.

[229] SALOMON R, BYUNGCHAE J. Does Knowledge Spill to Leaders or Laggards? Exploring Industry Heterogeneity in Learning by Exporting [J]. Journal of International Business Studies, 2008, 39 (1): 132-150.

[230] SALOMON R, BYUNGCHAE J. Do Leading or Lagging Firms Learn from Exporting [J]. Strategic Management Journal, 2010, 31 (10): 1088-1113.

[231] SCHOTT P K. Across-product versus within-product specialization in international trade [J]. The Quarterly Journal of Economics, 2004, 119 (2): 647-678.

[232] SCHOTT P K. The Relative Sophistication of Chinese Exports [J]. Economic Policy, 2008, 23 (53): 6-49.

[233] SHAKED A, SUTTON J. Multiproduct firms and market structure [J]. The RAND Journal of Economics, 1990, 21 (1): 45-62.

[234] SIMONOVSKA I. Income differences and prices of tradables: insights from an online retailer [J]. The Review of Economics and Statistics, 2015, 82 (4): 1612-1656.

[235] SUTTON J. Technology and Market Structure: Theory and History [M]. Cambridge: The MIT Press, 2001.

[236] SUTTON J. Quality, trade and the moving window: the globalization process [J]. The Economic Journal, 2007, 117 (524): 469-498.

[237] SUTTON J. Sunk costs and market structure: Price competition, advertising and the evolution of concentration [M]. Cambridge: The MIT press, 2007.

[238] SUTTON J, TREFLER D. Capabilities, wealth and trade [J]. The Journal of Political Economy, 2016, 124 (3): 826-878.

[239] TANG H, ZHANG Y. Quality differentiation and trade intermediation

[R]. Department of Economics, Tufts University, 2012 (0771).

[240] VERHOOGEN E A. Trade, quality upgrading and wage inequality in the mexican manufacturing sector [J]. The Quarterly Journal of Economics, 2008, 123 (2): 489-530.

[241] WAGNER J. Exports, Firm Size and Firm Dynamics [J]. Small Business Economics, 1995, 7 (1): 29-39.

[242] WAGNER J. Exports and Productivity: A Survey of the Evidence from Firm Level Data [J]. The World Economy, 2007, 30 (1): 60-82.

[243] WESTPHAL L E. Technology Strategy for Economic Developmentin a Fast Changing Global Economy [J]. Economics of Innovation and New Technology, 2002, 11 (4): 275-320.

[244] LIU X, BUCK T. Innovation performance and channels for international technology spillovers: Evidence from Chinese high-tech industries [J]. Research policy, 2007, 36 (3): 355-366.

[245] KANDOGAN Y. The Role of International Blocs on Trade: A comparison across gravity models [R]. School of Management, University of Michigan - Flint, 2004.

[246] ZHELOBODKO E, KOKOVIN S, PARENTI M. Monopolistic Competition: Beyond the Constant Elasticity of Substitution [J]. Econometrica, 2012, 80 (6): 2765-2784.

relationship and Determinants [J]. Strategic Management Journal, 2005, 26 (9): 855-871.

[229] SALOMON R, BYUNGCHAE J. Does Knowledge Spill to Leaders or Laggards? Exploring Industry Heterogeneity in Learning by Exporting [J]. Journal of International Business Studies, 2008, 39 (1): 132-150.

[230] SALOMON R, BYUNGCHAE J. Do Leading or Lagging Firms Learn from Exporting [J]. Strategic Management Journal, 2010, 31 (10): 1088-1113.

[231] SCHOTT P K. Across-product versus within-product specialization in international trade [J]. The Quarterly Journal of Economics, 2004, 119 (2): 647-678.

[232] SCHOTT P K. The Relative Sophistication of Chinese Exports [J]. Economic Policy, 2008, 23 (53): 6-49.

[233] SHAKED A, SUTTON J. Multiproduct firms and market structure [J]. The RAND Journal of Economics, 1990, 21 (1): 45-62.

[234] SIMONOVSKA I. Income differences and prices of tradables: insights from an online retailer [J]. The Review of Economics and Statistics, 2015, 82 (4): 1612-1656.

[235] SUTTON J. Technology and Market Structure: Theory and History [M]. Cambridge: The MIT Press, 2001.

[236] SUTTON J. Quality, trade and the moving window: the globalization process [J]. The Economic Journal, 2007, 117 (524): 469-498.

[237] SUTTON J. Sunk costs and market structure: Price competition, advertising and the evolution of concentration [M]. Cambridge: The MIT press, 2007.

[238] SUTTON J, TREFLER D. Capabilities, wealth and trade [J]. The Journal of Political Economy, 2016, 124 (3): 826-878.

[239] TANG H, ZHANG Y. Quality differentiation and trade intermediation

[R]. Department of Economics, Tufts University, 2012 (0771).

[240] VERHOOGEN E A. Trade, quality upgrading and wage inequality in the mexican manufacturing sector [J]. The Quarterly Journal of Economics, 2008, 123 (2): 489-530.

[241] WAGNER J. Exports, Firm Size and Firm Dynamics [J]. Small Business Economics, 1995, 7 (1): 29-39.

[242] WAGNER J. Exports and Productivity: A Survey of the Evidence from Firm Level Data [J]. The World Economy, 2007, 30 (1): 60-82.

[243] WESTPHAL L E. Technology Strategy for Economic Developmentin a Fast Changing Global Economy [J]. Economics of Innovation and New Technology, 2002, 11 (4): 275-320.

[244] LIU X, BUCK T. Innovation performance and channels for international technology spillovers: Evidence from Chinese high-tech industries [J]. Research policy, 2007, 36 (3): 355-366.

[245] KANDOGAN Y. The Role of International Blocs on Trade: A comparison across gravity models [R]. School of Management, University of Michigan - Flint, 2004.

[246] ZHELOBODKO E, KOKOVIN S, PARENTI M. Monopolistic Competition: Beyond the Constant Elasticity of Substitution [J]. Econometrica, 2012, 80 (6): 2765-2784.

重要术语索引表